CONÉCTATE CON LA GRACIA

Deja que la gracia de Dios envuelva tu corazón y te cambie para siempre

Steve Goss

CONÉCTATE CON LA GRACIA

Traductora: Vilma Estefanía Tapias Benítez
Editores: Laura Sofía Tapias, Vilma Benítez Nieto, Mauricio Tapias, Isidoro Sarralde Crespo
Lectores: Higinio Félix Alemán, Jorge Álvarez, Roberto Reed

Publicado por *Libertad en Cristo* Internacional
Ministerio *Libertad en Cristo* Internacional
4 Beacontree Plaza, Gillette Way, Reading RG2 0BS, Reino Unido.
www.libertadencristo.org / www.freedominchrist.org
ISBN: 978-1-913082-99-4

Para

Willow, Isabella, y Eliza

ÍNDICE

PRÓLOGO

Acabo de descubrir que, en los últimos dos años, hay personas en el Reino Unido que ganaron seis premios de lotería de 1.000.000 de libras (algo más de 1.250.000 dólares) con boletos comprados, pero estas personas no han reclamado sus premios. No me he puesto a pensar si podría ser uno de los ganadores, ¡porque hay que comprar un boleto de lotería para ganar ese premio! Pero pienso en las seis personas, que lo compraron con la esperanza de que les cambie la vida, la verdad son inconscientes de las riquezas que ahora podrían tener.

El apóstol Pablo considera a los cristianos de Éfeso del siglo I de forma muy parecida. En la breve carta que les dirige, menciona gracia no menos de doce veces, *riquezas* cinco veces y *herencia* cuatro veces. Los elogió por su fe y su amor, pero es evidente que no son conscientes de las riquezas que les cambian la vida y que ya tienen en Cristo, y que podrían revolucionar su prosperidad si fueran capaces de aprovecharlas.

Ora por ellos a través de una oración absolutamente fascinante:

> «Pido que el Dios de nuestro Señor Jesucristo, el Padre de gloria, les dé espíritu de sabiduría y de revelación en un mejor conocimiento de él. Mi oración es que los ojos de su corazón les sean iluminados, para que sepan cuál es la esperanza de su llamamiento, cuáles son las riquezas de la gloria de su herencia en los santos, y cuál es la extraordinaria grandeza de su poder para con nosotros los que creemos» (Efesios 1:17-19a).

Fíjate que Pablo no le pide a Dios que les dé más esperanza, riquezas o poder. No, pide que Dios *les abra los ojos* a esos cristianos para que sean conscientes de la increíble esperanza, riqueza y poder que ya tienen.

Simplemente, no son conscientes de lo que ya tienen en Cristo. Puede que sean conscientes intelectualmente, pero Pablo desea específicamente que se abran «los ojos de su *corazón*». Esas grandes verdades tienen que hacer el viaje de la cabeza al corazón si quieren tener un efecto real.

Estoy bastante seguro de que la mayoría de los cristianos ya saben que es «por gracia... por medio de la fe» (Efesios 2:8) y que ahora tienen una maravillosa relación con Jesús. También estoy convencido de que muchos cristianos podrían dar una buena definición de gracia.

Pero según mi experiencia, tanto en mi propia vida como después de décadas de tener el privilegio de enseñar a otros, la mayoría de nosotros somos como los efesios. Cuando se trata de entender el significado de la gracia de Dios en nuestra vida cotidiana, no sabemos lo que ya tenemos. Necesitamos que se abran los ojos de nuestro corazón a las riquezas que están disponibles para que las aprovechemos.

Y ése es el viaje en el que *Conéctate con la gracia* te va a acompañar. Porque cuando un cristiano realmente entiende la gracia —en su corazón, no solo en su mente— la concibe como una entidad transformadora que cambia vidas. Los cristianos así se vuelven significativamente más fructíferos como discípulos de Jesús al cooperar con él para alcanzar esta gracia.

CAPÍTULO 1

LIBRE

GRACIA – DEMASIADO GRANDE PARA DEFINIRLA

Recuerdo que me llevaron de excursión a un planetario en Londres cuando tenía diez años. Por primera vez, empecé a darme cuenta del alucinante tamaño de nuestra galaxia, que no es nada en comparación con el universo entero, que es una mota de polvo comparado con todo el espacio que hay ahí fuera. Era como si, cuanto más aprendía al respecto, menos podía contenerlo en mi mente. Es tan ENORME.

La gracia es la misma. Todo cristiano la conoce. Cantamos sobre ella en la iglesia; de hecho, el himno de John Newton, *Sublime gracia*, de 250 años de antigüedad, es el himno cristiano más popular de todos los tiempos y se interpreta unos diez millones de veces al año (¡creo que yo mismo lo he cantado casi tantas veces!). Sin duda, todos estamos de acuerdo en que *sublime* es una palabra adecuada para describirla.

Pero independientemente de lo que ya sepamos sobre la gracia, ninguno de nosotros está haciendo mucho más que rozar la superficie. Es tan ENORME.

Yo he sido cristiano durante tres décadas. Había ocupado puestos de liderazgo en la iglesia. Pero mirando hacia atrás, ahora veo que no conocía la gracia más allá de un concepto teológico. Si me hubieras preguntado qué era, habría dado una buena respuesta. Habría dicho que es un *favor inmerecido* o habría repetido el acrónimo que me enseñaron como nuevo cristiano, *las riquezas de Dios gracias al sacrificio de Cristo*.

Por supuesto, estaba muy agradecido por lo que Dios había hecho por mí al enviar a Jesús a morir en mi lugar. Pero eso fue en el pasado, y la gracia no parecía tan relevante para mi vida cristiana cotidiana, en la que me esforzaba por ser el mejor cristiano posible. Yo sentía que decepcionaba a Dios constantemente.

En el transcurso de un par de años, seguí sintiéndome atraído por la historia que Jesús contó y que solemos llamar «*La parábola del hijo pródigo*». Parecía que todos los sermones que escuchaba o los libros que leía hacían referencia a ella. Dios la utilizó para revolucionar mi comprensión de su gracia y para ayudarme a establecer una verdadera conexión de corazón con ella, en lugar de que la gracia fuera solo un concepto en mi cabeza. No es una exageración decir que su gracia en mi corazón transformó completamente mi vida cristiana.

Esta nueva conexión en mi corazón cambió mi relación diaria con Dios Padre, ayudándome a entenderlo como el padre amoroso que es. Me ayudó a salir de la rutina de *esforzarme más* y castigarme cuando sentía que había fracasado. Me abrió las puertas a una mayor prosperidad de la que jamás había conocido, y aparentemente sin el gran esfuerzo que había imaginado.

No quiero darte la impresión de que ahora estoy flotando en una nube, que todos los aspectos de mi vida son pura alegría y luz, y que la gente acude a Jesús dondequiera que voy. No, todavía me enfrento a todo tipo de luchas, tentaciones y decepciones. Pero la base desde la cual hago frente a estas cosas ha cambiado. Cuando me equivoco, ya no me pierdo durante semanas, sino que vuelvo directamente a los brazos de mi Padre amoroso.

Pedro nos insta a «crecer en la gracia y el conocimiento de nuestro Señor y Salvador Jesucristo» (2 Pedro 3:18). Espero que encuentres en este libro una forma práctica de hacer precisamente eso y que te ayude a conectar con la asombrosa gracia de Dios en tu corazón, no solo en tu mente, para que te conviertas en un discípulo de Jesús aún más fructífero.

Y por supuesto, como la gracia es tan ENORME, eso es algo donde todos nosotros podemos seguir trabajando cada día durante el resto de nuestras vidas.

HISTORIA DE DOS HERMANOS

Preparemos el escenario considerando la asombrosa historia que contó Jesús. Está ambientada en una próspera finca agrícola. Aunque me ha cautivado durante más de una década, cada vez que la contemplo, parece que descubro alguna faceta nueva que me ayuda a comprender un poco más la gracia de Dios. Lo encontrarás en Lucas 15:11-31:

> Jesús añadió: «Cierto hombre tenía dos hijos; y el menor de ellos le dijo al padre: "Padre, dame la parte de la hacienda que me corresponde"».

La herencia de un padre suele llegar a sus hijos después de que él muere, pero este hijo no quería esperar. En efecto, estaba diciendo «Papá, ojalá estuvieras muerto».

> «Y él les repartió sus bienes. No muchos días después, el hijo menor, juntándolo todo, partió a un país lejano, y allí malgastó su hacienda viviendo perdidamente. Cuando lo había gastado todo, vino una gran hambre en aquel país, y comenzó a pasar necesidad».
>
> «Entonces fue y se acercó a uno de los ciudadanos de aquel país, y él lo mandó a sus campos a apacentar cerdos. Y deseaba llenarse el estómago de las algarrobas que comían los cerdos, pero nadie le daba nada».

> «Entonces, volviendo en sí, dijo: "¡Cuántos de los trabajadores de mi padre tienen pan de sobra, pero yo aquí perezco de hambre! Me levantaré e iré a mi padre, y le diré: Padre, he pecado contra el cielo y ante ti; ya no soy digno de ser llamado hijo tuyo; hazme como uno de tus trabajadores". Levantándose, fue a su padre».

EL HERMANO MENOR

Jesús está mostrando claramente un cuadro de alguien cuyo comportamiento era el más deplorable dentro de su cultura. No respetaba en absoluto a su padre. Según su hermano mayor, malgastaba el dinero en prostitutas. Luego, cuando ya no le quedaba nada, cayó tan bajo que aceptó un trabajo cuidando animales, que para los judíos representaban el colmo de la inmundicia, los cerdos. Resulta difícil imaginar cómo Jesús podría haberlo retratado peor o menos merecedor de su posición como hijo de esta familia rica y terrateniente.

Él mismo sabía que había metido la pata hasta el fondo, así que decidió volver con su padre, pero no esperaba ser recibido como hijo, solo buscaba un trabajo como asalariado, ahora todo lo que pudiera venir de su padre él tenía que ganárselo.

> «Cuando todavía estaba lejos, su padre lo vio y sintió compasión por él, corrió, se echó sobre su cuello y lo besó».

Observa que el padre corrió, pero en aquella cultura, los hombres ricos nunca hacían eso. El amor por su hijo superó todas las normas sociales.

> «Y el hijo le dijo: "Padre, he pecado contra el cielo y ante ti; ya no soy digno de ser llamado hijo tuyo"».

¿Era cierto que su pecado le había hecho indigno de ser llamado hijo? Sí, sin duda. Pero, por supuesto, nada podía cambiar el hecho de que era hijo, y siempre lo sería. Pero mira la reacción del padre. Ni siquiera parece escuchar las palabras de la elaborada confesión de su hijo. El padre conocía el corazón del hijo y eso era lo único que importaba.

> «Pero el padre dijo a sus siervos: "Pronto; traigan la mejor ropa y vístanlo; pónganle un anillo en su mano y sandalias en los pies. Traigan el becerro engordado, mátenlo, y comamos y regocijémonos; porque este hijo mío estaba muerto y ha vuelto a la vida; estaba perdido y ha sido hallado". Y comenzaron a regocijarse».

El hijo esperaba ser repudiado o, en el mejor de los casos, severamente castigado, y eso habría sido justo. Es lo que se merecía. Sin embargo, el padre abraza inmediatamente a este individuo maloliente, sucio y roto, le pone sus mejores ropas y le organiza una fiesta por todo lo alto.

Mientras tanto, en la granja, los criados traen las tres cosas que el padre les había ordenado traer. Y, tratándose de una parábola, cada una de ellas tiene su propio significado.

La túnica no habría sido cualquiera, sino la mejor de la casa, probablemente la del propio padre. Esta túnica simbolizaba que se le había concedido de nuevo el derecho a disfrutar de su posición como hijo legítimo. Estaba completamente restituido.

El anillo habría sido un anillo tipo sello, el que se usa para marcar los documentos oficiales y podría ser instantáneamente reconocible como la marca del padre. Sin esa marca o sello, no habría autoridad detrás de las instrucciones del documento. El anillo simbolizaba el poder y la autoridad para llevar a cabo los asuntos del padre. A este muchacho, que había derrochado la riqueza de su padre en una vida desenfrenada, se le entregaban esencialmente las contraseñas y las claves de seguridad de la cuenta del padre en un banco privado exclusivo para personas de alto poder adquisitivo. Se le confiaba de nuevo la gestión del negocio familiar. Podía decirle a la gente lo que tenía que hacer, y debían obedecer porque llevaba el anillo del padre en el dedo.

El tercer elemento que traen los criados es un par de sandalias, esto no parece muy importante. Pero en un hogar judío de aquella época, los únicos que podían llevar calzado eran el padre y sus hijos. El padre estaba declarando en términos inequívocos que el muchacho, a pesar de todo lo que había hecho, seguía siendo su hijo, con los derechos propios de un hijo.

¿Qué significa la gracia? Ninguna definición que se nos ocurra a ti o a mí podría dar una definición precisa. Así que simplemente voy a invitarte a que te detengas y asimiles esa escena de la historia que Jesús narró.

Un hijo que se ha comportado de la peor manera regresa y su padre, que representa claramente a Dios, no piensa hacer otra cosa que abrazarlo y celebrar su regreso. Un hijo totalmente despojado se arroja a la misericordia de su padre, que lo levanta, le quita el polvo y lo restaura. Esto es la gracia.

Este hijo, que había fracasado absolutamente, y no tenía ningún derecho a esperar nada de su padre, excepto lo que pudiera ganarse trabajando como un asalariado y sin merecer ningún favor, está allí completamente perplejo con su suntuosa túnica, su anillo de autoridad y las sandalias que lo distinguen como uno más de la familia. Esto es la gracia.

Si nunca has tomado la decisión de entregar tu vida a Jesús en respuesta al amor de Dios por ti, no hay un mejor momento para decidir que ahora mismo. El Padre te está buscando. Cuando te vea, saldrá corriendo a abrazarte y te ofrecerá la túnica, el anillo y las sandalias. ¿Te las pondrás?

Los que somos cristianos desde hace tiempo conocemos bien esta historia. Tendemos a relacionarla con la primera vez que acudimos a él, le entregamos nuestras vidas y aceptamos su don gratuito de la gracia. Pero ¿y ahora? ¿Esta parte de la historia tiene algo que decirnos en nuestra vida cristiana actual o solo refleja un momento aislado del pasado?

¿Qué es lo más deplorable que has hecho en tu vida? ¿Lo tienes en mente? Y si lo hicieras otra vez o algo peor y luego volvieras sinceramente a Dios, ¿qué acogida tendrías por parte de él? La lógica de esta historia es que te trataría exactamente igual que a este muchacho.

Esto es gracia. Y, sí, es realmente increíble.

¿Cómo percibes la idea de que tú, como cristiano, puedas comportarte de la peor manera imaginable y luego volver a Dios con la relación aún afianzada?

Demos un paso atrás y veamos por qué Jesús contó esta historia en primer lugar. El contexto es que él se estaba presentando claramente como un maestro religioso, pero la forma en que se comportaba no se parecía en nada a lo que la gente esperaba de los maestros religiosos. Siempre se mezclaba con la gente *equivocada*, recaudadores de impuestos y los llamados pecadores, y la gente religiosa se quejaba diciendo: «Este hombre acoge a los pecadores e incluso se sienta a comer con ellos».

Como respuesta, Jesús contó una serie de historias sobre cosas perdidas y encontradas. La historia del hijo pródigo es una de las más representativas.

El punto central de esta historia es el siguiente: no es nuestro comportamiento lo que nos pone en una relación correcta con Dios; es su gracia.

La gracia no significa que el comportamiento del hijo no importara. Sí importaba. El pecado tiene consecuencias. Pero el fin de su relación con su padre no estaba entre ellas. Eso es lo que significa ser hijo de Dios.

Dios no te va a abandonar por fracasar. Él te apoya y te ha dado todo lo que necesitas para que no tengas que fracasar. Pero incluso si flaqueas o cometes una gran equivocación, tu Padre celestial siempre estará ahí para darte la bienvenida y levantarte, no importa lo mucho que lo hayas estropeado. Esto es realmente sorprendente.

"HIPER-GRACIA"

Desde los primeros tiempos, la gente ha llevado esta verdad bíblica demasiado lejos hasta el punto de convertirla en una falsedad. Han dicho que, como por la gracia de Dios somos salvos mediante la fe y todos nuestros pecados son perdonados, entonces nuestro comportamiento no importa nada. Esta línea de pensamiento ha sido llamada *antinomianismo* (que significa *anti-ley*) y hoy en día tiende a ser llamada *hipergracia*, hiper significa excesivo. Esta introducción va hacia el mismo punto de la idea a la cual me dirijo.

La parábola de Jesús no explica lo que tuvo que suceder para que nuestro santo Padre celestial ejerciera esta asombrosa gracia. El propio Hijo de Dios tuvo que morir. Ese hecho por sí solo grita alto y claro que Dios no puede simplemente esconder el pecado debajo de la alfombra e ignorarlo. Él es santo y todo pecado tiene consecuencias.

> «Hijitos míos, les escribo estas cosas para que no pequen. Y si alguien peca, tenemos Abogado para con el Padre, a Jesucristo el Justo» (1 Juan 2:1).

Jesús murió para liberarnos del pecado. Y él es ahora nuestro *abogado*, nuestro defensor, en caso de que caigamos en el pecado. Cada vez que somos acusados, él interviene y proclama que las consecuencias de nuestro pecado han sido tratadas; y sobre esta base, el Padre puede darnos la bienvenida a casa y restaurarnos completamente.

Como dice 1 Juan 2, la idea es que no pequemos. El pecado nunca está bien y siempre tiene consecuencias; es solo que esas consecuencias no incluyen terminar tu relación con tu Padre celestial.

Martyn Lloyd-Jones fue probablemente el profesor cristiano más famoso de su época. Fue ministro de la Capilla de Westminster, en Londres, a mediados del siglo pasado. Era conocido por su compromiso absoluto con la interpretación fiel de la Biblia, y dijo algo muy interesante para los predicadores sobre la gracia:

> «No hay mejor prueba en cuanto a si un hombre está realmente predicando el Evangelio del Nuevo Testamento que el hecho de que algunas personas puedan interpretarlo mal y creer que en realidad equivale a esto: que debido a que eres salvo por gracia solamente, en realidad no importa en absoluto LO QUE haces, puedes seguir pecando todo lo que quieras...»

De acuerdo con lo anterior, podemos ver que interpretar la predicación del Evangelio en el sentido de que no importa cómo nos comportemos, en realidad es una malinterpretación. Pero su idea sobre los predicadores de la gracia es: **si algunas personas no malinterpretan tus enseñanzas de esa manera, entonces no estás predicando realmente el Evangelio de la gracia.** El profesor continúa diciendo aún más directamente (¡y en mayúsculas!):

> «Yo diría a todos los predicadores: SI SU PREDICACIÓN DE LA SALVACIÓN NO HA SIDO MALENTENDIDA DE ESA MANERA, ENTONCES MEJOR EXAMINEN SUS SERMONES DE NUEVO, y mejor asegúrense de que realmente ESTÁN predicando la salvación que se proclama en el Nuevo Testamento».[1]

Al continuar nuestra exploración de la gracia, podremos ver por qué Dios estableció la Ley del Antiguo Testamento, y qué quiso decir Jesús cuando afirmó que no había venido a abolirla, sino a cumplirla. Veremos que hay consecuencias significativas para los creyentes que persisten deliberadamente en el pecado, y que tienen tanta necesidad de comprender la verdadera naturaleza de la gracia como los cristianos que se estancan en el legalismo.

---

1. D. Martyn Lloyd-Jones, Romans, An Exposition of Chapter 6, The New Man, (Grand Rapids: Zondervan, 1973), Páginas 9-10.

Cuando realmente nos apropiamos de la gracia en todo su esplendor, ni siquiera se nos va a ocurrir pervertir la gracia de nuestro Dios, al convertirla en una licencia para la inmoralidad (Judas 1:4). Por el contrario, nos veremos capacitados para caminar libres del pecado. Y este es el punto: elegiremos hacer precisamente eso, no porque tengamos miedo de incurrir en la ira de Dios, sino simplemente por amor a él. Y cuando caigamos en pecado, como todos lo haremos de vez en cuando, nos apresuraremos a confesar nuestros pecados y alejarnos de ellos, experimentando así de nuevo la gracia de Dios, porque cuando confesamos y nos arrepentimos «él es fiel y justo para perdonarnos los pecados y para limpiarnos de toda maldad» (1 Juan 1:9).

En el capítulo 8 vamos a encontrar unas palabras verdaderamente contundentes que Jesús dirige a una mujer de la iglesia de Tiatira; dicha mujer parece haber sido una de las primeras defensoras de la hipergracia. Ella estaba llevando a otros al pecado y Jesús le advierte que, si no se arrepiente, las consecuencias incluirán la enfermedad y la muerte. Como veremos, dado que Dios es amor, todo lo que hace, incluido el juicio, también procede del amor.

Solo la comprensión de la gracia de Dios en toda su plenitud nos permitirá caminar en equilibrio para que no nos convirtamos en fariseos legalistas, por un lado, o en evangelistas de la hipergracia del *todo vale*, por el otro.

EL HERMANO MAYOR

Continuemos con la historia de Jesús:

> «Su hijo mayor estaba en el campo, y cuando vino y se acercó a la casa, oyó música y danzas. Llamando a uno de los criados, le preguntó qué era todo aquello. Y él le dijo: "Tu hermano ha venido, y tu padre ha matado el becerro engordado, porque lo ha recibido sano y salvo"».
>
> «Entonces él se enojó y no quería entrar. Salió su padre y le rogaba que entrara. Pero él le dijo al padre: "Mira, por tantos años te he servido y nunca he desobedecido ninguna orden tuya, y sin embargo, nunca me has dado un cabrito para regocijarme con mis amigos; pero cuando vino este hijo tuyo, que ha consumido tus bienes con rameras, mataste para él el becerro engordado"».
>
> «Y su padre le dijo: "Hijo mío, tú siempre has estado conmigo, y todo lo mío es tuyo"».

Hay otro personaje en la historia que a menudo se pasa por alto pero que, de muchas maneras, es al que Jesús se dirigía específicamente. Había un hermano mayor que no reclamó nada a su padre. Se quedó y trabajó duro. Siempre seguía la línea y hacía lo que se esperaba de él. Representa claramente a los religiosos de la época, los que pensaban que podían agradar a Dios haciendo lo correcto, comportándose de la manera adecuada.

Este hermano era completamente incapaz de entender el concepto de gracia. Para él, es bastante sencillo: te ganas el favor del padre por lo que haces. Cuando su hermano regresó después de todo lo malo que hizo y, en lugar de ser rechazado o al menos severamente castigado, le organizaron una fiesta, este hermano mayor se puso furioso. Casi se le puede oír murmurar: «Pero, pero, pero... Todos estos años lo he hecho todo bien. He respetado las reglas. Y nunca me has hecho una fiesta. Es totalmente injusto».

No comprendió que el amor y la aceptación del padre tenían tan poco que ver con su buen comportamiento exterior como con el mal comportamiento exterior del otro hijo. No tenía nada que ver con el comportamiento. Todo tenía que ver con el amor y la gracia del padre.

Este hermano mayor tenía la vista puesta en la herencia que algún día recibiría a cambio de *trabajar como un esclavo* día tras día. Nos imaginamos a los padres paseando a sus hijos por la finca y diciéndoles: «Un día, hijo, todo esto será tuyo». Eso era lo que pensaba este hijo. Pero su padre dice: «Todo lo que tengo es tuyo. Mira a tu alrededor. Ya es tuyo. Todo lo que tengo es tuyo».

Podría haber disfrutado de todo lo que el padre tenía durante años, pero en lugar de eso se dedicó a trabajar como un esclavo pensando que tendría que ganarse la aprobación del padre y su herencia. De hecho, como el padre lo amaba, la herencia estaba allí todo el tiempo para que la disfrutara.

Qué tragedia ir por la vida trabajando como un esclavo por algo que, de hecho, ya tienes. Pero la mayoría de los cristianos que conozco son como el hermano mayor. No sabemos lo que ya tenemos, ni quiénes somos. Aunque teológicamente sabemos que la vida cristiana se basa en la gracia y no en obedecer normas, en la práctica vivimos como si se tratara de cómo nos comportamos. Sabemos que somos salvos por gracia, pero, aunque no lo reconozcamos, acabamos pensando que tenemos que *mantener* esa salvación con lo que hacemos. En la práctica, demostramos que lo que realmente creemos es que la forma en que nos comportamos determina nuestra posición ante el Padre.

Hace algunos años, contratamos al George Barna Research Group para que realizara una encuesta científica sobre el cristianismo estadounidense. Los cristianos encuestados debían responder a seis afirmaciones, una de las cuales era: «La vida cristiana se resume en esforzarse por obedecer los mandamientos de Dios». ¿Qué diría usted? Nos quedamos atónitos al descubrir que el 82% de los encuestados estaba de acuerdo con esa afirmación (donde el 57% estaba totalmente de acuerdo).

Lo asombroso de la historia que cuenta Jesús es que tu aceptación por parte de Dios no tiene nada que ver con lo bien o lo mal que te comportes. No tiene nada que ver con tu comportamiento en absoluto. Se debe enteramente a su gracia.

En cuanto a mí mismo, sé que me parecería mucho al hermano mayor. Recuerdo cuando era un adolescente y recién convertido al cristianismo, yo me equivocaba y pecaba —generalmente era algo como pensamientos lujuriosos— y no me daba cuenta de que podía volver directamente a Dios como el hermano menor. De alguna manera sentía que tenía que ganarme el favor de Dios. Sin embargo, no me atrevía a acercarme a él porque sentía que lo había defraudado, así que me sumía en la oscuridad durante semanas. Cuando finalmente regresé, ¡no me sentí bien hasta que tuve tres buenos momentos de quietud seguidos! Dios no quiere que seamos así. Eso nos roba el gozo de nuestra relación con nuestro maravilloso Padre.

Hay una historia de Jesús que no solemos escuchar muy a menudo, quizá porque nos cuesta entender su significado. Trata de un dueño de una viña que decidió cómo pagar a sus trabajadores contratados (ver Mateo 20:1-16). En la historia, contrata a unos trabajadores en el mercado temprano por la mañana y les ofrece el pago estándar de un denario por un día de trabajo. El dueño sale un poco más tarde y contrata a más trabajadores prometiéndoles pagarles *lo que sea justo*. Sale tres veces más y contrata aún más trabajadores, los últimos trabajadores los llama cuando solo queda una hora para trabajar.

Al momento de pagarles, todos reciben el mismo salario de un denario sin importar cuánto tiempo trabajaron. Los trabajadores contratados inicialmente —a pesar de haber recibido exactamente lo que se les había prometido— se indignan. La respuesta del propietario es: «¿No me es lícito hacer lo que quiero con lo que es mío? ¿O es tu ojo malo porque yo soy bueno?» (Mateo 20:15).

La generosidad de Dios a menudo parece escandalosa, ¡y lo es! Pero él es Dios y ésa es su prerrogativa. Esto es la gracia. Y es el sacrificio del Hijo de Dios lo que nos permite experimentarla hoy.

Cuando reconoces que es su gracia y no tu comportamiento lo que te hace agradar a Dios, es increíblemente liberador y, como veremos, te inspira a comportarte bien, pero con una motivación totalmente diferente y mucho mejor.

LEGALISMO

El hijo menor cambió el lugar de gracia y privilegio en el que había nacido y eligió alejarse de la relación con su padre. El hermano mayor no hizo eso. ¿O sí?

De hecho, no era solo el hijo menor el que tenía una crisis de identidad y se había alejado de la intimidad y la alegría con el padre. Ninguno de los dos se mantuvo en relación con él.

El hermano menor se encontraba en *una tierra lejana* con los cerdos. Aunque el hermano mayor nunca salió de casa físicamente, su corazón también estaba muy lejos. En el relato, Jesús no lo sitúa con el padre dentro de la casa, disfrutando de la comunión, como habría de esperarse. En cambio, está en el campo con los criados, trabajando duro o, como él mismo lo describe, *como un esclavo*.

Era un lugar deshonroso para el hijo mayor. En lugar de ocupar su lugar al lado del padre y disfrutar del favor y las bendiciones al estar en su compañía, las cuales le corresponden por derecho, este adoptó la identidad de un siervo contratado. Irónicamente, esta era la misma identidad hacia la que se dirigía el hijo menor, pensando que era lo mejor que podía conseguir dadas las circunstancias.

La sola presencia del padre no era suficiente para el hijo mayor. Más bien prefería esforzarse por conseguir todo lo que el padre podía darle; intentaba que su padre le bendijera procurando comportarse bien externamente. Pero a nivel interno su corazón estaba muy lejos.

El hermano menor se alejó de su identidad de hijo, pero la recuperó con alegría a través de la gracia, porque decidió volver al padre. El hermano mayor, que representaba al pueblo religioso, también la abandonó, pero no volvió atrás. La gracia del padre estaba a su disposición, igual que lo había estado para su hermano, pero no la experimentó porque eligió no abandonar su pensamiento erróneo y volver a su padre.

Jesús les demostró a los religiosos que, si pensaban que el comportamiento legalista exterior era lo único necesario para ganar el favor de Dios, estaban terriblemente engañados.

¿QUÉ NOS MOTIVA?

Aquí hay una paradoja. Lo que realmente hacemos en esta vida tiene una importancia crucial. Pablo nos dice que, al final de los tiempos, habrá un día en que se pondrá a prueba lo que hemos hecho, nuestras obras. Utiliza la imagen de un edificio y dice que Cristo es el fundamento y que podemos elegir cómo construir sobre ese fundamento:

> «Ahora bien, si sobre este fundamento alguien edifica con oro, plata, piedras preciosas, madera, heno, paja, la obra de cada uno se hará evidente; porque el día la dará a conocer, pues con fuego será revelada. El fuego mismo probará la calidad de la obra de cada uno. Si permanece la obra de alguien que ha edificado sobre el fundamento, recibirá recompensa. Si la obra de alguien es consumida por el fuego, sufrirá pérdida; sin embargo, él será salvo, aunque, así como a través del fuego». (1 Corintios 3:12-15)

Así que hay un fundamento de Cristo puesto por la gracia de Dios, y todos podemos elegir cómo construir sobre él. Cuando nuestras obras son probadas, las que no tienen valor, las que son hechas en nuestras fuerzas o que son diseñadas para hacernos quedar bien —la Biblia las llama *madera, heno, paja*— serán quemadas. Mientras que las obras que son de valor, las que Dios quiere que se hagan y se hacen en su fuerza y para su honor —*oro, plata, piedras preciosas*— permanecerán.

No sé a ti, pero a mí no me interesa ver un día cómo se esfuma gran parte de mi vida.

Romanos 8:1 nos asegura que no hay *condenación* para los que están en Cristo Jesús. Incluso si tu obra se quema, sigues siendo salvo, pero solo *como a través del fuego*, ¡presentándote ante Dios con nada más que un par de cejas chamuscadas! Pero la gran pregunta es, ¿habrá algún *elogio*? ¿Tendrán algún valor para la eternidad las cosas que hagamos en esta vida? Los religiosos pensaban que sus obras religiosas eran buenas en sí mismas, pero Jesús les dijo que, como hacían las cosas solo para impresionar a los demás, ya habían recibido su recompensa: la aprobación de los demás. Pero no tendrían recompensa de Dios.

Entonces, ¿cómo construimos con oro, plata y piedras preciosas?

¿Crees que puedes mirar lo que hace alguien y decir si agrada a Dios o no?

A veces se puede, pero no siempre.

Dos personas pueden hacer exactamente lo mismo: dar de comer a los pobres, dedicar una hora al día a leer la Biblia y orar. Una estará deleitando a Dios, la otra no.

¿Cuál es la diferencia?

Cuando Dios eligió a David para ser rey de Israel, su familia no se lo podía creer porque era el más joven y pequeño. Su hermano mayor pensaba que su apariencia no era la adecuada. Pero Samuel dijo: «porque Dios no ve como el hombre ve, pues el hombre mira la apariencia exterior, pero el Señor mira el corazón» (1 Samuel 16:7b). Hacia el final del Antiguo Testamento, Dios hace la promesa de que escribirá sus leyes no en tablas de piedra, sino en nuestros corazones (Jeremías 31:33).

Lo importante para Dios no es tanto *lo que* hacemos sino *por qué* lo hacemos. A Dios nunca le ha complacido que la gente se limite a obedecer una serie de normas exteriormente si no lo hace de corazón.

De eso trata 1 Corintios 13, el gran *capítulo del amor* que se lee en la mayoría de las ceremonias matrimoniales cristianas.

> «Si yo hablara lenguas humanas y angelicales, pero no tengo amor, he llegado a ser como metal que resuena o címbalo que retiñe. Y si tuviera el don de profecía, y entendiera todos los misterios y todo conocimiento, y si tuviera toda la fe como

> para trasladar montañas, pero no tengo amor, nada soy. Y si diera todos mis bienes para dar de comer a los pobres, y si entregara mi cuerpo para ser quemado, pero no tengo amor, de nada me aprovecha». (1 Corintios 13:1-3)

La diferencia es lo que ocurre en nuestro interior. Dios juzga los pensamientos y actitudes de nuestros corazones. No tiene que ver con nuestro comportamiento en sí. Tiene que ver con nuestra motivación. Y si esa motivación no es el amor, entonces lo que hacemos, por muy bueno que parezca, no vale precisamente nada. Es madera, heno o paja.

Jesús nos dice que algunos vendrán a él al final de los tiempos y dirán que hicieron cosas asombrosas como expulsar demonios y hacer milagros en su nombre. ¿Son de madera, heno y paja o de oro, plata y piedras preciosas? Pues bien, Jesús dice que les dirá: «Jamás los conocí; apártense de mí, los que practican la iniquidad» (Mateo 7:22-23).

LO QUE HACEMOS VIENE DE LO QUE SOMOS

Entendamos un concepto clave: lo que *hacemos* viene de lo que *somos*. Os hago una invitación para que os detengáis conmigo y consideréis dos escenas.

En primer lugar, imagina al hijo menor en el momento en que se derrumba en los brazos de su padre y se arroja a su misericordia. Apenas puede creer la gracia de su padre al darse cuenta de que, aunque se lo merece con creces, no será castigado. Sabe que es perdonado y aceptado, pero también sabe que está sucio, maloliente y roto. Es muy consciente de su fracaso y se avergüenza profundamente de lo que hizo. Así es como muchos cristianos se ven a sí mismos. Perdonados, pero creyendo que siguen siendo esencialmente las mismas personas podridas y malas que siempre fueron.

Es como si nuestra comprensión del Evangelio se detuviera con el Viernes Santo: Jesús murió por mis pecados y voy a ir al cielo cuando muera. Aunque ahora no cambia gran cosa.

Pero el padre no deja allí al hijo.

He aquí la segunda escena. El mismo hijo, solo unos minutos después, está vestido con la túnica más fina, con el anillo en sus dedos y las sandalias en sus pies, y disfrutando de la mejor comida. Sigue siendo consciente de sus fracasos pasados, pero se da cuenta de que no solo se le ha perdonado, sino que se le ha restituido por completo a su posición de hijo, con libre acceso a todo lo que posee su padre, además de gran poder y autoridad. Sabe que no se lo merece en absoluto. Se da cuenta de que depende totalmente del padre. Es casi increíble, pero está sucediendo de verdad.

¿Qué imagen representa mejor cómo te ves a ti mismo en relación con Dios? En mi experiencia, la mayoría de los cristianos se quedan atascados en la primera escena, sabiendo que son perdonados, pero sintiéndose todavía como unos miserables pecadores, que defraudan constantemente a Dios.

¿Puedo animarte a la transición hacia la segunda escena? Tenemos que pasar del Viernes Santo al Domingo de Resurrección. Celebras el Domingo de Resurrección, pero ¿eres consciente de lo que estás celebrando? Que Jesús resucitó de entre los muertos. Lo hizo, por supuesto, pero {nosotros} también resucitamos de entre los muertos con él y somos una nueva criatura; necesitamos saber que ahora somos santos, que compartimos la naturaleza misma de Dios (2 Pedro 1:4). Y eso no es todo. También hemos ascendido con Cristo a la diestra del Padre, la sede suprema del poder y la autoridad en todo el universo. Como el hijo menor, hemos sido completamente restaurados al lugar de autoridad y honor.

Para ser libres y ser motivados por el amor, tenemos que saber que somos más que perdonados. Tenemos que saber que estamos completamente restaurados y que en el fondo somos completamente dignos, un deleite para Dios.

Y podemos permanecer en ese lugar de asombro absoluto ante la bondad y la gracia del Padre y mantener la sana conciencia de que sin él no podemos hacer nada de importancia eterna.

Este concepto de que nuestra aceptación por Dios y nuestra nueva identidad no tiene nada que ver con nuestro comportamiento va en contra de la forma en que crees que debería funcionar, ¿no es así? No es lo que muchos de nosotros hemos aprendido a medida que crecemos como cristianos.

Hemos tendido a ser como el hermano mayor, actuando como si nuestro comportamiento fuera lo primordial:

- «¿Qué debo hacer para ser aceptado por Dios?».
- «Si eres cristiano, ¡ya eres aceptado por Dios!».
- «Sí, pero ¿qué debo hacer?».

La mayoría de las iglesias se han contentado con elaborar una lista de cosas para hacer: leer la Biblia todos los días; venir a la iglesia todas las semanas. ¿Son cosas buenas? Por supuesto. Pero el problema es que el discipulado a menudo acaba convirtiéndose en un compendio de normas. Y luchamos por obedecer esas reglas porque hemos entendido las cosas al revés. Pensamos que a Dios le *interesan* las reglas, cuando lo que más le interesa es la relación.

Como parte de la investigación realizada por el Barna Research Group, pedimos a la gente que respondiera a esta afirmación: «Las reglas rígidas y las normas estrictas son una parte importante de la vida y la enseñanza de nuestra iglesia». A pesar de que utilizamos palabras que típicamente la gente rechazaría *—rígidas y estrictas—* el 66% de los cristianos estuvieron de acuerdo con esa afirmación. Dos tercios.

Ahora, por supuesto, la mayoría de las iglesias enseñan sobre la gracia. Pero a menudo, también dan la impresión de que tenemos que trabajar duro y seguir las reglas para que Dios nos sonría. Y a menudo oímos la enseñanza sobre la gracia a través de nuestros propios filtros obstruidos y seguimos oyendo *ley*.

Pero lo que hacemos viene de lo que somos, no *al revés*. El punto de partida es saber quiénes somos en Cristo: hijos amados de Dios, aceptados y seguros.

Lee cualquiera de las cartas de Pablo a las iglesias y comprueba hasta dónde llegas antes de que te dé una instrucción sobre qué hacer o cómo comportarte. Al menos llegarás a la mitad. La primera mitad trata de lo que ya has hecho, de lo que ya tienes, de lo que ya eres en Cristo. Pablo sabe que, si entiendes eso, el resto fluirá de forma natural. «Si me aman, guardarán mis mandamientos» (Juan 14:15).

Durante años hablé muchas veces con un tipo que fue diagnosticado como esquizofrénico paranoide, pero que encontró su libertad simplemente por escuchar nuestras enseñanzas y aplicar *Los Pasos hacia la libertad en Cristo*. Pasó de ser alguien que entraba y salía de instituciones mentales y tomaba mucha medicación a alguien que comparte de Jesús a la gente. Una vez me llamó porque había caído en pecado sexual. Ya había resuelto que Dios todavía lo amaba, aunque tuvo que lidiar con voces condenatorias. También había roto la relación para asegurarse de que el pecado no se repitiera. Entonces me dijo: «Antes pensaba que Dios era un juez severo. Pero ahora sé que él me ama. La razón por la que quiero dejar de pecar es porque no quiero seguir hiriendo a alguien que me ama tanto».

Volvamos a la escena del hermano menor, de pie, perplejo porque se le habían restituido todos los derechos y privilegios como hijo, aunque sabía que no se lo merecía en absoluto. ¿Cómo crees que actuará a partir de ese momento? Sabe que no tiene que hacer nada; su padre siempre le querrá. Pero ¿no querrá hacer todo lo posible por su padre, para corresponderle? ¿Se sentirá como un *esclavo*? ¡No!

El amor de Dios y su aceptación hacia ti no tiene nada —¡nada! — que ver con tu comportamiento. Cuando dejes de tratar de «actuar como crees que debe actuar un cristiano» y simplemente vivas desde la verdad de quién eres ahora, descubrirás que *quieres* hacer lo correcto y ¡lo harás!

ELEGIR SER ESCLAVO

Hemos visto que ambos hijos habían adoptado esencialmente la identidad de un siervo contratado: alguien que elige trabajar para otro a cambio de una paga. Sin embargo, la expresión que el hijo mayor utiliza «trabajar como esclavo» tiene el significado que cabría esperar de la traducción, el de un esclavo sin ningún tipo de derechos que se ve obligado a obedecer a su amo sin remuneración.

Durante la época de Jesús, la esclavitud era una práctica cotidiana y completamente legal. Los esclavos eran considerados propiedad total de sus dueños, quienes tenían el poder de venderlos o someterlos a cualquier tipo de abuso, ya fuera físico, sexual o de otra índole. Al igual que la esclavitud africana posterior y el tráfico de personas en la actualidad, era una experiencia terrible, puesto que las víctimas estaban bajo el control absoluto de otra persona y debían obedecer sus órdenes; si no lo hacían, se enfrentaban a graves castigos.

Sin embargo, Pablo se describe a sí mismo como *esclavo de Cristo* (Romanos 1:1) y da a entender que Timoteo debería ser esclavo de Cristo (2 Timoteo 2:24). La mayoría de las traducciones al español optan por traducir la palabra griega para *esclavo* como *siervo* para disminuir el impacto, pero no os equivoquéis, significa *esclavo* y así lo habrían entendido los oyentes originales.

Es comprensible que los lectores modernos se opongan al uso de ese lenguaje, pensando que coloca a Cristo en la posición de un esclavista. Pero recordemos que Jesús vino expresamente a liberarnos de la esclavitud del pecado y de la muerte. Como él mismo dijo: «Así que, si el Hijo les hace libres, serán realmente libres» (Juan 8:36).

En la época del Nuevo Testamento, era habitual que los amos romanos liberaran a los esclavos que les habían servido fielmente. Estos esclavos liberados obtenían la ciudadanía romana completa, y muchos de ellos podían prosperar desde su nueva condición.

Nos cuesta entenderlo, pero a veces los antiguos esclavos decidían quedarse y seguir sirviendo en la casa simplemente por el amor que habían desarrollado hacia su antiguo amo.

Desde una perspectiva externa, su rutina diaria no parecería haber cambiado. Sin embargo, hay una diferencia entre hacer lo que haces porque quieres y hacerlo porque te obligan. Este es el concepto clave que Pablo transmite a través de su lenguaje.

En Cristo has sido liberado. Él odia que la gente sea esclavizada contra su voluntad por otros. Cuando comprendes su maravillosa naturaleza amorosa, puedes elegir por tu propia voluntad trabajar para él y hacer lo que él quiera, sabiendo que él no hará nada para dañarte y que eres libre de irte en cualquier momento.

Jesús tiene obras importantes que ha preparado de antemano para que las hagas, pero no te obliga de ninguna manera a hacerlas. Él te amará así hagas lo que hagas.

Sin embargo, al tomar la decisión de servirle *solo porque* lo amas, descubrirás que se convierte en un verdadero placer hacer el trabajo que él te da para que hagas.

¿QUÉ TE MOTIVA?

En 2 Corintios 5:14, Pablo dice: «Pues el amor de Cristo nos apremia». Dios quiere que nuestra motivación sea el amor y nada más que el amor. Pero fácilmente podemos terminar motivados por otras cosas:

Culpabilidad: No quiero que Dios se enfade conmigo, así que hago todo lo que puedo para evitar hacer el mal. No obstante, sigo haciendo lo que está mal de todos modos y termino sintiéndome aún más culpable y atrapado en un ciclo de auto-condenación, sin alegría.

Vergüenza: Sé que soy una decepción para Dios y para los demás, pero siento que, si puedo ser una persona mejor, tal vez él piense que soy digno de su amor.

Miedo: Tengo miedo de que Dios se enfade conmigo. He oído las promesas, pero en realidad no aplican para mí. Tal vez no soy cristiano en absoluto. Tal vez he cometido un pecado imperdonable.

Ansiedad: La vida está llena de peligros y tengo que asegurarme de evitarlos. Sé que Dios promete cuidar de mí, pero no estoy seguro de que lo haga en serio, así que también tengo que asegurarme de vigilar las cosas de cerca.

Orgullo: Sé que no estoy a la altura de Dios, pero ¿quién lo está? Me siento mucho mejor al compararme con otras personas. He estudiado mucho la doctrina y la teología y me he asegurado de que la mía es absolutamente correcta. A menudo comparo lo que otros dicen con mi propio conocimiento.

Continuaremos examinando cada una de estas *falsas motivaciones* y tendremos la oportunidad de eliminarlas, garantizando que sea el amor a Cristo lo que nos mueve, y nada más.

ESTABLECER LA CONEXIÓN DE LA GRACIA

No hay necesidad de apresurarse para terminar este libro. No hay prisa. Después de todo, ¿qué harás cuando lo termines, buscar otro libro para leer?

Te animo a que vayas más despacio y te asegures de que el precioso tiempo que dedicas a comprender la gracia se convierta en una conexión auténtica y transformadora con tu Padre amoroso. Él te espera con alegría. Disfruta el tiempo que pasas con él. No hay condena para ti.

Al final de cada capítulo, te animo a que te tomes el tiempo suficiente para procesar lo que has leído. ¿Por qué no volver a leerlo despacio? Ahí es donde probablemente se establezca la conexión con la gracia. Es una cuestión de corazón, no de mente.

Así que busca un lugar tranquilo, despeja tu mente y ora:

> **Padre glorioso, Dios de nuestro Señor Jesucristo, por favor dame el Espíritu de sabiduría y revelación, para que pueda conocerte mejor. Te ruego que los ojos de mi corazón sean iluminados para que pueda conocer la esperanza a la que me has llamado, las riquezas de tu gloriosa herencia en tu pueblo santo, y tu incomparable y gran poder para nosotros que creemos. Amén.**

Busca un medio para tomar algunas notas y tómate todo el tiempo que necesites para responder a las siguientes preguntas:

1. El padre le da al hijo menor tres regalos que simbolizan las cosas que Dios te ha dado. ¿Qué regalo es más significativo para ti? ¿Por qué?

2. Si supieras con certeza que la aceptación de Dios y su amor por ti no dependen de lo bien que te comportes, ¿en qué cambiaría eso tu forma de vivir?

3. Considera las siguientes afirmaciones. ¿Hasta qué punto reflejan lo que sientes? Debes darle una puntuación entre 0 y 10, donde 0 es «nada en absoluto» y 10 es «Así es exactamente como me siento». Nota: ¡se trata de cómo *te sientes* más que de una prueba de tu comprensión teológica!

    - Lo que he hecho es demasiado malo para que Dios me perdone o me acepte de nuevo;

    - Dios ama a los demás, pero no puede amarme a mí;

    - Puedo comportarme como quiera porque Jesús me ha perdonado;

- Tengo que cumplir una serie de normas para que Dios esté contento conmigo;
- Dios me ama más cuando trabajo duro para él.

Según la Biblia, ninguna de estas afirmaciones es correcta. Para las afirmaciones que les has dado una puntuación más alta, ¿puedes encontrar uno o más versículos de la Biblia que puedan demostrar lo contrario?

Imagina cómo cambiaría tu vida y tu relación con Dios si pudieras realmente marcar un cero en todas esas afirmaciones. En los próximos días, dedica tiempo a leer los versículos que has identificado y reafirma tu compromiso de creer en lo que Dios declara verdad, en lugar de lo que dictan tus sentimientos.

CAPÍTULO 2

LIBRE DE VERGÜENZA

En la época de Jesús, la lepra era una enfermedad infecciosa bastante común. La gente estaba acostumbrada a ver a los leprosos mendigando o simplemente viviendo su miserable existencia aislados y marginados de la sociedad, y obligados a mantenerse alejados para evitar el riesgo de contagio.

> «Un leproso vino rogando a Jesús, y arrodillándose, le dijo: "Si quieres, puedes limpiarme"» (Marcos 1:40).

Este hombre habría tenido lesiones ulcerosas en todo el cuerpo, con un aspecto desagradable, un olor repulsivo y se enfrentaría a una muerte lenta y agonizante a medida que la enfermedad avanzara. Para empeorar su situación, el leproso habría sido muy consciente de lo que las propias Escrituras decían sobre las personas como él:

> «En cuanto al leproso que tenga la infección, sus vestidos estarán rasgados, el cabello de su cabeza estará descubierto, se cubrirá el bozo y

> gritará: "¡Inmundo, inmundo!"»
> «Permanecerá inmundo todos los días que tenga la infección; es inmundo. Vivirá solo; su morada estará fuera del campamento» (Levítico 13:45,46).

Había muy buenas razones para estas regulaciones, por supuesto, que tenían que ver con proteger a otros de esta terrible y contagiosa enfermedad. Sin embargo, ¿puedes imaginar leer en la Biblia algo como esto: «Es impuro. Vivirá solo», sobre ti mismo?

¿Cómo te sentirías contigo mismo? ¿Qué palabras utilizarías para describirte? ¿Indigno de ser amado? ¿Sucio? ¿Solo? ¿Contaminado? ¿Inútil?

Aunque no suframos con esta enfermedad infecciosa, es posible que nos identifiquemos con palabras similares cuando reflexionamos sobre cómo nos vemos a nosotros mismos. Podríamos sentir que somos diferentes de los demás o temer que, si la gente conociera nuestra verdadera naturaleza, nos rechazaría.

Se trata de la vergüenza, la primera *falsa motivación* que queremos analizar, para que así podamos asegurarnos de que es el amor a Jesús —y nada más que el amor a Jesús— lo que nos impulsa en nuestra vida cristiana.

Como veremos, todos experimentamos la vergüenza en mayor o menor medida. Sin embargo, Dios nos ha proporcionado el remedio.

LIBRES DE LA VERGÜENZA

Originalmente en el jardín, antes de que Adán pecara, el Génesis nos dice: «Ambos estaban desnudos, el hombre y su mujer, pero no se avergonzaban» (Génesis 2:25). Sabían que eran hijos de Dios y tenían una relación íntima con él. También servían como imagen de la relación que Dios quiere que tengamos con él.

Después de que Adán y Eva pecaran, ¿cuál fue el cambio más evidente?

> «Entonces fueron abiertos los ojos de ambos, y conocieron que estaban desnudos; y cosieron hojas de higuera y se hicieron delantales» (Génesis 3:7).

Sintieron algo que nunca habían experimentado: vergüenza. ¿El resultado? Querían cubrir sus cuerpos desnudos. De repente, sintieron que no eran lo suficientemente dignos.

En este momento, hagamos una breve pausa para reflexionar sobre la historia bíblica de Adán y Eva. Si queremos extraer conclusiones importantes de ella, ¿podemos confiar con exactitud en esta historia?

No soy científico y he evitado los debates sobre cómo Dios creó el mundo y el origen de los seres humanos. Estos debates a menudo se convierten en "necias controversias, genealogías, disensiones y pleitos" que, según Tito 3:9, son inútiles e inservibles. No es que el tema no sea importante, sino que ninguno de nosotros puede probarlo de manera concluyente.

Sin embargo, me sorprendió descubrir que en los años 80 los científicos establecieron que nuestro ADN mitocondrial prueba definitivamente que todos descendemos de una sola mujer, a la que han denominado *Eva mitocondrial*. Además, el análisis de los cromosomas Y en los hombres ha confirmado que todos descendemos del mismo hombre, al que se le ha dado el nombre de *Adán del cromosoma Y*.

Esto no prueba por sí mismo que la historia bíblica de Adán y Eva sea literalmente cierta. La mayoría de los científicos creen, por ejemplo, que el hombre y la mujer en cuestión vivieron en lugares distintos en épocas diferentes (y si quieres entender por qué, busca *Adán cromosoma y Eva mitocondrial*).

Pero demuestra que el principio bíblico fundamental de que todos descendemos del mismo hombre y la misma mujer es cierto.

Y no hay nada en las pruebas científicas que demuestre que no pudieron vivir en el mismo lugar al mismo tiempo. De hecho, un artículo publicado en *Nature* afirmaba: «El Libro del Génesis sitúa a Adán y Eva juntos en el Jardín del Edén, pero se pensaba que la versión genetista del dúo —los antepasados hasta los que se remontan los cromosomas y el ADN mitocondrial de los humanos actuales— vivieron separados por decenas de miles de años. Ahora, dos importantes estudios sobre los cromosomas Y de los humanos modernos sugieren que, después de todo, el *Adán del cromosoma Y,* y la *Eva mitocondrial* podrían haber vivido más o menos al mismo tiempo».[1]

¿Por qué incluyo una breve digresión sobre el campo de la genética en un capítulo titulado Libres *de la vergüenza*?

Consideremos esta afirmación del apóstol Pablo:

> «Por tanto, tal como el pecado entró en el mundo por medio de un hombre, y por medio del pecado la muerte, así también la muerte se extendió a todos los hombres, porque todos pecaron» (Romanos 5:12).

Enseña claramente que todos descendemos de un hombre y que, sobre todo, este hombre fue la fuente de todo pecado. Consideremos ahora esta otra afirmación:

> «Porque, así como por la desobediencia de un hombre los muchos fueron constituidos pecadores, así también por la obediencia de Uno los muchos serán constituidos justos» (Romanos 5:19).

Si no aceptamos que todos descendemos del mismo *hombre* cuya desobediencia nos convirtió a todos en pecadores, entonces la muerte y el sacrificio de un *hombre*, que es Jesucristo, no tendrían sentido.

Los debates entre creación y evolución han disminuido el

---

1. "El Adán y la Eva genéticos no vivieron demasiado separados en el tiempo", Nature.com, 6 de agosto de 2013 (recuperado el 6 de marzo de 2024).

impacto del relato bíblico de Adán y Eva para algunos cristianos, debilitando un fundamento esencial del mensaje evangélico. Espero que la confirmación científica —donde todos descendemos del mismo hombre— te brinde la confianza necesaria para aceptar los principios del relato, aunque el proceso específico mediante el cual Dios creó a Adán pueda ser un objeto de debate.

Al considerar la historia y otros pasajes bíblicos relacionados con ella, me llaman la atención varios principios clave.

Antes del comienzo de los tiempos, el Padre, el Hijo y el Espíritu Santo ya disfrutaban de una hermosa relación de amor, y el gran deseo de Dios era incluir a otros en ella.

El amor de Dios le movió a crear universos increíbles, galaxias asombrosas y este maravilloso planeta. Y a crear seres humanos.

Nos encomendó una tarea: trabajar con él para cuidar del mundo.

Pero Dios no nos hizo como robots limitados a seguir órdenes. Por amor, nos dio la capacidad de decidir por nosotros mismos cómo vivir nuestras vidas.

Así que Adán, el primer ser humano, era totalmente libre de cumplir la misión que Dios le había encomendado de la forma que eligiera. Dios no lo agobió con reglas, sino que solo le dijo una cosa. Le dijo que no comiera fruta de cierto árbol. Y le explicó:

> «... pero del árbol del conocimiento del bien y del mal no comerás, porque el día que de él comas, ciertamente morirás» (Génesis 2:17).

No era una prueba para evaluar el comportamiento de Adán. La verdadera libertad implica consecuencias reales para nuestras decisiones. Por amor, Dios deseaba que Adán pudiera evitar las consecuencias negativas de una mala elección.

Pero el enemigo de Dios, Satanás, engañó a Eva. Ella y Adán eligieron desobedecer a Dios. Como el hijo menor, dieron la espalda a su Padre y se alejaron.

Y, tal como Dios había advertido, hubo enormes consecuencias, no solo para ellos, sino para sus hijos, los hijos de sus hijos y todos sus descendientes hasta nosotros.

Adán y Eva murieron. No murieron físicamente, al menos no de inmediato. Murieron espiritualmente. En otras palabras, perdieron su conexión espiritual con Dios y todo lo que ello conllevaba: su significado, su intimidad con Dios y su seguridad. Fueron separados de la comunión con Dios de la que habían disfrutado.

CAMBIO DE IDENTIDAD

El pecado de Adán y Eva desagradó a Dios y los hizo culpables ante él. La culpa tiene que ver con lo que hacemos: hice algo malo, por lo tanto, soy culpable.

Pero había una consecuencia más importante. Habían dado un paso que cambió toda su identidad, y también la identidad que Dios quería que todos tuviéramos. Por la desobediencia de un hombre, Adán, «los muchos fueron constituidos pecadores» (Romanos 5:19).

La vergüenza tiene que ver con mi propia identidad. La vergüenza no dice que yo haya hecho algo mal, sino que yo soy lo que está mal.

Cuando el hijo menor regresó a su padre, lleno de vergüenza, ésta afectó a su identidad: «Ya no soy digno de llamarme tu hijo...».

Adán, Eva y todos nosotros fuimos hechos *pecadores*. En el Nuevo Testamento, la palabra *pecador* se utiliza muchas veces. Es una forma abreviada de referirse a aquellos que están espiritualmente muertos, desconectados de Dios como lo estuvo Adán, y todos nosotros lo estaríamos también.

Es importante entender que ser pecador es una condición, un estado de ser, una *identidad*. No nos convertimos en pecadores la primera vez que pecamos. Es al revés. Debido a que heredamos las características de Adán, *nacimos* espiritualmente muertos —desconectados, separados de la vida de Dios— y por lo tanto nuestra configuración por defecto era pecar, hacer las cosas a nuestra manera en lugar de hacerlas a la manera de Dios. Pecamos porque somos pecadores. Estábamos condenados a hacernos daño a nosotros mismos, a los que nos rodean y a casi todo lo que toquemos.

La vergüenza es la dolorosa experiencia emocional que surge por creer que hay algo muy malo, no tanto en lo que hemos *hecho*, sino en lo que *somos*. Y por culpa de Adán, en realidad había algo malo en nosotros.

Para abordar la vergüenza, debemos hacerlo desde el nivel de nuestra identidad fundamental. Veremos cómo Dios ha intervenido por nosotros, pero primero es importante comprender cómo nos afecta la vergüenza.

La vergüenza está relacionada con nuestra identidad. Por eso nos afecta tan profundamente. A menudo intentamos manejar la vergüenza a nuestra manera, nos escondemos o simplemente esperamos que no se repita. Sin embargo, al igual que las hojas de la higuera, estos mecanismos de afrontamiento no son efectivos.

Si hace unos años me hubieras preguntado si me afectaba la vergüenza, probablemente habría dicho algo como «No me afecta mucho». Sin embargo, desde entonces me he dado cuenta de que es un problema más grande para mí de lo que había pensado.

El Dr. Neil T. Anderson, fundador de *Libertad en Cristo*, y yo fuimos invitados a hablar en una gran conferencia cristiana. Para ser más precisos, Neil fue invitado, ¡y yo le acompañé para llevarle la maleta!

Yo era nuevo en todo esto y de repente me encontré mezclado con muchas *grandes eminencias* del mundo cristiano. Todas las mañanas asistíamos a una reunión de oración con los demás ponentes, pero, sintiéndome un poco intimidado por la compañía en la que me encontraba, no me atrevía a orar en voz alta ni a compartir nada con ellos. Pero la última mañana hice un gran esfuerzo. Me levanté y dije lo agradable que había sido estar allí con todos ellos. Al final, uno de esos *expertos* me hizo señas. «Ha llegado mi momento», pensé. Me puso el brazo en el hombro y me susurró: «Por cierto, tienes la bragueta desabrochada». Y así fue.

Espero que esta historia te haga sonreír hoy. Pero cuando pienso en ello, todavía me ruborizo.

Me he dado cuenta de que la vergüenza, o el esfuerzo por evitar sentirla, es algo realmente significativo para mí. Cualquiera se habría sentido avergonzado en la historia que acabo de contar, pero entendí que, en mi vida, la vergüenza iba mucho más allá. Me impedía poder relacionarme con los demás, me hacía perder oportunidades de compartir mi fe en Jesús y, en general, me llevaba a tratar de demostrar que estaba bien o que era tan valioso como los demás, porque en el fondo no me sentía así.

La vergüenza es en realidad una forma leve de pudor.

Aunque la intensidad de la vergüenza que debió sentir el leproso es muy diferente a la mía, ambos estamos experimentando las consecuencias del pecado del *primer hombre* que transformó nuestra identidad fundamental. Nuestras experiencias de vida suelen influir en cuán profundamente sentimos la vergüenza.

LA VERGÜENZA SE INTENSIFICA CON CULTURAS BASADAS EN LA VERGÜENZA

Es peor si nos hemos criado en una cultura basada en la vergüenza.

Todas las sociedades buscan maneras de prevenir comportamientos inaceptables. En las sociedades occidentales, se suele utilizar la culpa para lograrlo. Nos presionan a conformarnos a través de la amenaza del castigo, como miradas y palabras de desaprobación, el sistema judicial o la creencia de que Dios nos castigará. Abordaremos el tema de la culpa en el próximo capítulo.

Otras sociedades, sobre todo las orientales, utilizan la vergüenza en lugar de la culpa. El control se mantiene creando una cultura en la que, si no te ajustas a las normas sociales, tú mismo no eres digno. Asegurarse de hacer lo que es socialmente aceptable se convierte en el principal valor cultural. El miedo a ser rechazado y condenado al ostracismo es una motivación poderosa.

Escuché la historia de un misionero en una sociedad oriental que se sorprendió por algo que observó. Cada mañana, una amiga de una mujer musulmana divorciada visitaba su casa y le tocaba el cabello para ver si estaba mojado. Le explicaron que esto le permitía saber si su amiga había cometido adulterio, ya que la creencia religiosa en esa sociedad era que tener relaciones sexuales fuera del matrimonio te hacía impuro, y debías bañarte y lavarte el cabello para purificarte. Lo que desconcertó al misionero fue por qué, si la mujer era capaz de desobedecer y cometer adulterio, su amiga pensaba que cumpliría con la obligación de bañarse.

Luego comprendió que, en esa cultura, no lavarse era inconcebible, porque su impureza afectaría incluso el suelo que pisaba. En otras palabras, estar en un estado de impureza ritual era más impensable que cometer adulterio.

En una cultura basada en la vergüenza, lo más importante es estar limpio, ser aceptado, especialmente ante los ojos de los demás. No se trata tanto de si has actuado bien o mal, sino de si cumples con las expectativas sociales. Si sientes que no lo logras, puedes experimentar vergüenza.

Algunas familias e instituciones religiosas —incluso cristianas— pueden crear mini culturas basadas en la vergüenza. Un líder de la iglesia o un padre puede abusar de las expresiones *deberías hacer* o *tienes que ser* para hacerte sentir que tienes que comportarte de cierta manera para ser aceptado como parte de la iglesia o de la familia o para ser un *buen cristiano*. Pueden decir cosas como:

> «¡Debería darte vergüenza!».
>
> «¡Eres una desgracia para la familia o para la iglesia!».
>
> «¿Por qué no puedes ser más como tu hermano o tu hermana?».
>
> «Nunca llegarás a nada».
>
> «Ojalá nunca hubieras nacido».

Si nos creemos las mentiras del mundo de que tenemos que ser guapos o delgados o lo que sea para encajar, podemos sentir una vergüenza tremenda si pensamos que no damos la talla.

Incluso quienes destacan en el ámbito deportivo, académico o profesional pueden llevar una vida basada en la vergüenza si lo único que reciben son aplausos y aprobación cuando les va bien. El mensaje es muy claro: no vales nada por ti mismo. Solo eres valioso y digno de aprobación si rindes bien.

En general, me iba bien en la escuela, pero eso me dejó la sensación de que siempre tenía que alcanzar unos estándares para sentirme bien conmigo mismo. Y nadie puede alcanzarlos todo el tiempo. Cuando no te va tan bien, se acaban las palabras de ánimo, desaparecen las palmaditas en la espalda, te encuentras con la desaprobación y la decepción porque tu rendimiento no ha sido tan bueno. Se trata de un mensaje demoledor que puede llevarte a luchar toda la vida contra la vergüenza.

LA VERGÜENZA SE INTENSIFICA POR EXPERIENCIAS PASADAS

También podemos estar predispuestos a sentir vergüenza por cosas que hemos hecho y de las que nos arrepentimos. Las adicciones y cualquier pecado que atenta contra nuestro cuerpo o haga que los demás nos menosprecien son fuente de vergüenza.

En Juan 4, encontramos a Jesús sentado junto a un pozo a mediodía mientras sus discípulos compraban comida.

Una mujer se acerca, sin duda sorprendida de encontrar a otra persona allí en el momento más caluroso del día. La costumbre exige que un hombre se retire a una buena distancia de una mujer sola y que ni siquiera establezca contacto visual con ella. En cualquier caso, son enemigos. Él es judío y ella samaritana.

Sorprendentemente, le habla y le pide agua, y entonces entablan una conversación en la que le dice:

> «Ve, llama a tu marido y ven acá». «No tengo marido», respondió la mujer. Jesús le dijo: «Bien has dicho: "No tengo marido", porque cinco maridos has tenido, y el que ahora tienes no es tu marido; en eso has dicho la verdad» (Juan 4, 16-18).

Ahora entendemos por qué acude al pozo en ese momento. Está llena de vergüenza.

Mira lo que Jesús hace con su conocimiento sobre su estilo de vida pecaminoso. No lo utiliza de ninguna manera. Simplemente la trata con amabilidad y respeto.

Y éste era el Hijo de Dios sin pecado, la única persona que tenía derecho a condenarla por lo mucho que había caído.

También podemos sentir vergüenza por cosas que nos hicieron otras personas, sobre todo si sufrimos algún tipo de abuso en la infancia. Tal vez incluso pensemos que fue culpa nuestra o que nos lo merecíamos. Pero los niños nunca tienen la culpa de los actos vergonzosos de los agresores.

Si ese es tu caso, siento mucho que hayas sufrido tan terriblemente. Pero lo más importante es que también lo siente Jesús, aquel que vino específicamente para vendar tu corazón roto y liberarte.

He vivido una vida bastante protegida, pero a lo largo de los años, he tenido la oportunidad de sentarme con la gente a medida que avanzan a través de *Los Pasos hacia la Libertad en Cristo*. He oído historias trágicas de las cosas terribles que la gente ha hecho a otros seres humanos, muy a menudo cuando eran niños. Algunas de ellas son sexuales, otras simplemente crueles. Algunas son de naturaleza oculta.

Con demasiada frecuencia, las víctimas de pederastas sienten que fue culpa suya o que, de alguna manera, se lo merecían. Es una terrible decepción. Pero con demasiada frecuencia la víctima es la que experimenta la vergüenza, no el verdadero responsable.

La vida de la mujer del pozo cambió totalmente a través de su encuentro con Jesús, su encuentro con la gracia. Volvió a la gente de la que quería esconderse y les habló de Jesús. Y muchos creyeron en Jesús. Nadie ha caído tan bajo ni ha sido herido tan profundamente como para que Jesús no pueda resolver su vergüenza y utilizar su testimonio para su gloria.

EL *LÍO MENOR*

El mensaje básico de la vergüenza es que hay algo malo en *nosotros*, que somos el problema. Nos mete en *un lío menor*. Nos sentimos *indefensos*, sin *valor*, sin *sentido*, sin *poder*, sin *esperanza*. Así que nos escondemos, llevamos máscaras, evitamos, fingimos. Y nunca nos sentimos verdaderamente aceptados.

Desarrollamos estrategias para intentar aliviar la vergüenza y para escondernos de todos. Algunas de las más comunes incluyen:

- Mentir;
- Trasladar la culpa haciendo que todos menos nosotros sean el problema;
- Fingir que todo va bien y que nos va genial cuando sabemos que no es así;
- Criticar duramente a los demás para que parezcan inferiores a nosotros;
- Compensar las vergonzosas deficiencias en un área tratando de sobresalir en otras;
- Moralizar criticando con dureza conductas que nosotros mismos hemos tenido y que nos causan vergüenza;
- Automedicarnos para mitigar el aguijón y adormecer el dolor de nuestra propia vergüenza;
- Comprometer los valores morales o bíblicos para encajar y evitar la vergüenza del rechazo;
- Esforzarnos por alcanzar la perfección en nuestro comportamiento o apariencia para compensar la

dolorosa creencia de que, en el fondo, estamos muy lejos de lo que deberíamos ser.

Pero, como las hojas de higuera de Adán y Eva para cubrir sus cuerpos, nada de esto funciona.

Dios tiene un camino mejor. Su manera de eliminar *la desgracia* es la gracia.

EL REMEDIO DE DIOS PARA LA VERGÜENZA

Volvamos al leproso. Este leproso pasó por alto las normas de la sociedad, se acercó a Jesús y le hizo una pregunta. La pregunta obvia es: «¿Puedes curarme?». Pero en realidad, le preguntó algo mucho más fundamental: «¿Quieres limpiarme?».

Sabía que el problema de fondo no era la enfermedad física, sino su propia identidad.

> «Movido a compasión, extendiendo Jesús la mano, lo tocó y le dijo: "Quiero; sé limpio"». (Marcos 1:41)

Jesús lo tocó y lo limpió. No necesitó tocarlo para sanarlo de la lepra. Pero ¿cuánto tiempo había pasado desde que ese hombre no experimentaba el suave contacto de otro ser humano?

El hermano menor, «que metió la pata hasta tocar fondo» (como vimos en la historia del capítulo anterior), debió sentir una inmensa vergüenza al volver a la casa familiar y saber todo lo que hizo. A pesar de todo, el padre lo abraza, y le devuelve por completo su identidad de hijo.

Eso es exactamente lo que Jesús quiere hacer por ti hoy. Llegar hasta ti, abrazarte y quitarte la vergüenza.

Él quiere que salgas de tu escondite y permanezcas sin vergüenza ante él y ante los demás. Aceptado, amado y seguro, sin importar lo que hayas hecho o lo que la gente te haya hecho.

¿Cómo es posible?

EL GRAN INTERCAMBIO

Así que, como hemos visto, debido a las acciones de nuestro antepasado Adán, todos nacimos con una identidad fundamental diferente a la que Dios pretendía que tuviéramos. Éramos pecadores. Y ser pecador era una condición, un estado del ser.

Pablo lo expresa así: «por naturaleza hijos de ira» (Efesios 2:3). Jeremías dijo que nuestro corazón, el núcleo mismo de nuestro ser, era: «Más engañoso y sin remedio» (Jeremías 17:9). Isaías echa sal en la herida: «Todos nosotros somos como el inmundo, y como trapo de inmundicia todas nuestras obras justas» (Isaías 64:6).

No éramos las personas que Dios quería que fuéramos, y no podíamos hacer nada al respecto.

Nuestro sentimiento de vergüenza es consecuencia de ello.

Pero mencioné que Dios tenía un remedio y aquí está:

> «siendo aún pecadores, Cristo murió por nosotros» (Romanos 5:8).

Mira ese versículo de nuevo. Observa que está escrito en tiempo pasado. Claramente, si conocemos a Jesús, ya no somos pecadores según Pablo.

La ley del Antiguo Testamento contenía toda una serie de rituales de purificación. Nunca pudieron —ni pretendieron— eliminar nuestra contaminación, sino que apuntaban hacia el sacrificio que sí lo lograría, es decir, Jesús.

2 Corintios 5:21 revela cómo funciona esto:

> «Al que no conoció pecado, lo hizo pecado por nosotros, para que fuéramos hechos justicia de Dios en él».

En la cruz, Jesús, que era totalmente irreprochable, *se convirtió en* pecado por nosotros. Dios tomó todos nuestros defectos, fracasos, rebelión y vergüenza, y los cargó sobre Cristo. No murió solo para perdonarnos, sino para pagar la pena por nuestros pecados. Hacer borrón y cuenta nueva es estupendo, pero es más profundo que eso.

También tomó sobre sí nuestra naturaleza impura e inmunda, y destruyó nuestra contaminación interior. Y luego resucitó de entre los muertos a una nueva vida.

Cuando entregamos nuestra vida a Jesús, se produce un gran intercambio. No solo recibimos el perdón de nuestros pecados. En realidad, nos convertimos en una nueva criatura. *Nos convertimos en la justicia de Dios*.

Tu corazón ya no es engañoso e incurable. La asombrosa profecía de Ezequiel se cumple: obtenemos un corazón y un espíritu nuevos (Ezequiel 11:19).

Ya no somos por naturaleza objeto de ira. Pedro nos dice que ahora compartimos la naturaleza divina de Dios (2 Pedro 1:4). Hace dos mil años, tú y yo y todos los que están en Cristo morimos con Cristo en la cruz. Nuestra vieja naturaleza impura y vergonzosa murió. Está muerta. Desapareció.

Piénsalo: ¡lo que estaba mal en nosotros ha muerto! ¡La vergüenza que solíamos sentir se ha ido!

En resumen, nos hemos convertido en una persona totalmente nueva. Ahora tenemos una identidad totalmente nueva, limpia y maravillosa. Y en lugar de llamarnos *pecadores*, la palabra estándar de la Biblia para los que están en Cristo es *santos*. Pablo dirige sus cartas, por ejemplo, a *los santos de Éfeso*, o a *los santos de Corinto*.

Sí, ahora eres santo. Ser santo significa estar apartado para Dios. Especial. Como un vestido de novia que no te pones cualquier día. Estás apartado para un propósito especial. En lo más profundo de tu ser, tu identidad ha cambiado. De alguien desconectado, apartado de Dios, a alguien que es aceptado, significativo y seguro en Cristo.

Nos han quitado la vergüenza por completo. De una vez por todas. ¡Pasado, presente y futuro! Ya no estás contaminado. No eres indigno. Estás limpio. Estás presentable. Puedes quitarte la máscara y dejar de esconderte. *Puedes* mostrarte a Dios y a los demás sin vergüenza alguna.

Y aquí está la invitación de Dios para ti:

> «Entonces, hermanos, puesto que tenemos confianza para entrar al Lugar Santísimo por la sangre de Jesús, por un camino nuevo y vivo que él inauguró para nosotros por medio del velo, es decir, su carne, y puesto que tenemos un gran sacerdote sobre la casa de Dios, acerquémonos con corazón sincero, en plena certidumbre de fe, teniendo nuestro corazón purificado de mala conciencia y nuestro cuerpo lavado con agua pura». (Hebreos 10:19-22).

Ya no tenemos que huir. No tenemos que escondernos, no importa lo que haya en nuestro pasado, o incluso en nuestro presente, porque tenemos una identidad nueva y limpia en Cristo. Tenemos la invitación para acercarnos a Dios en el Lugar Santísimo. Porque *somos* santos.

No caigas en la tentación de pensar que esta invitación a acercarse es condicional, que depende de que hagas todas las cosas que crees que debe hacer un buen cristiano. Eso sería como vivir bajo el antiguo sistema de continuos rituales y sacrificios. No se necesita más sacrificio. Ya no es necesario.

ASUMIR NUESTRA NUEVA IDENTIDAD

Este problema de vergüenza continua en nuestras vidas como cristianos no se debe al hecho de que solíamos ser pecadores, aunque ese es su origen. Es causado por no saber quiénes somos *ahora*.

Como el leproso, le decimos a Jesús: «¿Quieres limpiarme?». Y Jesús nos dice: «Ya lo he hecho. Ya *estás* limpio. Ya no estás contaminado. No eres indigno. Estás limpio. Estás presentable. Quítate la máscara y deja de esconderte».

La gran pregunta a la que todos nos enfrentamos es la siguiente: ¿Vas a creer lo que la Palabra de Dios dice de ti o vas a creer lo que tus experiencias pasadas dicen de ti mismo?

¿De qué lado estás?

En Lucas 17, Jesús sanó a diez leprosos a la vez. De nuevo no dijo «Sean sanados» y esta vez ni siquiera dijo «Sean limpiados». Simplemente dijo: «Vayan y muéstrense a los sacerdotes» (Lucas 17:14). Lucas nos dice: «mientras iban quedaron limpios». Hay algo significativo en su misión de ir y mostrarse a otra persona. Para los que se sienten impuros y avergonzados, abrirse y mostrarse a los demás es una idea difícil de contemplar. Es lo último que quieren hacer. Se sienten más seguros si se esconden detrás de máscaras y muros protectores en lugar de arriesgarse al dolor del rechazo.

Recuerdo a una señora que había sufrido terribles abusos durante una década o más en su infancia y que, por primera vez, miró de frente a las cosas horribles que le habían hecho, en lugar de ocultarlas en las profundidades de su conciencia. Se quedó callada durante un largo rato y luego me miró y dijo: «*Me* hicieron esas cosas, Steve». Pude decirle amablemente: «Sí, las hicieron. ¿Y qué?». Habíamos estado hablando de quién es ahora en Cristo: pura, santa, limpia. Ella lo pensó y dijo con una sonrisa: «Sí, tienes razón. ¿Por qué debería molestarme? Soy hija de Dios». Ese fue un momento decisivo. Ahora dirige un ministerio muy fructífero que ayuda a otras personas que han sufrido los mismos abusos.

TU NUEVO NOMBRE

Una mañana, mientras estaba de vacaciones con mi familia en España, leí un pasaje del Apocalipsis que dice que a los que venzan se les dará una piedra blanca con un nombre nuevo (Apocalipsis 2:17). Eso me impactó y sentí que Dios me preguntaba:

«¿Cuál te gustaría que fuera tu nuevo nombre?». Siempre había luchado con la sensación de no ser lo suficientemente bueno y con mi mente llena de pensamientos condenatorios, así que inmediatamente supe que me gustaría que mi nuevo nombre fuera «Libre de condenación».

Esa noche, después de cenar, bajamos a la playa local mientras se ponía el sol, y nuestras niñas corrieron por la playa hacia el mar. Poco después volvieron corriendo hacia nosotros con las manos llenas de guijarros de cuarzo blanco y liso, diciendo: «Mira todas estas piedras blancas. Podríamos escribir nuestros nombres en una». Dios me estaba haciendo saber que «Libre de condenación» ya es mi nombre. No tengo que esperarlo.

Aún conservo mi piedra blanca con la inscripción «Libre de condenación».

Hay un tema recurrente en la Biblia de personas a las que se les dan nuevos nombres. Dios cambió el nombre *Abram*, que significa *padre exaltado*, por *Abraham*, que significa *padre de una multitud*. El nuevo nombre de Abraham reflejaba la forma en que Dios planeaba utilizarlo. Jesús le dio a uno de sus discípulos, Simón, un nombre adicional, *Pedro*, que significa *roca*. Esto reflejaba el plan de Dios de hacer de este personaje tan inestable y poco rocoso un pilar fundamental de su Iglesia.

En la Biblia, los nombres son mucho más que etiquetas. Son un reflejo de la identidad de una persona, y Dios quiere darnos una nueva identidad. Pensemos en Isaías 62:2-4:

> «Entonces verán las naciones tu justicia, y todos los reyes tu gloria, y te llamarán con un nombre nuevo, que la boca del Señor determinará. Serás también corona de hermosura en la mano del Señor, y diadema real en la palma de tu Dios. Nunca más se dirá de ti: "Abandonada", ni de tu tierra se dirá jamás: "Desolada"; sino que se te llamará: "Mi deleite está en ella", y a tu tierra: "Prometida". Porque en ti se deleita el Señor, y tu tierra tendrá esposo».

¿Sabías que Dios te ha dado un nuevo nombre? De hecho,

muchos. Echa un vistazo a la lista al final de este capítulo. Cada uno de ellos describe quién eres ahora. Puede que no *los sientas* como verdaderos en este momento. Pero lo son. En lo más profundo de tu ser. Por la gracia de Dios.

Dejemos que la gracia de Dios nos saque de la desgracia.

¡Aprendamos a vivir como santos que somos!

MI NUEVO NOMBRE

- Mi nuevo nombre es Amado (Colosenses 3:12)
- Mi nuevo nombre es Escogido (Efesios 1:4)
- Mi nuevo nombre es Precioso (Isaías 43:4)
- Mi nuevo nombre es Limpio (Juan 15:3)
- Mi nuevo nombre es Sano (Lucas 17:14 NBV)
- Mi nuevo nombre es Protegido (Salmo 91:14; Juan 17:15)
- Mi nuevo nombre es Bienvenido (Efesios 3:12)
- Mi nuevo nombre es Heredero (Romanos 8:17; Gálatas 3:29)
- Mi nuevo nombre es Completo (Colosenses 2:10 NBLA)
- Mi nuevo nombre es Santo (Hebreos 10:10; Efesios 1:4)
- Mi nuevo nombre es Perdonado (Salmo 103:3; Colosenses 2:13)
- Mi nuevo nombre es Adoptado (Efesios 1:5)
- Mi nuevo nombre es Deleite (Salmo 147:11)
- Mi nuevo nombre es Libre de vergüenza (Romanos 10:11 NBLA)

- Mi nuevo nombre es Conocido (Salmo 139:1)
- Mi nuevo nombre es Planeado (Efesios 1:11-12)
- Mi nuevo nombre es Dotado (2 Timoteo 1:6; 1 Corintios 12:11)
- Mi nuevo nombre es Enriquecido (2 Corintios 8:9)
- Mi nuevo nombre es Provisto (1 Timoteo 6:17)
- Mi nuevo nombre es Tesoro (Deuteronomio 7:6 NTV)
- Mi nuevo nombre es Puro (1 Corintios 6:11)
- Mi nuevo nombre es Afirmado (Romanos 16:25 NBLA)
- Mi nuevo nombre es Obra maestra de Dios (Efesios 2:10 NTV)
- Mi nuevo nombre es Cuidado (Hebreos 13:5)
- Mi nuevo nombre es Libre de condenación (Romanos 8:1)
- Mi nuevo nombre es hijo de Dios (Romanos 8:15)
- Mi nuevo nombre es Amigo de Cristo (Juan 15:15)
- Mi nuevo nombre es Novia de Cristo (Isaías 54:5; Cantares 7:10)

ESTABLECER LA CONEXIÓN DE LA GRACIA

Recuerda que no hay prisa por terminar este libro. Cuanto más despacio proceses estas verdades, más profundas te resultarán y más fuerte será la conexión que establezcas con ellas. ¿Te beneficiaría volver a leer este capítulo? Si es así, ¡hazlo!

Si estás preparado para pedir al Espíritu Santo que te ayude a conectar con las verdades bíblicas que hemos considerado, busca un lugar tranquilo, despeja tu mente y ora:

> **Padre glorioso, Dios de nuestro Señor Jesucristo, por favor dame el Espíritu de sabiduría y revelación, para que pueda conocerte mejor. Te ruego que los ojos de mi corazón sean iluminados para que pueda conocer la esperanza a la que me has llamado, las riquezas de tu gloriosa herencia en tu pueblo santo, y tu incomparablemente grande poder para nosotros que creemos. Amén.**

Dios nos lleva de la vergüenza a la gracia; de la humillación a la dignidad; del rechazo a la aceptación; del aislamiento a la pertenencia; de la alienación a la intimidad. Tómate todo el tiempo que necesites para responder a estas pocas preguntas (y anota tus respuestas).

1. Lee despacio este pasaje, intentando ponerte en el lugar del leproso que se acercó a Jesús:
    - *«Vino a él un leproso que, de rodillas, le dijo: —Si quieres, puedes limpiarme. Jesús, teniendo misericordia de él, extendió la mano, lo tocó y le dijo: —Quiero, sé limpio. Tan pronto terminó de hablar, la lepra desapareció del hombre, y quedó limpio» (Marcos 1:40-42 RVR1995).*

- ¿Por qué crees que no le pidió a Jesús que lo *curara*? ¿Qué crees que significó para el hombre que Jesús lo tocara?
- ¿Está Jesús *dispuesto* a limpiarte? ¿Es capaz de hacerlo? ¿Es necesario que te limpie o ya estás limpio?

2. ¿Has considerado que tu identidad principal es la de un pecador, aunque hayas elegido seguir a Jesús? ¿Qué diferencia podría suponer en tu vida comprender que tu identidad ha cambiado por completo y que ahora eres un *santo*?

3. Echa un buen vistazo a esa increíble lista de tus nuevos nombres. Léela en voz alta si puedes. Todos ellos se aplican a ti si conoces a Jesús, pero tómate un tiempo para permitir que el Espíritu Santo imprima en ti uno o más nombres que él particularmente quiere que tomes. Declara con confianza: «Gracias Jesús que mi nuevo nombre es... Elijo creer que esto es verdad, aunque no lo sienta así».

Vamos a considerar lo que significa *experimentar* la gracia de Dios cada día para que nuestro amor a Dios y a los demás se convierta en nuestra única motivación. Veremos de forma práctica las cosas que se interponen en nuestro camino y cómo afrontarlas.

Espero que te sientas cautivado y sorprendido al descubrir de nuevo la increíble gracia de tu Padre hacia ti. Es mucho mejor que ganar un premio de lotería.

Sé con certeza que su Espíritu de sabiduría y revelación está preparado y listo para abrir los ojos de *tu* corazón. Así que, antes de que te sumerjas en el resto de este libro, permíteme invitarte a orar una versión adaptada de esa maravillosa oración de Pablo:

Padre glorioso, Dios de nuestro Señor Jesucristo, por favor dame el Espíritu de sabiduría y revelación, para que pueda conocerte mejor.

Te ruego que los ojos de mi corazón sean iluminados para que pueda conocer la esperanza a la que me has llamado, las riquezas de tu gloriosa herencia en tu pueblo santo, y tu incomparablemente grande poder para nosotros que creemos. Amén.

CAPÍTULO 3

LIBRE DE CULPA

¿NO HAS ESTADO A LA ALTURA DE LAS EXPECTATIVAS?

Me encantan los chistes cursis. He aquí uno de mis favoritos de todos los tiempos:

El niño inflable llevó un alfiler a la escuela inflable. El director inflable lo llamó delante de toda la escuela y le dijo: «No solo me has defraudado a mí, sino a toda la escuela. Sobre todo, te has defraudado a ti mismo».

Lo siento.

Creo que la razón principal por la que encuentro esto gracioso es que me recuerda al tipo de cosas que los profesores de mi colegio decían cuando alguien hacía algo mal. El objetivo era hacer que el alumno se sintiera culpable para prevenir que los demás hicieran travesuras similares. La culpa se utilizaba conscientemente como método para mantener la disciplina y el orden.

¿Y si te pidieran que escribieras el final de la historia de los dos hermanos empezando por el momento en que el hermano menor vuelve a casa y le pide al padre que le reciba como jornalero?

¿No debería el padre esperar que el hijo fuera minucioso en sus disculpas? ¿No debería haberse mostrado un poco enojado, quizá dándole la espalda o mirando hacia otro lado cuando su hijo se acercaba? ¿No debería el hijo ser consciente de cómo ofendió al padre y abandonó a la familia? ¿No debería el hijo tener que demostrar su valía durante un tiempo para ganarse la confianza y solo entonces se le permitiría volver a gastar dinero? Tal vez pienses que la forma en que el padre perdonó tan rápidamente a su hijo y lo integró nuevamente a la familia fue un poco precipitada. ¿No habría sido más prudente hacer que el hijo demostrara la sinceridad de su arrepentimiento durante un tiempo antes de organizar una fiesta para él? Tal vez una mejor estrategia habría sido hacer que su hijo se sintiera realmente culpable de lo que había hecho, al menos durante un tiempo.

Si tú, como yo, te has criado en una sociedad occidental que utiliza la culpa en lugar de la vergüenza para persuadir a la gente de que se comporte bien, sospecho que podrías sentir al menos cierta simpatía por esta línea de pensamiento.

Cuando era pequeño, si no hacía lo que mi madre me sugería, a veces fingía llorar en tono jocoso —sin intención dañina ni perjuicio alguno—. Pero me hacía sentir un poco culpable y normalmente me motivaba a comportarme de una manera que evitara ese sentimiento.

En una sociedad basada en la culpa, cuando nos ajustamos a lo que se espera de nosotros, nos sentimos bien. Si metemos la pata y no cumplimos lo que se espera de nosotros, nos sentimos mal.

SI haces los deberes...
ENTONCES puedes ir al cine después.

SI sirves el domingo por la mañan...
ENTONCES serás visto como un buen miembro de esta iglesia.

SI tienes un tiempo de silencio todos los días...
ENTONCES Dios estará complacido contigo.

Y ese enfoque es muy eficaz para incitarnos a *portarnos bien*, sobre todo en el caso de un primogénito como yo, que se empeña en seguir las normas.

Así, toda nuestra motivación en la vida diaria acaba siendo intentar alcanzar ciertas normas para agradar a Dios, a un padre, a un cónyuge, a un jefe o a un líder de la iglesia. O nos esforzamos por adherirnos a nuestro propio conjunto de *reglas* o normas que hemos desarrollado, todo para evitar sentirnos culpables.

Nos esforzamos mucho, pero a menudo nos quedamos cortos. Acabamos caminando con la sensación de que estamos fracasando miserablemente como hijos e hijas de Dios, o como padres, trabajadores o lo que sea. Acabamos en un estado casi permanente de castigo hacia nosotros mismos.

Un pastor amigo mío me contó un sueño que tuvo en el que veía su propia lápida. Vio que llevaba la inscripción: «No estuvo a la altura de las expectativas». Le hizo darse cuenta de lo condicionado que estaba a intentar estar a la altura de las expectativas en lugar de dar y servir por la gracia y el amor de Dios. Dijo que le costó salir de esa forma de pensar, pero cuando lo hizo, según sus palabras, «¡La liberación fue dulce!».

¿Es la culpa una motivación importante en tu vida? Si es así, la liberación que ofrece la gracia de Jesús será igualmente dulce para ti.

La Iglesia ha sido particularmente buena en el uso de la culpa para motivarnos. Cuando era un joven cristiano en mi adolescencia, solía creer que tenía que esforzarme mucho para agradar a Dios, pensaba que me observaba con ojo de águila. Era casi como si hubiera confundido a Jesús con Santa Claus. Ya sabes, «Será mejor que tengas cuidado, será mejor que no llores, será mejor que no hagas pucheros, te voy a decir por qué... *Jesucristo* viene a la ciudad. Está haciendo una lista, revisándola dos veces, va a averiguar quién es travieso y quién es bueno...». Así que nos esforzamos mucho por hacer lo correcto y contentar a Dios, temiendo que, si no lo hacemos bien, él nos ignore o nos rechace o incluso traiga alguna horrible tragedia a nuestras vidas. Si sentimos que marcamos todas las casillas de nuestra lista espiritual de *cosas por hacer*, puede que nos sintamos bien. Pero cuando nos equivocamos y hacemos algo de lo que no debemos hacer, sentimos que Dios mueve la cabeza en señal de decepción y desaprobación.

«No oro lo suficiente; no he conseguido leer la Biblia en un año, otra vez; no doy suficiente dinero; soy un fracaso compartiendo mi fe; no tengo los dones espirituales que ella tiene; parece que no oigo a Dios como él; no soy tan fructífero como ella...».

Cuando estamos motivados por la culpa, nos comportamos como el hermano mayor. Terminamos adoptando una mentalidad de esclavo en una búsqueda infructuosa de aprobación, en lugar de disfrutar todo lo que el padre siempre tuvo para ofrecer desde el principio.

En su carta a los Gálatas, el apóstol Pablo exclamó: «¿Dónde está, pues, aquel sentido de bendición que tuvieron?». (Gálatas 4:15). Quizá te estés haciendo la misma pregunta.

¿QUÉ SIGNIFICA EL SENTIMIENTO DE CULPA?

Intentemos comprender la culpa, empezando por preguntarnos qué es realmente.

Tendemos a pensar en la culpa principalmente como un sentimiento, como en «me siento muy culpable por haber dicho eso». Pero, en realidad, la verdadera culpa no tiene nada que ver con los sentimientos. Tiene que ver con hechos concretos.

La culpabilidad es un término jurídico que se utiliza en un tribunal donde un juez o un jurado, tras escuchar los hechos del caso, decide que los cargos contra el acusado son ciertos y lo declara culpable.

La culpabilidad se define de acuerdo con la autoridad legal que establece las leyes. Si infringimos las leyes de esa autoridad legal, somos culpables. Si no lo hacemos, somos inocentes.

Piensa en los dos criminales que fueron crucificados junto a Jesús:

> «Uno de los malhechores que estaban colgados allí le lanzaba insultos, diciendo: "¿No eres tú el Cristo? ¡Sálvate a ti mismo y a nosotros!". Pero el otro le contestó, y reprendiéndolo, dijo: "¿Ni

> siquiera temes tú a Dios a pesar de que estás bajo la misma condena? Y nosotros a la verdad, justamente, porque recibimos lo que merecemos por nuestros hechos; pero éste nada malo ha hecho"» (Lucas 23:39-41).

No sabemos exactamente qué delito habían cometido los criminales —probablemente eran rebeldes o ladrones—, pero ellos mismos sabían que habían sido justamente declarados culpables por infringir la ley del país. La ley exigía la muerte física por crucifixión por sus crímenes particulares, así que simplemente estaban recibiendo lo que se merecían. Y no parece que tuvieran nada que objetar.

En muchos casos, sin embargo, un acusado puede no *sentirse* culpable; su familia puede no sentirse culpable; incluso el público puede no *sentirse* culpable. Pero si cometió el delito, *es* culpable.

En otras palabras, la verdadera culpa y los sentimientos de culpa son cosas diferentes. La verdadera culpa se basa en hechos, no en sentimientos. Y los sentimientos de culpa (o la falta de ellos) no son una guía fiable de la verdadera culpa.

¿ERES CULPABLE?

Existe un tribunal superior al más alto tribunal de tu país: el tribunal de Dios. Todos tendremos que comparecer ante el trono de Dios al final de los tiempos. En última instancia, este es el único tribunal que realmente importa, porque sus juicios tienen consecuencias eternas.

> «Vi un gran trono blanco y a Aquel que estaba sentado en él, de cuya presencia huyeron la tierra y el cielo, y no se halló lugar para ellos. También vi a los muertos, grandes y pequeños, de pie delante del trono, y los libros fueron abiertos. Otro libro fue abierto, que es el libro de la vida, y los muertos fueron juzgados por lo que estaba escrito en los libros, según sus obras.

> El mar entregó los muertos que estaban en él, y la Muerte y el Hades entregaron a los muertos que estaban en ellos. Y fueron juzgados, cada uno según sus obras. La Muerte y el Hades fueron arrojados al lago de fuego. Esta es la muerte segunda: el lago de fuego. Y el que no se encontraba inscrito en el libro de la vida fue arrojado al lago de fuego». (Apocalipsis 20:11-15)

Podemos ser ciudadanos respetuosos de la ley, inocentes ante la ley de la tierra, pero la pregunta crucial es: ¿cómo estamos tú y yo frente a este tribunal celestial? ¿Somos culpables ante Dios?

En este libro, haré hincapié en el amor de Dios. Al fin y al cabo, Dios es amor. Pero ese amor está en perfecta armonía con otro aspecto fundamental de su carácter: su santidad.

He trabajado durante veinte años con un talentoso ilustrador que ha creado cientos de dibujos animados para nuestros recursos de discipulado. Una vez le pedí que diseñara una ilustración para representar la santidad de Dios. Pasó por varias versiones, pero ninguna fue adecuada; todas parecían triviales en comparación con el tema. Finalmente, ambos concluimos que era imposible crear una imagen que capture la esencia de la santidad de Dios. La santidad de Dios es, literalmente, inimaginable para nosotros.

El Antiguo Testamento a menudo se refiere a él como «santo, santo, santo», la palabra se repite tres veces para enfatizar el alcance inimaginable de su santidad. Esto es lo que dice A.W. Tozer:

> «No podemos captar el verdadero significado de la santidad divina pensando en alguien o en algo muy puro y elevando luego el concepto al grado más alto de que seamos capaces. La santidad de Dios no es simplemente lo mejor que conocemos infinitamente mejorado. No conocemos nada

1. *El Conocimiento de lo Sagrado*, Capítulo 21, AW Tozer, 1961

> como la santidad divina. Es única, inabordable, incomprensible e inalcanzable».[1]

A pesar de que nunca podremos comprender plenamente la santidad de Dios, incluso una ligera idea de ella nos basta para entender que sería imposible que este Dios santo, santo, santo llegue a tolerar el pecado, que lo pasara por alto, que dijera que no importa. No sería santo si lo hiciera, y mucho menos «santo, santo, santo».

Hemos visto cómo nuestro antepasado, Adán, fue creado con la capacidad de elegir. Dios no le impuso un montón de reglas, sino que le dijo que podía cumplir su misión como quisiera. Solo hubo una cosa que Dios le dijo que no hiciera porque sabía que él y los demás saldrían perjudicados: no debía comer de cierto árbol. Engañado por el enemigo de Dios, Satanás, Adán eligió desobedecer a Dios, y esa desobediencia es la esencia de lo que la Biblia llama pecado.

Y como hemos visto, «por la desobediencia de un solo hombre los muchos fueron constituidos pecadores» (Romanos 5:19). Cuando Adán pecó, se hizo culpable ante Dios y una consecuencia de eso es que todos sus descendientes, tú y yo, fuimos hechos culpables ante Dios también. Ya sea que nos sintamos culpables o no, todos nacemos con una verdadera culpa ante Dios y su Tribunal Celestial. Además, nuestras acciones pecaminosas posteriores solo aumentan esa culpa original.

Pablo nos dice:

> «Porque la paga del pecado es muerte, pero la dádiva de Dios es vida eterna en Cristo Jesús, Señor nuestro» (Romanos 6:23).

No podíamos hacer nada al respecto: sin una intervención exterior, solo podíamos esperar la muerte. La única salida posible era que Dios hiciera algo. Y lo hizo, a través de Jesús. Antes de que entendamos cómo Jesús se ocupó de nuestra verdadera culpa, consideremos brevemente una cuestión importante que puede estar preocupándote: ¿cuál es la situación de un bebé que muere en el vientre materno o poco después de nacer?

Aunque la Biblia no aborda explícitamente este tema, la mayoría de los cristianos que buscan respuestas en las Escrituras, me incluyo, concluyen que, mediante un mecanismo que no entendemos completamente, Dios, quien es suprema y perfectamente justo, puede salvar a esos niños a través del sacrificio de Jesús. Dado su amor y el valor que da al libre albedrío me parece inconcebible que no encuentre una manera de hacerlo por aquellos que no han podido tomar una decisión por sí mismos. Si esta cuestión es especialmente importante para ti, enfócate en el amor y la justicia inherente de Dios. Podemos confiar en nuestro Padre celestial, quien siempre hace lo correcto. Aunque la Biblia no responde específicamente a esta cuestión, revela claramente el carácter increíble de Dios: Él es amor, es perfectamente justo, y es la fuente de toda sabiduría. Algún día entenderemos este misterio, pero por ahora debemos dejarlo en manos de nuestro Padre amoroso. Realmente podemos confiar en él.

NO MÁS CULPABLES

Hemos visto cómo Dios «Al que no conoció pecado, lo hizo pecado por nosotros, para que fuéramos hechos justicia de Dios en él» (2 Corintios 5:21). La muerte y resurrección de Jesús nos permitió tener esa increíble nueva identidad: ya no somos pecadores, sino santos. Somos la justicia de Dios.

Pero ¿qué pasa con nuestra culpa?

Cuando haces la oración del Padre Nuestro, puedes decir «Perdona nuestros pecados» o «Perdona nuestras ofensas», porque las versiones de los distintos evangelios son ligeramente diferentes. Pero la mayoría está de acuerdo en que lo más probable es que el significado central de Jesús fuera *deudas*.

Existe una estrecha relación entre culpabilidad y deudas. Si te declaran culpable de infringir la ley por conducir demasiado rápido, lo normal es que te impongan una sanción económica.

La balanza se utiliza a menudo para simbolizar la justicia: como la culpa pesa en un lado, hay que pagar en el otro hasta que ambos vuelvan a estar equilibrados. Y bíblicamente, nuestra culpa ante Dios es lo mismo que tener una deuda con él.

En tiempos del Nuevo Testamento, si alguien debía dinero a otra persona, era necesario redactar un documento legal donde se muestre exactamente quién debía qué a quién, cuáles eran las condiciones de pago y cuáles serían las consecuencias en caso de impago. Se llamaba certificado de deuda. Si tienes una hipoteca, probablemente te envíen el equivalente moderno una vez al año.

Si alguien no podía pagar la deuda, sus bienes podían ser embargados o él mismo podía ser sometido a esclavitud.

Debido a la rebelión de Adán, todos nacimos con un certificado de deuda con Dios. La última vez que lo comprobé, los EE.UU. tenían una deuda nacional de alrededor de 33 billones de dólares y una población de alrededor de 330 millones. Eso es una deuda de 100.000 dólares por cada ciudadano americano. Imagina un bebé que nace hoy. Sin culpa propia, pero solo por haber nacido americano y debido a los gastos de las generaciones anteriores, ¡tiene inmediatamente una deuda de 100.000 dólares!

Nuestro santo, santo, santo Dios no podía simplemente disipar nuestra deuda bajo la alfombra y decir que no importa. El pecado siempre importa. El pecado siempre tiene consecuencias por las que hay que pagar. Pero él lo resolvió y he aquí cómo:

> «Y cuando ustedes estaban muertos en sus delitos y en la incircuncisión de su carne, Dios les dio vida juntamente con Cristo, habiéndonos perdonado todos los delitos, habiendo cancelado el documento de deuda que consistía en decretos contra nosotros y que nos era adverso, y lo ha quitado de en medio, clavándolo en la cruz». (Colosenses 2:13,14)

Dios hizo dos cosas significativas. Primero, nos *dio vida* con Cristo y nos otorgó esa increíble nueva identidad. Luego Dios escribió «*pagado por completo*» en nuestro certificado de deuda. Solo pudo hacerlo porque Jesús, su propio Hijo, fue clavado en la cruz y murió como pago por nuestros pecados, para equilibrar la balanza de la justicia. Porque Jesús es Dios, su muerte es suficiente para pagar por los pecados de todas las personas a través de todos los tiempos.

Lejos de esconder nuestro pecado debajo de la alfombra, este Dios de amor decidió pagar un precio terrible. Nuestro certificado de deuda fue clavado en la cruz con Jesús y totalmente saldado.

¿Cómo puede la muerte de Jesús en la cruz cancelar mi certificado de deuda y resolver mi culpa? Normalmente, un criminal romano culpable tenía que pagar sus propias deudas pasando el tiempo asignado en prisión. Sin embargo, era técnicamente posible encontrar a otra persona para que ocupara tu lugar en la celda y cumpliera el tiempo requerido en tu nombre como tu sustituto. Eso es lo que Jesús ha hecho, potencialmente por cada persona que ha vivido o vivirá. Su sacrificio es suficiente para equilibrar la balanza de cada pecado porque él es ese Dios inimaginablemente santo. *Y si tú hubieras sido la única persona en toda la historia que hubiera necesitado que Dios hiciera todo esto, estoy seguro de que él lo habría hecho todo por ti.* Así es como él *te* ama.

Dios no nos impone el pago que nos ha hecho. Cada persona tiene la opción de recibir o no este regalo, pero si lo hace, se acabó. Se acabó. No hay más culpa.

Según este pasaje, ¿cuántos de nuestros pecados han sido perdonados? Todos. Pasados, presentes y futuros. Entonces, ¿cuánta culpa ante Dios tenemos todavía por nuestros pecados? Ninguna. ¡Absolutamente ninguna! ¡Estamos totalmente libres de deudas!

Pablo dice: «Por tanto, ahora no hay condenación para los que están en Cristo Jesús» (Romanos 8:1). ¡*Ahora* significa ahora y *no* significa no!

Dios ha olvidado nuestros pecados, en el sentido de que nunca volverá a plantear estas cuestiones y a utilizarlas contra nosotros. Lo mejor que puede hacer un tribunal humano es declararnos *inocentes*. La gracia de Dios va más allá. En lo que respecta a Dios, es como si lo que tú y yo hicimos nunca hubiera tenido lugar. ¡Él nos declara *inocentes*! Y eso es un hecho legal.

En Cristo, todas las expectativas que Dios tiene de ti se han cumplido plenamente. No necesitas esforzarte más ni compararte con los demás. No tienes nada que probar, ninguna deuda que pagar. Tu culpa ha desaparecido. Para siempre.

Nunca se te puede aplicar la frase «no has cumplido lo que se esperaba de ti». En Cristo, todas las expectativas que Dios tiene de ti se han cumplido plenamente. Dios *no tiene* una lista, y *no* la revisa dos veces para ver quién es malo y quién es bueno. Lo que sí existe es el Libro de la Vida del Cordero en el que está escrito tu nombre si has elegido seguir a Jesús.

Esta declaración de *inocencia* no es solo para cuando venimos a Cristo por primera vez. La gracia de Dios es para cada momento de cada día. Para aquellos en Cristo Jesús, ningún pecado que cometamos puede quitar ni un poco del total y completo sacrificio que Jesús pagó por nosotros. Aunque sigamos pecando, seguimos siendo santos.

A pesar de nuestro pecado, seguimos siendo perdonados. Nuestra culpa ha desaparecido. Para siempre.

Eres inocente. ¿Y si todavía te *sientes* culpable? Entonces tus sentimientos te están mintiendo. La culpa y los sentimientos de culpa no son lo mismo, recuérdalo.

O tu conciencia aún no ha captado plenamente la maravilla del perdón total de Cristo, o estás escuchando inadvertidamente el susurro de tu enemigo, Satanás. En cualquier caso, la respuesta es tomar la decisión de creer que lo que Dios te dice en las Escrituras es verdad. No eres simplemente *inocente*. ¡Eres libre de culpa!

UNA COMPRENSIÓN MÁS COMPLETA

Si te preguntara por qué Dios envió a Jesús, su único Hijo, a morir por nosotros, ¿cómo lo explicarías? Durante la mayor parte de mi vida cristiana, habría dicho, casi sin tener que pensarlo, «para perdonar mis pecados». Y por supuesto, como acabamos de ver, eso es correcto. Pero no es toda la historia.

Mira la historia de Adán y Eva después de su rebelión y sus terribles consecuencias. Hay una dosis muy baja de culpa o de un Dios enojado en esa historia. Sí, Adán pecó y nos convirtió a todos en pecadores. Pero la principal consecuencia de ese pecado fue la muerte espiritual, no la ira ni la condena de Dios.

A medida que avanza la historia, Dios no aparece como una figura enfadada, que se siente agraviada o que da la espalda a las personas que ha creado. En absoluto. No dejó que Adán se las arreglara solo para conseguir cómo cubrir su cuerpo con hojas, sino que les proporcionó ropa a él y a Eva. Y enseguida puso en marcha un plan para restaurarnos, aun sabiendo que conduciría a la muerte de su Hijo.

Dios es amor. Y su corazón no es condenar, sino hacer las cosas bien, cueste lo que cueste.

Veamos tres citas directas de Jesús en las que él mismo nos dice por qué vino.

En Lucas 19:10 Jesús dice:

> «porque el Hijo del Hombre ha venido a buscar y a salvar lo que se había perdido».

Dios es amor. En su amor, Dios se movió para perseguirnos y rescatarnos a nosotros que estábamos perdidos. No para que nos consumiéramos tratando de complacerlo.

En Juan 10:10 Jesús dice:

> «Yo he venido para que tengan vida, y para que la tengan en abundancia».

Adán perdió *la vida*. Jesús vino con el propósito de restaurar nuestra vida, para que nos conectemos nuevamente con Dios para transformar nuestra identidad y hacernos personas santas.

En Mateo 20:28 Jesús explicó:

> «así como el Hijo del Hombre no vino para ser

> servido, sino para servir y para dar su vida en rescate por muchos».

Pudimos ver que se pagaba un rescate para sacar a alguien de la esclavitud. Jesús vino a dar su vida no solo para perdonar nuestros pecados, sino también para comprar nuestra esclavitud a la muerte, a la carne, al pecado y a Satanás.

Espero que estés asimilando la idea. En tres versículos diferentes Jesús explica específicamente por qué vino a salvarnos; el perdón de los pecados no es un énfasis importante. ¡Un poco sorprendente!

Probemos con los versículos de Juan que más utilizamos en nuestras presentaciones del Evangelio:

> «Porque de tal manera amó Dios al mundo, que dio a su Hijo unigénito, para que todo aquel que cree en él, no se pierda, sino que tenga vida eterna. Porque Dios no envió a su Hijo al mundo para juzgar al mundo, sino para que el mundo sea salvo por él» (Juan 3:16-17).

No se habla de pecados ni de culpa ni de perdón. Se trata de volver a vivir. Y Juan dice específicamente que Dios no envió a Jesús para condenar al mundo sino para salvarlo.

No estoy diciendo en absoluto que no fuéramos culpables y que Jesús no muriera por nuestros pecados. Está claro que *éramos* culpables. Y Jesús sí murió para perdonar nuestros pecados. Lo que trato de decir es que, cuando Jesús, Pablo y los escritores bíblicos explicaron las buenas nuevas, la culpa y el perdón no eran el centro de sus explicaciones. Entonces, ¿por qué la sensación de culpa pesa tanto sobre la mayoría de nosotros?

Es una cuestión histórica y cultural. En muchos países llamados cristianos, la Iglesia y el Estado llegaron a estar tan entrelazados que eran prácticamente la misma cosa. Una cosa es amenazar a los ciudadanos con la cárcel o los azotes cuando no obedecen las normas. Pero es mucho más eficaz amenazarlos con una eternidad en el infierno. La Iglesia estaba muy complacida en desempeñar el papel de una especie de policía del Estado, advirtiendo a la gente que Dios observaba y controlaba todo atentamente.

Esto fue, en el mejor de los casos, una distorsión del mensaje bíblico del Evangelio. Y en el peor de los casos fue una manipulación vergonzosa y cínica en nombre del cristianismo.

Pero el resultado es que los conceptos de pecado, culpa y castigo ocuparon un lugar central en nuestra comprensión del Evangelio. Esto ha tendido a sesgar incluso nuestra comprensión de Dios mismo. Por un lado, sabemos que él es amor. Pero en la práctica es demasiado fácil pensar en Dios como una caricatura de Papá Noel o como un director de escuela con un gran bastón mirando a ver cuándo damos un paso en falso. Si somos sinceros, a muchos de nosotros nos han enseñado a pensar en Dios como un duro capataz que está al borde de la obsesión por nuestro comportamiento.

Por esta razón, aunque entendemos que somos salvados solo por gracia mediante la fe, en nuestra vida diaria como discípulos, muchos de nosotros somos perseguidos por una constante sensación de culpa, o la creencia de que no estamos haciendo lo suficiente o no lo estamos haciendo bien. Es como una sensación leve pero constante de culpa que siempre permanece en el fondo.

Es importante destacar que nuestra comprensión errónea de Dios ha traído serias consecuencias. Ha influido de manera negativa en cómo nos relacionamos con quienes aún no conocen a Jesús. Al ver a Dios como un supervisor severo, exigente, difícil de satisfacer y obsesionado con el pecado, hemos tratado a los demás de la misma forma.

En lugar de acoger a todo el mundo como lo hace Dios, la Iglesia a menudo da la impresión de condenar a la gente por su comportamiento: por su forma de vestir, de votar, por los temas que apoyan, etcétera, etcétera. Y hemos dado la impresión de ser un puñado de aguafiestas centrados en el pecado, la condena y el juicio. Y eso no son buenas noticias.

ESTRATEGIAS QUE USAMOS, PERO NO NECESITAMOS

Cuando seguimos procesando sentimientos de culpa, aunque en realidad seamos inocentes, solemos aplicar diferentes estrategias para sentirnos mejor.

Podemos intentar sentirnos bien con nosotros mismos **haciendo cosas buenas**. Sé que ya sabes que no *nos salvamos* por buenas obras, pero cuando se trata de nuestra vida cotidiana, es fácil pensar que Dios cambia las reglas. Podemos orientarnos sutilmente a pensar que, para *permanecer* en el favor de Dios, para estar seguros de su amor por nosotros, tenemos que desempeñarnos bien espiritualmente, haciendo cosas como leer la Biblia, asistir a la iglesia regularmente, dar dinero a la iglesia, alimentar a los hambrientos, y así sucesivamente.

Como joven cristiano me enseñaron a tener un *tiempo devocional* cada día, y uno de mis amigos se encargó de supervisar mi progreso. Cada vez que lo veía, me preguntaba: «¿Cómo va tu tiempo devocional?». Estoy muy agradecido por el cuidado que me mostró, y su deseo de ayudarme a crecer como cristiano.

Sin embargo, terminé creando una regla en mi cabeza de que DEBÍA tener un tiempo devocional con Dios durante media hora todos los días. Mi motivación para hacerlo era simplemente evitar sentirme culpable por romper la regla. Y las reglas religiosas producen una religión muerta y seca, en lugar de una verdadera relación con Dios. Así que mis tiempos devocionales se convirtieron en ¡ausencia de devoción!

Ahora bien, ¿es bueno dedicar un tiempo diario a orar y escuchar a Dios? Por supuesto que sí. Es un gran hábito que debemos cultivar, y es difícil pensar que alguien pueda crecer como discípulo sin una disciplina regular de ese tipo.

A pesar de mi motivación mixta, Dios podía utilizar los momentos que pasaba con él cada mañana. Pero con los años me sentí cada vez más frustrado porque la mayoría de las mañanas las sentía como una carga en lugar de una alegría. Un día fui brutalmente sincero con Dios (¡como si él no lo supiera ya!) y le pregunté: «¿De verdad tengo que hacer esto?». Y, para mi sorpresa, sentí que me decía: «No, no tienes que hacerlo».

Sentí la libertad de ser libre de la presión de «tener que hacerlo» y, durante los dos años siguientes, dejé esa rutina para poder sacármela de encima. No es que no pasara tiempo con Dios durante ese período, pero hice un esfuerzo deliberado por no hacerlo si era simplemente para evitar sentirme culpable. Y me complace decirte que finalmente llegué al punto en que supe que no debía tener un tiempo devocional y que nada cambiaría en términos del amor de Dios por mí si no lo hacía.

Adivina. Hoy decido no empezar el día con un momento devocional como parte de una rutina. Es mejor querer comenzar el día centrándome en mi Padre amoroso. Ahora disfruto mucho más de esos momentos, y son de mayor provecho, por eso tiendo a dedicarles mucho más tiempo. ¡Ahora es más agradable!

Proverbios 8:34 dice:

> «Bienaventurado el hombre que me escucha, velando a mis puertas día a día, aguardando en los postes de mi entrada».

En lugar de preguntarle a Dios: «*¿Tengo que* pasar tiempo contigo?», a lo que la respuesta es «No», ¿qué pasaría si le preguntara: «*¿Necesito* pasar tiempo contigo?». Escucharía un rotundo «¡Sí!». Si no le doy a Dios la oportunidad de hablarme diariamente, perderé mi camino.

Había caído en la trampa de pensar que tenía que cargar un lado de la balanza de medición de mi vida con buenas obras para contrarrestar la culpa que sentía, la cual se amontonaba en el otro lado.

Pero no hay culpa en el otro lado para equilibrar. Somos inocentes. No cometamos el error del hermano mayor. Dejemos de *trabajar como esclavos* y disfrutemos de nuestro Padre y de todo lo que tiene.

Otra estrategia para ayudar a mitigar esos sentimientos de culpa es **recurrir a nuestro trasfondo religioso o a nuestra**

educación. Cuando Juan el Bautista llamó a los líderes judíos *camada de víboras* y les dijo que tenían que arrepentirse, ellos se sintieron mejor protestando que eran *hijos de Abraham* (ver Mateo 3:1-10). Juan manifestó que Dios podía convertir las piedras en hijos de Abraham si quería.

Quizá hayas sido un buen bautista, católico, metodista, presbiteriano, anglicano, luterano, o lo que sea, toda tu vida. Has vivido de acuerdo con las normas exigidas y puede que incluso seas «un pilar de la iglesia». Y tal vez intentes compensar tus sentimientos de culpa recurriendo a eso.

El apóstol Pablo hizo lo mismo:

> «Si algún otro cree tener motivo para confiar en la carne, yo mucho más: circuncidado a los ocho días de nacer, del linaje de Israel, de la tribu de Benjamín, hebreo de hebreos; en cuanto a la ley, fariseo; en cuanto al celo, perseguidor de la iglesia; en cuanto a la justicia de la ley, hallado irreprensible» (Filipenses 3:4b-6).

Pero llegó a esta conclusión:

> «Pero todo lo que para mí era ganancia, lo he estimado como pérdida por amor de Cristo» (Filipenses 3:7).

O, en palabras de Shania Twain: «¡Eso no me impresiona mucho!».

El punto, por supuesto, es que tu trasfondo religioso no aumenta ni un poco tu posición ante Dios. Porque en Cristo ya tienes la mejor posición. Y sin culpa.

Una forma similar de intentar contrarrestar esos sentimientos de culpa para sentirnos mejor con nosotros mismos es compararnos con los demás: «Bueno, al menos yo no ________________ como *fulanito*». Y rellenamos el espacio en blanco con algún tipo de pecado que consideramos peor que cualquier cosa que hayamos hecho.

Dejemos que Jesús responda a esta pregunta con sus propias palabras:

> «Dos hombres subieron al templo a orar; uno era fariseo y el otro recaudador de impuestos. El fariseo puesto en pie, oraba para sí de esta manera: "Dios, te doy gracias porque no soy como los demás hombres: estafadores, injustos, adúlteros; ni aun como este recaudador de impuestos. Yo ayuno dos veces por semana; doy el diezmo de todo lo que gano". Pero el recaudador de impuestos, de pie y a cierta distancia, no quería ni siquiera alzar los ojos al cielo, sino que se golpeaba el pecho, diciendo: "Dios, ten piedad de mí, pecador"».
>
> «Les digo que éste descendió a su casa justificado, pero aquél no; porque todo el que se engrandece será humillado, pero el que se humilla será engrandecido» (Lucas 18:9-14).

En resumen: ¡somos inocentes! Si nos sentimos culpables, tenemos que alinear nuestro pensamiento con lo que ya es verdad, en lugar de intentar compensar los sentimientos de culpa haciendo cosas buenas, reivindicando nuestra herencia religiosa o comparándonos con los demás.

En Lucas 7:36-50 encontramos una historia que puede ayudarnos a entender esto. Un estricto líder religioso llamado Simón había invitado a Jesús a cenar. Simón probablemente pensaba que todo iba bastante bien, pero entonces empezó a desarrollarse su peor pesadilla. Una prostituta entró sin invitación. Se paró junto a Jesús y rompió a sollozar, sus lágrimas bañaron los pies de Jesús. Se inclinó para tratar de secarle los pies con sus cabellos, y también los besaba. Luego sacó un frasco de perfume muy costoso, sin duda comprado con sus ganancias inmorales, y lo derramó sobre los pies de Jesús. Me imagino a Simón diciendo: «¿Alguien quiere un aperitivo?».

Simón y la prostituta forman todo un contraste. Simón confiaba en su trasfondo religioso y en todas las cosas buenas que hacía. Se veía a sí mismo como un buen miembro de la sociedad. No se daba cuenta de su culpabilidad ante Dios. Ciertamente no se sentía culpable.

Ella, en cambio, sabía que era culpable. Se ganaba la vida vendiendo su cuerpo. Sabía que su vida era un desastre. Jesús no pasó por alto eso y se refirió a sus *muchos pecados*, pero recibió con gracia su acto de remordimiento y arrepentimiento. Nunca le dijo que se fuera.

Durante la cena, Jesús contrastó las acciones amorosas de la prostituta con la negligencia de Simón al momento de ofrecer a Jesús las atenciones habituales, como saludar a los invitados con un beso y lavarles el polvo de los pies cuando llegaban. Luego hizo una importante declaración pública:

> «Por lo cual te digo que sus pecados, que son muchos, han sido perdonados, porque amó mucho; pero a quien poco se le perdona, poco ama». Entonces Jesús le dijo a la mujer: «Tus pecados han sido perdonados». Los que estaban sentados a la mesa con él comenzaron a decir entre sí: «¿Quién es Este que hasta perdona pecados?». Pero Jesús dijo a la mujer: «Tu fe te ha salvado, vete en paz» (Lucas 7:47-50).

Un hombre respetuoso de la ley, de buena reputación, con un gran pedigrí religioso y buenas acciones religiosas, conserva su verdadera culpabilidad ante Dios. El Hijo de Dios declara inocente a una mujer que, hasta ese momento, había llevado lo que su sociedad habría considerado la vida pecaminosa por excelencia. Jesús le dijo que su fe la había salvado.

¿Cuál es la diferencia entre ellos? No es la cantidad de pecado que cada uno había cometido. Ni siquiera es la gravedad del pecado que cada uno había cometido. Es simplemente que uno respondió a Jesús con *fe*. Y el otro no.

Es lo mismo con los dos ladrones que fueron crucificados con Jesús. Ambos eran culpables ante Dios. Sin embargo, uno de ellos respondió a Jesús con fe e inmediatamente fue declarado *inocente*. Jesús le prometió que estaría con él en el paraíso ese mismo día.

El apóstol Pablo explica:

> «Porque por gracia ustedes han sido salvados por medio de la fe, y esto no procede de ustedes, sino que es don de Dios» (Efesios 2:8).

Ser declarado inocente es un don de pura gracia de Dios. Se activa por la fe cuando acudimos a él con mucha desesperación y pedimos la salvación.

Por la fe en Jesús, estamos bajo la gracia: perdonados, justificados, en paz con Dios. Jesús te dice también a ti: «Tus pecados te son perdonados... tu fe te ha salvado; vete en paz».

Al reconocer que somos santos y que nuestra deuda por los pecados pasados, presentes y futuros ha sido completamente pagada en la cruz por el Hijo de Dios, podemos descansar en el amor del Padre y disfrutar de él.

¿NO IMPORTA EL PECADO?

Hemos visto cómo Jesús se acercó a la mujer del pozo y a la mujer que se coló en la fiesta de Simón, con gracia, respeto y amor. Pero en ninguno de los dos casos dio a entender que su pecado estaba bien; simplemente no se acercó a ellos con condenación.

Debido a la forma en que hemos aprendido a centrarnos en el pecado, la culpa y el perdón, esto puede incomodarnos.

¿Cómo quiere Dios que nos sintamos cuando pecamos?

¿Qué quiere que hagamos cuando nos damos cuenta de que hemos pecado?

Si ya hemos sido perdonados por los pecados pasados, presentes y futuros, ¿significa eso que podemos vivir el resto de nuestras vidas cometiendo cualquier pecado que queramos sin preocuparnos?

Veamos un poco más sobre esto y empecemos con los pecados graves que Pablo podía ver en la iglesia de Corinto. Era mucho desenfreno —había celos, peleas, inmoralidad sexual, borracheras, y discriminación de clases— solo para nombrar algunos de sus problemas. A diferencia del hermano menor, era evidente que aún no se habían dado cuenta del problema y, desde luego, no estaban *volviendo a casa* arrepentidos.

Pablo ciertamente no dijo: «Bueno, vivimos bajo la gracia de Dios así que realmente no importa». Todo lo contrario. Se lo tomaba muy en serio. Pablo comprendía las consecuencias del pecado y agonizaba sobre cómo abordarlas. Al final, decidió escribirles una carta dura. Las palabras que utilizó se han perdido para la historia, pero sabemos que su estrategia funcionó porque en una carta posterior que tenemos, dijo esto:

> «Porque si bien les causé tristeza con mi carta, no me pesa. Aun cuando me pesó, pues veo que esa carta les causó tristeza, aunque solo por poco tiempo; pero ahora me regocijo, no de que fueron entristecidos, sino de que fueron entristecidos para arrepentimiento; porque fueron entristecidos conforme a la voluntad de Dios, para que no sufrieran pérdida alguna de parte nuestra».
>
> «Porque la tristeza que es conforme a la voluntad de Dios produce un arrepentimiento que conduce a la salvación, sin dejar pesar; pero la tristeza del mundo produce muerte» (2 Corintios 7:8-10).

Describe dos posibles reacciones que podrían haber tenido los corintios cuando sus duras palabras revelaron que estaban descarriados: «tristeza que es según la voluntad de Dios»; y «tristeza del mundo».

La tristeza mundana es lo que Judas experimentó después

de haber traicionado a Jesús, se encontró lleno de culpa sin esperanza. Pablo dice que la tristeza mundana conduce a la muerte. En lugar de confiar en aquel que iba a ir a la cruz por él, Judas se apartó y se ahorcó. La tristeza mundana es lo que experimentamos cuando continuamente revisamos el pecado que ya ha sido tratado en la Cruz y nos castigamos por ello.

Pero el objetivo de Pablo no era hacer que los corintios experimentaran una tristeza mundana. Él quería que experimentaran *tristeza piadosa* que llevaría al *arrepentimiento sin remordimiento* y a la *salvación*.

Para entender el dolor de Dios, mira al apóstol Pedro que había traicionado a su mejor amigo en su hora de mayor necesidad negándolo tres veces, y se sintió terrible por ello.

En Juan 21, vemos a Jesús preparando el desayuno para Pedro y el resto de los discípulos. Podría haber planteado la cuestión delante de los demás discípulos para hacer que Pedro se sintiera aún más culpable de lo que ya se sentía, para asegurarse de que no volviera a hacerlo. Pero Jesús ni siquiera mencionó este monumental fracaso.

En cambio, después de la comida, Jesús le pregunta a Pedro si le ama. Pedro responde que sí. Pero Jesús le vuelve a preguntar. Luego le pregunta una tercera vez, una vez por cada una de sus negaciones anteriores. Entonces, en lugar de degradarlo al *último lugar* en el escalafón de líderes de los discípulos, Jesús le honra delante de los demás y le restaura: «Cuida de mis corderos»; «Pastorea mis ovejas»; «Cuida de mis ovejas».

Podría haber utilizado la culpa para motivar a Pedro, pero no lo hizo. Utilizó la gracia. Y esta gracia significó que Pedro pudo experimentar una tristeza piadosa *—un arrepentimiento sin remordimiento—* y pudo seguir adelante.

Dios quiere que entiendas que todo pecado tiene consecuencias, pero no quiere que te sientas agobiado por la culpa, sin importar lo que hayas hecho o en lo que estés atrapado en este momento. Él quiere que ese sentimiento de dolor divino te arrastre a sus brazos, donde encontrarás la misma bienvenida que recibió el hijo menor.

El pecado no está bien. Todo pecado es dañino. Todo pecado tiene consecuencias. Pero Jesús sabía que culpabilizar a estas mujeres no serviría de nada. Honestamente, no puedo pensar en una sola ocasión en la que Jesús usara la culpa para motivar a alguien a comportarse mejor. El corazón de Dios no es condenar, su corazón orienta a hacer las cosas bien.

CUANDO PECAMOS

> «Si decimos que no tenemos pecado, nos engañamos a nosotros mismos y la verdad no está en nosotros. Si confesamos nuestros pecados, él es fiel y justo para perdonarnos los pecados y para limpiarnos de toda maldad». (1 Juan 1:8-9)

Aunque nuestra identidad es ahora de *santos* en lugar de *pecadores*, todavía vivimos en un mundo caído, tenemos algunos de nuestros viejos patrones de pensamiento, y tenemos un enemigo que nos tienta. Eso significa que todos tendemos a pecar en ocasiones.

Cuando lo hacemos, Dios quiere que experimentemos una tristeza piadosa, que produce un *arrepentimiento sin remordimiento*. En otras palabras, Dios quiere que tu sentimiento de tristeza no te aleje de él, sino que te lleve a sus brazos. Allí encontrarás la misma acogida que recibió el hijo menor, y podrás empezar de nuevo y seguir adelante.

En ese lugar de amor y seguridad, puedes *confesar* tus pecados como lo hizo el hijo menor. La confesión significa simplemente que estamos de acuerdo con Dios en que hemos pecado. Pero en ese momento también puedes estar de acuerdo con él en algo más: que estás perdonado en Cristo; que ahora no hay condenación alguna para ti (al menos no por parte de la única Persona que importa).

Y entonces puedes elegir *arrepentirte*, es decir, cambiar de opinión acerca de tus acciones pecaminosas, y alejarte de ellas, buscando su fuerza para caminar como el santo que ahora eres.

Esto es lo que Santiago llama *someterse a Dios*. Pero no solo nos dice que hagamos eso, sino también que *resistamos al diablo* (Santiago 4:7). El mayor problema con el pecado es que abre una gran puerta de influencia al enemigo en nuestras vidas, que nos impedirá ser fructíferos. Necesitamos cerrar esa puerta resistiendo. Si conoces *Libertad en Cristo*, estarás al tanto de *Los Pasos para la Libertad en Cristo*, que es una manera amable y gentil de hacer esto. *El Curso de la Gracia* contiene *Los Pasos para Experimentar la Gracia de Dios*, un proceso similar en el que puedes tratar con las barreras para que puedas experimentar la gracia en tu vida.

Nosotros respondemos a nuestro pecado apropiadamente si confesamos y nos arrepentimos; si nos sometemos a Dios y si resistimos al enemigo, Dios inmediatamente nos limpia de *toda* maldad e injusticia. Y se restaura nuestra intimidad con Jesús y con los demás.

Y no habrá remordimientos. No nos castigaremos en un círculo vicioso sin fin.

Puede que le lleve algún tiempo a tu conciencia comprender plenamente la maravilla del perdón y la limpieza total de Cristo y aprender a no escuchar los susurros condenatorios de tu enemigo, Satanás. Pero podrás hacerlo si te centras en la verdad de que «Por tanto, ahora no hay condenación para los que están en Cristo Jesús». (Romanos 8:1). Esto no es solo palabrería religiosa o ilusiones; es *la verdad*.

Dios no quiere que te *sientas* culpable por tus pecados cuando eres inocente. Quiere que te alegres. Quiere devolverte la alegría.

¿Te parece demasiado bueno para ser verdad? Pues lo es. Y es verdad. Para los que están en Cristo Jesús. Dios te ama antes de que peques; Dios te ama después de que peques; Dios te ama incluso en medio de tu pecado, aunque nunca ama tu pecado. Jesús te dice lo mismo que le dijo a la prostituta que se arrepintió: «Tus pecados te son perdonados... tu fe te ha salvado; vete en paz».

¿PODEMOS SEGUIR PECANDO?

«¡Espera un momento!», estarás diciendo, «Si Dios nos acepta de nuevo sin hacer preguntas, ¿no significa eso que podemos hacer lo que nos dé la gana?».

Es una pregunta importante. Entre las siete cartas a las iglesias en Apocalipsis, solo hay una, la iglesia en Tiatira, que es elogiada por su amor. Pero parecen pensar que la gracia significa que puedes hacer lo que quieras, y permiten la inmoralidad sexual y la adoración de ídolos.

Las palabras de Jesús sobre las consecuencias de esto hacen la lectura incómoda:

> «Por eso, la postraré en cama, y a los que cometen adulterio con ella los arrojaré en gran tribulación, si no se arrepienten de las obras de ella. A sus hijos mataré con pestilencia» (Apocalipsis 2:22-23a).

Es Jesús quien habla. Tal vez no puedas concebir que él utilice este tipo de lenguaje. Y es tentador pasar por alto versículos como éste. Pero piénsalo. Dios es amor. Por lo tanto, todo lo que él hace, y todo lo que él dice, debe provenir del amor, incluso palabras como éstas. Debemos entenderlo.

Por amor, Dios ha puesto límites para *protegernos*. Le dijo a Adán que no comiera del árbol porque conocía las consecuencias. Y, porque Dios *ama* a esta mujer y a esta iglesia, le dice que no siga pecando. Su intención es que *no* sufran, que *no* mueran.

Si veo a uno de mis hijos subido a un árbol moviéndose por una rama que sé que se va a romper, ¿qué hago? Empezaré a gritar y a correr hacia ellos. Para mi hijo solo puedo parecer enojado. Pero en realidad, estoy expresando amor, y cualquier padre haría lo mismo.

Cuando comprendamos realmente las consecuencias del pecado, entenderemos también por qué Dios se lo toma tan en serio. Veremos un poco más sobre esto en el próximo capítulo.

Juan nos ayuda a comprender mejor:

> «Y este es el mensaje que hemos oído de él y que les anunciamos: Dios es Luz, y en él no hay ninguna tiniebla. Si decimos que tenemos comunión con él, pero andamos en tinieblas, mentimos y no practicamos la verdad. Pero si andamos en la Luz, como él está en la Luz, tenemos comunión los unos con los otros, y la sangre de Jesús su Hijo nos limpia de todo pecado» (1 Juan 1:5-7).

Si alguien persiste en el pecado y realmente no se molesta por ello, yo tendría serias preguntas acerca de si realmente conoce a Jesús en absoluto. Si estamos caminando abiertamente con nuestro Padre, vamos a *querer* vivir en la luz.

GRACIA: LA MOTIVACIÓN MÁS PODEROSA

Entonces, *¿puedes* hacer lo que quieras? Lee despacio estos versículos:

> «Porque la gracia de Dios se ha manifestado, trayendo salvación a todos los hombres, enseñándonos, que, negando la impiedad y los deseos mundanos, vivamos en este mundo sobria, justa y piadosamente» (Tito 2:11,12).

Es *la gracia, no la culpa*, la motivación más poderosa para vivir una vida recta.

Cuando realmente *entiendas* la gracia, no querrás ni por un minuto usarla como excusa para seguir pecando. Así que si te preguntas si está bien pecar, no estás entendiendo nada. No te castigues, solo debes perseverar en tu viaje para comprender la gracia de Dios en toda su gloriosa plenitud.

En el próximo capítulo, comprenderemos en la práctica cómo la gracia realmente nos lleva a vivir vidas piadosas. Veremos que Jesús murió para liberarnos, no solo de las *consecuencias* del pecado, sino también del *poder* del pecado en nuestras vidas.

ESTABLECER LA CONEXIÓN DE LA GRACIA

Si eres consciente de que la culpa ocupa un lugar destacado en tu pensamiento y eres propenso a los sentimientos de culpa, tómate tu tiempo para permitir que la verdad penetre en tu conciencia. Vamos a considerar dos bellas imágenes del perdón de Dios. Busca un lugar tranquilo, despeja tu mente y ora:

> **Padre glorioso, Dios de nuestro Señor Jesucristo, por favor dame el Espíritu de sabiduría y revelación, para que pueda conocerte mejor. Te ruego que los ojos de mi corazón sean iluminados para que pueda conocer la esperanza a la que me has llamado, las riquezas de tu gloriosa herencia en tu pueblo santo, y tu incomparablemente grande poder para nosotros que creemos. Amén.**

Nieve

Hace miles de años, Dios hizo una promesa a través del profeta Isaías:

> «Vengan ahora, y razonemos», dice el Señor» (Isaías 1:18).

Esa promesa está escrita en tiempo futuro, pero ahora a través de Cristo se ha cumplido. Si perteneces a Jesús, ahora puedes decir esto:

> Aunque mis pecados fueran como la grana,
> ahora son blancos como la nieve;
> aunque eran rojos como el carmesí,
> ahora son como la lana.

Di esas palabras despacio un par de veces.

Piensa en alguna ocasión en la que hayas experimentado una nevada reciente o imagina cómo sería. Piensa en cómo la nieve lo cubre absolutamente todo y lo embellece.

Dios ha perdonado tus pecados y te ha transformado en la pureza, el brillo y la belleza de la nieve recién caída. La mancha roja de tus pecados se ha convertido en un hermoso y puro blanco por la preciosa sangre de Jesús.

El océano más profundo

He aquí otra promesa escrita antes de la venida de Jesús:

> «Volverá a compadecerse de nosotros, eliminará nuestras iniquidades. Sí, arrojarás a las profundidades del mar todos nuestros pecados» (Miqueas 7:19).

De nuevo, léelo en pasado, ya que ahora se aplica a ti:

> Siempre tendrás compasión de mí; has pisoteado mis pecados y arrojaste todas mis iniquidades a las profundidades del mar.

Dios ha aplastado tus pecados como una pesada bota borra por completo una colilla de cigarrillo.

Y él ha arrojado nuestra retorcida maldad (las iniquidades) a lo más profundo del mar. La parte más profunda del mar es la fosa de las Marianas en el Océano Pacífico. Es casi 7 millas bajo la superficie del mar, una dimensión mayor que la altura del Monte Everest.

Dios ha puesto tus pecados allí, y allí se quedarán. Nadie va al fondo de la fosa de las Marianas a pescar, ¡y tú tampoco deberías!

Tómate un tiempo para dar gracias a Dios porque Jesús destruyó el certificado de deuda contra ti y se ha ocupado de cada uno de tus pecados para que puedas vivir como el santo que ahora eres.

CAPÍTULO 4

VICTORIOSO

TOTALMENTE EQUIPADO

Pasé muchos de mis primeros años como cristiano pidiendo más a Dios. Más poder. Más amor. Más victoria sobre el pecado. Hasta que me encontré con un versículo que me impactó:

> «Pues su divino poder nos ha concedido todo cuanto concierne a la vida y a la piedad, mediante el verdadero conocimiento de aquel que nos llamó por su gloria y excelencia» (2 Pedro 1:3).

Debo de haberlo leído muchas veces, pero por primera vez me di cuenta de que está escrito en pasado. Lo que significa que afirma muy claramente que *ya* se nos ha dado todo lo que necesitamos para vivir una vida piadosa. Otro versículo, también escrito en pasado, me ayudó a confirmarlo:

> «Bendito sea el Dios y Padre de nuestro Señor Jesucristo, que nos ha bendecido con toda bendición espiritual en los lugares celestiales en Cristo» (Efesios 1:3).

Ya nos *ha* dado todas las bendiciones espirituales. No es cuestión de que Dios necesite darnos más. Si algo parece faltar, debe ser algo de nuestra parte, no de la suya.

¿Te sorprende tanto como a mí?

Quizás la primera aplicación práctica de esto en mi vida fue cuando estaba atrapado en un pecado del que no podía salir. Veía cosas inapropiadas en la televisión a altas horas de la noche. Después de ver algo totalmente inapropiado, decía algo como: «Lo siento, Señor Dios, por favor perdóname. Por favor, ayúdame. Por favor, dame poder para resistir la tentación». O, en otras palabras, «Por favor, dame más de lo que ya tengo».

Pero Dios no parecía responder a esa oración, y al día siguiente o a la semana siguiente volvía a hacerlo. Y otra vez. Y terminaba sintiéndome completamente desesperado.

Está muy bien entender que Jesús ha eliminado toda nuestra culpa (como vimos en el capítulo anterior), pero si nos encontramos atrapados en un pecado del que parece que no podemos escapar, es difícil no revolcarse en la culpa y permitir que siga siendo un falso motivador en nuestras vidas. La respuesta, por supuesto, es salir de ese círculo vicioso de pecado-confesión, pecado-confesión, pecado-renuncia.

No creía que eso fuera posible. Pero un día un predicador llamado Frank vino a nuestra iglesia, y describió exactamente la situación en la que yo estaba atrapado. Luego dijo: «¿Quieres saber cómo salir de eso?». De verdad, de verdad que sí, y esperé con la respiración contenida su siguiente frase:

«Es muy sencillo. Basta con parar».

«Mmm...», pensé, «¡Gracias por nada, Frank! Lo he intentado varias veces y no funciona. De hecho, fue lo primero que intenté».

Pero continuó mostrando en Romanos 6 que, si la Biblia dice que el poder del pecado se rompe en nuestras vidas como cristianos, realmente es así, lo parezca o no. Recuerdo que ese día regresé a casa de la iglesia sintiéndome confundido. Subí las escaleras, me arrodillé y dije algo como: «Señor Dios, en Romanos 6 dice que el poder del pecado ha sido quebrantado en mi vida. Eso no me parece verdad. Pero elijo creerlo».

Para mi sorpresa, me alejé de ese asunto en ese mismo momento y, aunque he sido tentado, nunca he vuelto a caer en él. El remedio por estar atrapado en un pecado no siempre llega tan rápido como me llegó a mí en aquel momento, pero ahora sé que todos los que somos santos tenemos las herramientas que necesitamos para lidiar con el pecado y vivir la vida que Dios tiene para nosotros. Y si eso no parece cierto, no se trata de que Dios necesite hacer algo más. Se trata de que comprendamos quiénes somos y qué tenemos en Cristo.

¿LIBRES O ESCLAVOS?

Considera este versículo clave:

> «Para libertad fue que Cristo nos hizo libres. Por tanto, permanezcan firmes, y no se sometan otra vez al yugo de esclavitud» (Gálatas 5:1).

Fíjate en tres cosas:

- De nuevo está escrito en pasado. Cristo *ya* nos ha liberado.
- La responsabilidad de mantenernos firmes en esa libertad se nos da firmemente —no se trata de pedirle a Dios que haga algo más.
- Y para pensar: si no aprendemos a mantenernos firmes, podemos perder nuestra libertad y acabar de nuevo como esclavos.

Cuando Pablo habla *de libertad* se centra en dos cosas: libertad del pecado y libertad de las exigencias de la ley. Es una palabra tomada del lenguaje de la esclavitud, que era una realidad brutal en el imperio romano, por lo que habría sido muy familiar para sus lectores originales.

La noción de que una persona pueda ser completamente controlada por otra, quien tiene el poder de hacerle o forzarle a hacer lo que desea, es espantosa. Si te encontraras en esa situación y luego te ofrecieran la libertad, ¿qué razón tendrías para desear regresar a la posición de esclavo?

Es igualmente ridículo que, habiendo sido liberados de la compulsión a pecar y de tener que obedecer reglas y normas, volvamos voluntariamente a eso. Y, sin embargo, lo hacemos.

Pero la gran noticia es que, si nos damos cuenta de que nos hemos dejado *llevar por un yugo de esclavitud*, es totalmente solucionable. Podemos dejar de conformarnos con vivir como esclavos. Podemos volver a apoderarnos de nuestra libertad y continuar nuestro camino de crecimiento como discípulos de Jesús que dan mucho fruto.

Incluso después de haber escapado de mi ciclo de pecado-confesión y haberme apoderado de mi libertad en Cristo, no estoy seguro de haber entendido cómo lo hice o, para ser más preciso, por qué lo que hice fue tan eficaz. Ahora entiendo más, y en este capítulo, quiero ayudarte a entender por qué todos nosotros podemos romper ese ciclo de pecado-confesión-renuncia y podemos experimentar ser *más que vencedores* (Romanos 8:37) en la vida diaria.

LIBERTAD DEL PECADO

La enseñanza más completa de la Biblia sobre todo esto se encuentra en los capítulos 6 a 8 de Romanos. Es de suma importancia que la entendamos.

Una confesión: Pensé que podría mejorar la enseñanza del apóstol Pablo tomando solo algunas citas clave de esos capítulos y explicándolo todo un poco más concisamente de lo que él fue capaz de hacerlo. No te sorprenderá saber que pronto descubrí que Pablo lo entendía mucho mejor que yo, y que es mucho mejor profesor que yo. Así que voy a dejar que hable por sí mismo. ¿Te importaría acompañarme en un viaje a través de Romanos 6 para que podamos dejar que esta enseñanza valiosa se sumerja en nuestras mentes e impregne nuestras vidas?

Hasta este punto del libro de Romanos, Pablo ha descrito cómo el pecado entró en el mundo a través de un hombre, Adán, y cómo afectó a cada uno de sus descendientes, que quedaron sujetos a la muerte. Ha explicado que la muerte de Jesús se ocupó de la *pena* del pecado y trajo la justificación y la justicia como dones gratuitos para quienes los reciban.

Al final del capítulo 5, Pablo subraya que, por muy malas que fueran las consecuencias del pecado de Adán, la gracia de Dios *abundó*. En otras palabras, la gracia de Dios fue mayor. Así que con esa gran verdad resonando en nuestros oídos, veamos Romanos 6:

> «¿Qué diremos, entonces? ¿Continuaremos en pecado para que la gracia abunde? ¡De ningún modo! Nosotros, que hemos muerto al pecado, ¿cómo viviremos aún en él? ¿O no saben ustedes que todos los que hemos sido bautizados en Cristo Jesús, hemos sido bautizados en su muerte?».
>
> «Por tanto, hemos sido sepultados con él por medio del bautismo para muerte, a fin de que como Cristo resucitó de entre los muertos por la gloria del Padre, así también nosotros andemos en novedad de vida. Porque si hemos sido unidos a Cristo en la semejanza de su muerte, ciertamente lo seremos también en la semejanza de su resurrección» (Romanos 6:1-5).

Pablo ha estado hablando de la muerte de Cristo, pero ahora pasa a centrarse en su *resurrección*. Quiere que nos demos cuenta de que somos libres no solo de la *pena* del pecado, que se cumplió cuando Jesús murió, sino también del *poder* del pecado sobre nosotros, que se cumplió cuando Jesús resucitó.

Cuando hablo del poder del pecado, me refiero a esa compulsión de regresar al pecado una y otra vez, a pesar de saber que nos perjudica a nosotros y a los demás, y aunque, en el fondo, no deseamos realmente hacerlo.

Mientras escribo estas líneas, estamos en la semana anterior a la Pascua. Durante muchos años, después de convertirme al cristianismo, tuve la persistente sensación de que no comprendía realmente el significado de la Pascua. De alguna manera sentía que no lo estaba *entendiendo*.

Por supuesto, me uní al Viernes Santo para recordar la muerte de Jesús en la cruz y celebrar el hecho de que él se ocupó de la pena del pecado —nuestra verdadera culpa ante Dios— y canceló nuestro certificado de deuda. Comprendí que, de alguna manera, habíamos muerto con él. Me parecía bien el Viernes Santo. Fue el Domingo de Resurrección el que me atrapó.

¿Qué sabes del Domingo de Resurrección? ¿Qué celebramos ese día? Si me lo hubieran preguntado entonces, habría dicho que celebramos el hecho de que Jesús resucitó de entre los muertos. No iba más allá.

Pero observa el énfasis de Pablo. Por supuesto que el hecho de que Jesús resucitó de entre los muertos es central en su argumento, pero no es lo definitivo. El punto de la nueva vida de Jesús fue *que nosotros también participáramos en esa resurrección.*

Una vez que comprendí que el Domingo de Resurrección tiene que ver con el hecho de que hemos resucitado a una nueva vida con Cristo, todo encajó.

«Si hemos estado unidos a él en una muerte como la suya, ciertamente estaremos unidos a él en una resurrección como la suya». No solo *morimos* con Cristo, ahora *vivimos* con él. No solo en el sentido de «voy a ir al cielo cuando muera», sino que ahora mismo en esta Tierra tenemos una calidad de vida de resurrección completamente nueva.

Nos hemos convertido en nuevas criaturas. Somos santos. El Espíritu de Dios vive en nosotros. Ahora mismo. Y el poder *ser parte de esa resurrección* es lo que nos permite lidiar con el *poder* del pecado.

El concepto de *vida* es fundamental en toda la Biblia. Dios advirtió a Adán que, si comía del árbol, moriría. Cuando comió, no murió físicamente (al menos no de inmediato), pero sí espiritualmente. Perdió la vida espiritual abundante para la que Dios nos diseñó, esa conexión con Dios, ese sentido de importancia, seguridad y aceptación. Por eso no es de extrañar que, cuando Jesús explicaba por qué había venido, dijera que lo hizo para que «tengamos vida, y la tengamos en abundancia» (Juan 10:10).

La razón por la que nos resulta mucho más fácil identificarnos con Jesús en su muerte que en su resurrección es, por supuesto, nuestro énfasis histórico y cultural en el pecado y la culpa. Pero todo eso quedó resuelto el Viernes Santo. Pasemos a vivir en la gloriosa verdad del Domingo de Resurrección. Aquí es donde encontraremos el camino para salir de la esclavitud del pecado. Aquí es donde aprenderemos a vivir en nuestra nueva y gloriosa identidad como santos.

> «sabiendo esto, que nuestro viejo hombre fue crucificado juntamente con él, para que el cuerpo del pecado sea destruido, a fin de que no sirvamos más al pecado» (Romanos 6:6 RVR).

Como nuevas criaturas ahora somos santos en el nivel más profundo de nuestro ser. Pero todavía vivimos en un cuerpo físico, y nos enfrentamos a tentaciones e impulsos de volver a los caminos pecaminosos. Pablo dice que, sin embargo, son *reducidos a nada* para que ya no tengamos que ceder a la compulsión de pecar.

Pablo hace referencia *al cuerpo de pecado* y habla mucho de un término relacionado, la carne, en Romanos 6 a 8.

No está diciendo que nuestros cuerpos físicos sean intrínsecamente pecaminosos o malos, ni nada por el estilo; las palabras que utiliza para *cuerpo* y *carne* se emplean positivamente en otros contextos. Él está utilizando el cuerpo y la carne como una metáfora de los impulsos y deseos hacia el pecado que todos aún experimentamos, incluso ahora.

Carne es una traducción literal de la palabra griega *sarx*, que se refiere a la carne de nuestro cuerpo. Nuestra palabra *sarcófago* es una combinación de *sarx* y *phagein*, por lo que literalmente significa *devorador de carne*, ¡una descripción bastante gráfica de la función de un ataúd de piedra!

Metafóricamente *la carne* representa la parte de nosotros que desea ser autosuficiente en lugar de depender de Dios, esa parte que tiene una inclinación hacia el pecado a pesar de que somos nuevas criaturas. Yo lo veo como *lo que es natural en un ser humano caído.*

Dado que *carne* es una palabra que puede sonar arcaica, hasta hace poco algunas traducciones de la Biblia *interpretaban* la palabra como *naturaleza pecaminosa* en lugar de traducirla literalmente.

Comprendo completamente las razones detrás de ello, pero el uso del término *naturaleza* (que no está en el texto original) puede generar un problema potencial. Podría llevar a los cristianos a pensar que su propia naturaleza es pecaminosa, cuando la Biblia afirma claramente que ahora somos santos y compartimos la naturaleza divina de Dios (2 Pedro 1:4). Aún conservamos nuestros viejos patrones de pensamiento y tendencias autosuficientes (*la carne*), pero estos no definen lo que somos. No son parte de nuestra naturaleza, sino que morirán con nuestro cuerpo físico mientras vamos a la vida eterna.

Si los traductores hubieran interpretado *sarx* como algo parecido a *tendencia pecaminosa*, no habría ningún problema; es la palabra naturaleza la que puede inducir a error. Afortunadamente, la mayoría de las traducciones han dejado de referirse a la carne como *naturaleza pecaminosa* (mejor vuelven a emplear *carne*), pero si se encuentra con esa frase en su Biblia, es bueno saber que el escritor original no pretendía en absoluto decir que su propia naturaleza es pecaminosa. Si estás en Cristo, la verdad es todo lo contrario. ¡Eres santo!

Esto implica que, aunque aún tengamos la carne, ya no estamos obligados a seguir sus impulsos. En cualquier momento, podemos optar por vivir según el Espíritu en lugar de la carne (Gálatas 5:16). Volvemos a estar en la misma posición en la que estaba Adán antes de pecar: podemos elegir de verdad.

Volvamos al argumento de Pablo cuando llega a la esencia de su primer punto:

> «porque el que ha muerto, ha sido libertado del

> pecado. Y si hemos muerto con Cristo, creemos que también viviremos con él, sabiendo que Cristo, habiendo resucitado de entre los muertos, no volverá a morir; la muerte ya no tiene dominio sobre él. Porque en cuanto a que él murió, murió al pecado de una vez para siempre; pero en cuanto él vive, vive para Dios. Así también ustedes, considérense muertos para el pecado, pero vivos para Dios en Cristo Jesús» (Romanos 6:7-11).

El punto de Pablo es que, así como Cristo nunca estará sujeto a la muerte otra vez, entonces nosotros nunca necesitamos estar sujetos a la esclavitud del pecado otra vez.

Si alguien que conoces muere, eso pone fin a tu relación con esa persona. Ahora bien, según Pablo en estos versículos, ¿quién es el que ha muerto? Nosotros. Hemos muerto con Cristo, y nuestra muerte al pecado ha cortado nuestra relación con él.

He aquí dos preguntas clave para que respondas:

¿Has muerto con Cristo?

¿Has sido liberado del pecado?

Si has respondido «sí» a la primera pregunta, espero que también hayas respondido «sí» a la segunda. De hecho, si sigues la lógica de Pablo, debes hacerlo: «Porque el que ha muerto ha sido liberado del pecado».

Con base en esto, Pablo nos da tres instrucciones y la primera es, «Considérense muertos al pecado y vivos para Dios en Cristo Jesús». Ese *considérense* significa algo así como, «sigan considerando, todos los días, todo el tiempo».

Tienes que hacer la elección —y seguir haciendo la elección— de creer la verdad de que estás vivo en Cristo y muerto al pecado; que tienes una elección genuina; que cuando el pecado hace su llamado, tienes el poder de decirle «no».

Un famoso escritor cristiano, Watchman Nee, luchó durante

nueve años para descubrir cómo «considerarse a sí mismo» muerto al pecado para no caer en él nuevamente. Pensaba que era una cuestión de mantener la creencia en esta verdad, como si simplemente el hecho de seguir considerándola verdadera, a pesar de que no lo pareciera, pudiera hacer que realmente lo fuera. Pero eso no funcionó. Seguía atrapado en el pecado. Y llegó al punto en que estaba dispuesto a renunciar a su ministerio si no podía resolver este problema. Un día, tuvo un momento de luz y de repente entendió que todo lo que tenía que hacer era creer lo que ya era verdad. Que estaba muerto al pecado y vivo para Dios.

Y eso fue todo. De repente supo la verdad. Y la verdad lo liberó, y pudo tomar buenas decisiones. A partir de ese momento iba por ahí diciendo: "¡Alabado sea el Señor, que estoy muerto!".

Mi amigo Mike Quarles era pastor y alcohólico. Había intentado todo lo que se le ocurrió para escapar de las garras del alcoholismo. En una ocasión hizo una lista:

1. Tiempo devocional constante
2. Estudio de la Biblia
3. Ayuno
4. Evangelización de las visitas
5. Programa Cristiano de Doce Pasos
6. Grupo de rendición de cuentas
7. Cientos de reuniones de AA y cinco padrinos diferentes
8. Consejeros cristianos
9. Psiquiatra cristiano
10. Psiquiatra laico
11. Psicólogo cristiano
12. Psicólogo laico

13. Consejero en adicciones
14. Voló a Nueva Jersey y pasó tres días con un especialista en adicciones
15. Centro de tratamiento laico
16. Centro Cristiano de Tratamiento
17. Leyó todos los libros sobre adicciones que pudo encontrar
18. Sesión de curación de recuerdos
19. Sesión sobre el Bautismo del Espíritu
20. Sesión de expulsión de demonios (dos veces)
21. Confesión pública
22. Terapia de grupo
23. Tomó el fármaco Antabuse
24. Disciplinado por su Iglesia
25. Horario rígido con cada minuto planificado
26. Cientos de horas estudiando los principios bíblicos
27. Capítulos memorizados de las Escrituras
28. Grupos de discipulado
29. Oración
30. Promesas a Dios y a su esposa

Pero nada funcionó.

Finalmente, cuando tocó fondo, le convencieron para que escuchara unas charlas de alguien con cuya teología sabía que no estaba de acuerdo. Así es como describe lo sucedido:

Iba conduciendo, escuchando la tercera cinta, que era «Co-crucifixión es tiempo pasado». Bill Gillham estaba enseñando sobre nuestra muerte con Cristo. Romanos 6:6,7 dice, «Sabemos esto, que nuestro viejo hombre fue crucificado con Cristo, para que nuestro cuerpo de pecado fuera destruido, a fin de que ya no seamos esclavos del pecado; porque el que ha muerto, ha sido libertado del pecado». ¿Qué es esto? ¿He muerto con Cristo, y he sido liberado del pecado? Eso es lo que necesito, pero ¿cómo hago que eso sea verdad en mi vida? Entonces Gillham decía: «No es algo que haces, es algo que se ha hecho; nuestra muerte con Cristo es tiempo pasado, la vieja persona que éramos fue crucificada y cualquiera que haya muerto ha sido liberado del pecado». Y luego dijo: «Nosotros, que hemos muerto al pecado» (Romanos 6:2), estamos muertos al pecado (Romanos 6:11). Yo sé que tú no actúas muerto al pecado, tú no te sientes muerto al pecado, tú ni siquiera te ves muerto al pecado, tú piensas que eso es solo una verdad posicional: esa es solo la forma en que Dios me ve, eso es solo lo que Dios dice de mí. Escucha, la forma en que Dios te ve es la realidad. Lo que Dios dice es la verdad».

Fue en ese momento cuando las luces se encendieron, y en ese momento supe la verdad. Supe que había muerto con Cristo y que el viejo pecador amante del pecado había muerto y ya no existía. ¡Oh, yo había creído la mentira y actuado como tal por todos estos años, pero ese no era yo! Ahora sabía que la verdad era que yo estaba muerto al pecado ya sea que actuara como tal, me sintiera como tal, me viera como tal, o cualquier otra persona lo creyera, porque Dios dijo que lo estaba. También sabía la verdad de que era libre, «Porque el que ha muerto, ha sido justificado del pecado» (Romanos 6:7).

> Jesús dijo: «y conocerán la verdad, y la verdad los hará libres» (Juan 8:32). Yo había creído la mentira de que era un alcohólico desamparado y sin esperanza y había vivido en esclavitud todos los años que lo creí. Pero a menos de 24 horas de estar borracho, supe sin sombra de duda, que yo, Mike Quarles, era un hijo de Dios que estaba en Cristo porque había muerto con Cristo, estaba muerto al pecado y había sido liberado del pecado. ¡Libre al fin, libre al fin! ¡¡¡¡¡¡¡¡Alabado sea Dios, por fin fui libre!!!!!!!![1]

Y así fue. Dios siguió usando a Mike poderosamente. Durante muchos años trabajó con *Libertad en Cristo* equipando a las iglesias para ayudar a las personas atrapadas en la adicción a encontrar su libertad.

Cuando conocí a Mike, le pregunté por qué se había hecho alcohólico, y me explicó que su padre era muy estricto y solía llamarle *vago asqueroso*. Dijo que incluso de adulto, todos los días oía la voz de su padre resonando en su cabeza, y para contrarrestar este dolor Mike consumía alcohol. Le dije algo así como: «¿Así que ahora que eres libre, presumiblemente ya no oyes esa voz en tu cabeza?». Y Mike me sorprendió cuando dijo que en realidad a veces todavía lo hacía. Si oír la voz de su padre era lo que le causaba el alcoholismo y todavía la oía, no entendía cómo ahora era libre. Debía parecerle muy confuso porque añadió: «La diferencia ahora es que sé que no es verdad. Así que no me molesta».

Conocer la verdad es lo que realmente nos hace libres. Y *no* saber la verdad es lo que nos mantiene en la esclavitud.

Entonces, ¿está diciendo Pablo que no tenemos que pecar? Sí, ¡definitiva y absolutamente! Dios te ha hecho santo y te ha

---

1. Obtenido de https://freedfrom.wordpress.com/testimonies/mike-quarles-testimony/ el 25 de marzo de 2024. Mike ha escrito muchos libros sobre adicciones.

llamado a vivir una vida santa, y ha hecho posible que lo hagas. En cualquier momento, eres libre de tomar la decisión correcta. Esa es la libertad para la que Cristo te liberó.

Para ser completamente honesto contigo, aunque yo también he llegado a la asombrosa revelación de que ahora estoy vivo para Dios y muerto para el pecado, muy a menudo me despierto por la mañana y me siento muy vivo para el pecado y muerto para Dios. Y estoy seguro de que el apóstol Pablo también. Nos anima a que ignoremos nuestros sentimientos y nos atengamos a los hechos (¡aunque parezca una locura!). *Sintamos* lo que *sintamos*, la verdad es que ahora estamos vivos para Cristo y muertos al pecado. Esto no es algo que requiera de nuestro esfuerzo para que sea verdad. Simplemente es verdad. Simplemente necesitamos tomar la decisión de estar de acuerdo con la Palabra de Dios y vivir de acuerdo con ella.

Pablo no está diciendo que vamos a vivir una vida de perfección sin pecado y yo tampoco estoy diciendo eso. De vez en cuando vamos a hacer una mala elección. Un día se nos darán nuevos cuerpos maravillosos y la carne no estará más. Pero por ahora, todavía tenemos la carne y la realidad es que cederemos de vez en cuando, y caeremos en la tentación de vez en cuando: «Si decimos que no tenemos pecado, nos engañamos a nosotros mismos y la verdad no está en nosotros» (1 Juan 1:8).

Pero he aquí la maravillosa noticia: cuando nos equivocamos, eso no cambia en nada lo que somos ni lo mucho que Dios nos ama.

LAS CONSECUENCIAS DE LAS MALAS DECISIONES

En este punto puede surgir en tu mente la siguiente pregunta: «Bueno, si ya estoy perdonado cuando peco y no cambia mi relación con Dios o lo que soy en él, entonces ¿realmente importa si peco un poco aquí y allá?». Y déjame ser honesto contigo. Una vez que te agarras de la gracia y de la verdad de tu perdón, es fácil empezar a ir por ese camino y muchos lo hacen. Pero ¡cuidado!

Es un callejón sin salida que te llevará directo a las manos del enemigo.

Tendemos a pensar que el problema cuando pecamos es que hemos decepcionado a Dios, y que somos culpables. Pero hay un problema mucho más significativo. Pablo continúa explicando muy claramente que seguir pecando es un gran problema. Aquí está su segunda instrucción para nosotros:

> «Por tanto, no reine el pecado en su cuerpo mortal para que ustedes no obedezcan a sus lujurias» (Romanos 6:12).

Aunque hayamos muerto al pecado y terminado nuestra relación con él, el pecado sigue vivo. Es como un *ex* desagradable que intenta volver a nuestras vidas. Si bajamos la guardia y le permitimos entrar, podemos reavivar nuestra relación con él, y la consecuencia es que *reinará* en nuestros cuerpos donde solo Jesús debería ser el Señor. Y cuando reine, seguirá atrayéndonos y nos sentiremos impotentes para resistir.

¿Has notado que Pablo habla del *pecado* casi como si fuera una persona? Puede o no que lo esté equiparando directamente con Satanás aquí, pero el pecado es definitivamente un asunto de guerra espiritual. En Juan 14:30, Jesús habla de la manera en que Satanás trabaja. Utiliza un lenguaje jurídico, diciendo a sus discípulos: «Ya no hablaré mucho con vosotros, porque viene el príncipe de este mundo. Él no tiene ningún derecho sobre mí...».

En Efesios 4:26-27, Pablo dice que si dejamos que el sol se ponga sobre nuestra ira (que no es en sí misma un pecado, sino solo una emoción), permitimos que se convierta en el pecado de la falta de perdón y en ese momento le damos al diablo un punto de apoyo —un lugar de influencia— en nuestras vidas.

El pecado es el mecanismo que Satanás utiliza para reclamarnos. Ese es el problema de seguir pecando. Los puntos de apoyo del enemigo nos impiden ser fructíferos, obstaculizan nuestra intimidad con el Padre y nos retienen. Permiten que nuestro desagradable ex, reine en lugar de Jesús y nos convierta de nuevo en sus esclavos, de modo que seguimos volviendo al pecado, aunque no queramos.

Entonces, ¿cómo dejamos de darle permiso al pecado para que reine en nuestros cuerpos? He aquí la tercera instrucción:

> «No ofrezcan los miembros de su cuerpo al pecado como instrumentos de injusticia; al contrario, ofrézcanse más bien a Dios como quienes han vuelto de la muerte a la vida, presentando los miembros de su cuerpo como instrumentos de justicia» (Romanos 6:13 NVI).

Si tienes un automóvil, puedes elegir usarlo para llevar a alguien necesitado a la iglesia o para traficar con drogas. Del mismo modo, podemos elegir cómo utilizar nuestro cuerpo. Podemos presentarnos al pecado o a Dios. No hay término medio. Cada día hacemos esa elección.

Santiago nos da una instrucción similar:

> «Así que sométanse a Dios. Resistan al diablo y él huirá de ustedes» (Santiago 4:7).

Si abrimos la puerta al enemigo a través del pecado, permitimos que el pecado reine en nuestros cuerpos, que se convierta en nuestro amo. Nuestra reacción natural es disculparnos con Dios, pedirle perdón, y determinarnos a hacerlo mejor la próxima vez. Eso está bien, pero no es suficiente.

La confesión forma parte del sometimiento. Pero no debemos detenernos ahí. Terminamos el trabajo resistiendo activamente al diablo y reclamando el lugar de influencia que nuestro pecado le dio.

Nuestra visión del mundo puede obstaculizar la comprensión bíblica. No vivimos en un mundo donde solo estamos Dios y nosotros. Y no es una batalla solo entre nosotros y nuestra carne. A lo largo de la Biblia, desde el jardín del Edén en el Génesis hasta la última batalla en el Apocalipsis, aprendemos acerca de seres espirituales malignos que se oponen a Dios y a su pueblo. El objetivo de Satanás es «robar, matar y destruir» (Juan 10:10). Y utilizará cualquier punto de apoyo que le des a través del pecado para retenerte.

Si hemos crecido en occidente, puede que reconozcamos teológicamente la existencia del diablo y los demonios, pero nuestra visión del mundo nos predispone a ignorar la realidad del mundo espiritual cuando se trata de vivir nuestra vida cotidiana. Por eso, aunque tenemos la autoridad espiritual para tratar con el mundo espiritual, nos dejamos engañar y no hacemos nada. Nuestra pasividad significa que el diablo mantiene un punto de apoyo en nuestras vidas.

Por otro lado, si has crecido en una cultura diferente, puede que tengas una conciencia mucho mayor del reino espiritual, pero lo más probable es que esté arraigada en el miedo, que otorga demasiado poder al diablo y a lo demoníaco.

Supongamos que me hacen pasar a una habitación, me dicen que bajo ningún concepto debo abrir la puerta verde de la esquina y me dejan solo. Obviamente, me pregunto por qué no puedo abrir la puerta y qué hay detrás. De repente oigo una vocecita desde detrás de la puerta que dice: «¡Socorro! Dejadme salir, estoy atrapado». Le digo: «Me han dicho que no debo abrir la puerta. ¿Quién es usted?» La respuesta que obtengo es una voz suave y atractiva que dice: «Vamos, por favor, abre la puerta. No hay ningún peligro. ¿No quieres ver lo que hay aquí? Sí, ¿verdad? Por favor».

Así que me aseguro de que nadie está mirando y abro la puerta. Y sale un perro enorme que me clava los dientes en la pierna y no me suelta. La voz ahora se vuelve malvada. «¡Qué estupidez! ¿En qué estabas pensando, fracasado? ¿No vas a aprender nunca?».

Ahora este perro es invisible. Lo único que sé es que hice algo mal, ahora me duele y me siento fatal. ¿Con quién me enfado, con el perro? No, porque no sé qué está ahí. Me enfado conmigo mismo.

Confieso: «Padre Dios, he abierto la puerta. Por favor, perdóname». ¿Lo hace? Por supuesto. De hecho, ya estoy perdonado.

Pero sigo caminando, cojeando, con un perro invisible colgando de mi pierna que me dice que soy un fracasado. Y cuanto más incapaz parezco de salir del ciclo, más me acusa el enemigo y más vergüenza siento por lo que he hecho. El poder de Dios para permitirme vivir rectamente está en cortocircuito. Me resulta difícil resistir más tentaciones o tomar la decisión correcta.

¿Qué debemos hacer? Empezar por confesar: «Padre Dios, abrí la puerta. Lo siento mucho». Luego tenemos que terminar lo que Santiago dice que hagamos, resistiendo activamente al diablo y recuperando el punto de apoyo que le hemos dado al enemigo y que permite que el pecado reine en nuestro cuerpo. Necesito decirle al perro que suelte mi pierna y se vaya, luego cerrar la puerta para evitar que otros perros entren. ¿Pero por qué un perro grande y intimidante me obedecería a mí?

Por lo que ahora soy. Hemos visto que hemos muerto con Cristo y resucitado con él a una vida nueva. Pero aún hay más.

> «y con él nos resucitó y con él nos sentó en los lugares celestiales en Cristo Jesús, a fin de poder mostrar en los siglos venideros las sobreabundantes riquezas de su gracia por su bondad para con nosotros en Cristo Jesús» (Efesios 2:6-7).

También hemos ascendido con él a la diestra del Padre, el último lugar de poder y autoridad, y ahora mismo en él estamos «muy por encima de todo principado, autoridad, poder, dominio y de todo nombre que se nombra, no solo en este siglo sino también en el venidero» (Efesios 1:21).

Cuando damos una orden al enemigo, siempre y cuando hayamos tratado primero con cualquier derecho que le hayamos dado para reinar en nuestros cuerpos, él solo puede obedecer. A la mayoría de los cristianos no se les ha enseñado esto. Pero en realidad es bastante sencillo. *Los Pasos hacia la Libertad en Cristo* y *Los Pasos para Experimentar la Gracia de Dios* son excelentes maneras de someterse a Dios y resistir al diablo. Pedimos al Espíritu Santo que nos muestre dónde hay puntos de apoyo del enemigo en nuestras vidas. Entonces renunciamos a ellos y nos arrepentimos. Renunciar a algo es declarar a Dios, y al mundo espiritual invisible, que nuestro acuerdo leal y nuestra participación en esa cosa ha terminado. Arrepentirse significa cambiar de opinión sobre nuestro pecado y apartarnos de él. Es un método amable y gentil que utilizo todos los años.

Una vez que renuncies a esa práctica pecaminosa y vergonzosa y dejes de permitir que el pecado utilice tu cuerpo para sus malvados propósitos, encontrarás la fuerza de Dios para hacer lo que es correcto.

Verás, la idea de haber sido liberado por Jesús es *permanecer* libre. Pero eres libre de no serlo. Y si eliges usar tu libertad para complacerte en el pecado, encontrarás que te convertirá en un esclavo otra vez. Te dominará.

Jesús dijo unas palabras muy aleccionadoras: «Jesús les respondió: «En verdad les digo que todo el que comete pecado es esclavo del pecado» (Juan 8:34).

Cuando hablas con jóvenes cristianos, a menudo quieren saber: «¿Hasta dónde puedo llegar en este terreno? ¿Es pecado? ¿Puedo hacer esto? ¿Puedo no hacer eso?» La pregunta pertinente no es: «¿Hasta dónde puedo llegar?». La verdadera cuestión es: «¿Puedo parar?». Porque si no puedes, eres esclavo del pecado. Has permitido que el pecado reine en tu cuerpo. Has presentado tu cuerpo al pecado como un instrumento de injusticia. A pesar de que Jesús te liberó, has permitido que vuelvas a ser cargado por un yugo de esclavitud.

En cualquier ámbito de nuestra vida, o somos libres o somos esclavos. Es un interruptor de encendido y apagado: o eres libre o no lo eres. La libertad no es algo que se adquiere gradualmente. La libertad es algo de lo que te apropias.

Consideremos un versículo más de Romanos 6 que lleva esta sección a una conclusión intrigante:

> «Porque el pecado no tendrá dominio sobre ustedes, pues no están bajo la ley sino bajo la gracia» (Romanos 6:14).

Hemos comprendido que el pecado no tendrá dominio sobre nosotros —que ya no tendremos que ser esclavos de él—, pero ¿qué tiene eso que ver con la ley y la gracia?

La implicación es que, si *estuviéramos* bajo la ley, es decir, si nuestra religión consistiera en cumplir una serie de normas, el pecado tendría dominio sobre nosotros. ¿Por qué? Volveremos sobre esta intrigante verdad en un capítulo posterior. Por ahora consideremos un principio clave cuando se trata de nuestro comportamiento.

LO QUE HACEMOS VIENE DE LO QUE SOMOS

Piensa en el enorme contraste entre los dos hijos al final de la historia que vimos en el primer capítulo.

Cuando el hijo menor regresa a casa, descubre su verdadera identidad como hijo al que se quiere por lo que es, no por lo que ha hecho. Aunque se haya comportado de la peor manera imaginable, ahora sabe que el padre le quiere de todos modos, y que sigue teniendo su lugar como hijo. No ha hecho nada para ganárselo, es pura gracia.

Pero el hijo mayor se niega a venir a celebrarlo. En lugar de eso, sigue trabajando como un esclavo con los jornaleros en el campo, creyendo que, si va a recibir algo de su padre, tiene que trabajar para conseguirlo. No vive la identidad de un hijo, sino la de un esclavo. En sus últimas palabras en la historia, le oímos defenderse a sí mismo basándose en su rendimiento, su esfuerzo y su duro trabajo.

Jesús contó la historia de los dos hijos como respuesta a una acusación de los maestros religiosos de que su comportamiento no era agradable a Dios. Y por supuesto que nuestro comportamiento es importante. La pregunta crítica en el discipulado es, ¿cómo hacer que alguien se comporte de una manera que sea agradable a Dios?

La respuesta de los fariseos fue darles muchas leyes, muchas cosas que hacer. Y muchos de nuestros programas de discipulado tienden a hacer eso también.

Pero la respuesta de Dios es darnos una identidad totalmente nueva. Porque lo que hacemos viene de lo que somos.

Con nuestro énfasis en el hacer, cuando Pablo dice «considérate muerto al pecado», tendemos a pensar que quiso decir algo como «no estás realmente muerto al pecado, pero si consideras que lo estás, podrías tener una oportunidad». ¡No! Pablo dice que sí realmente estás muerto al pecado y simplemente necesitas darte cuenta de esa verdad. Entonces vivirás en consecuencia.

Pablo también dice «nuestro viejo yo fue crucificado» (tiempo pasado) pero nuestro énfasis en el hacer ha significado que la mayoría de nosotros lo hemos entendido como *debemos esforzarnos por crucificar nuestro viejo yo*. Tratamos y tratamos de dar muerte al viejo yo, y no podemos hacerlo. ¿Por qué no? Porque ya está muerto. No puedes hacer por ti mismo lo que Cristo ya ha hecho por ti.

Cuando Pablo dice: «porque antes ustedes eran tinieblas, pero ahora son luz en el Señor; anden como hijos de luz» (Efesios 5:8), tendemos a leerlo como: *debo esforzarme por andar como un hijo de luz*, en lugar de lo que dice claramente. Cuando sepas que *eres* un hijo de la luz, *vivirás* como un hijo de la luz. Automáticamente. Porque lo que haces viene de lo que eres.

Ahora sé que el mejor punto de partida para ayudar a alguien a convertirse en un discípulo fructífero es animarle a aceptar la verdad sobre quién es ahora en Cristo. Esto los libera de un sentido de tratar de actuar como ellos piensan que un cristiano debe actuar, y servir a Jesús viene naturalmente en lugar de ser un esfuerzo sin alegría por *esforzarse* más.

Cuando alguien tiene un problema matrimonial, por ejemplo, buscamos un buen consejo en la Biblia. ¿Dónde lo encontramos? Siempre en la segunda mitad de las cartas de Pablo. El problema es que, si no han procesado la primera mitad de las cartas de Pablo, donde enseña infaliblemente quiénes somos ahora en Cristo, sencillamente no pueden poner en práctica los buenos consejos de la segunda mitad. Enviamos a la gente directamente a las instrucciones de *hacer*, pero Pablo siempre las precede con las verdades del *ser*, de lo que somos en Cristo.

Una vez hablé en una iglesia que tenía un próspero ministerio de discipulado basado en los recursos y enseñanzas de *Libertad en Cristo*. Lo dirigía una pareja maravillosa que tenía una historia asombrosa. Me contaron que su matrimonio se había roto, al parecer irremediablemente, y se habían separado. A pesar de que se dirigían hacia el divorcio, ambos seguían viniendo a la iglesia, evitándose mutuamente yendo a diferentes grupos pequeños.

Su iglesia anunció un día que todos los grupos pequeños iban a seguir el *Curso de Libertad en Cristo*. Tanto el esposo como la esposa fueron enormemente impactados por la enseñanza, y se sometieron a Dios y resistieron al diablo durante el proceso de los *Pasos a la Libertad en Cristo*.

Después de haber resuelto los problemas de su pasado, de haberse enfrentado a los puntos de apoyo del enemigo en sus vidas, de haber abrazado su identidad en Cristo y de haberse perdonado mutuamente durante el proceso, ambos se dieron cuenta de que se amaban, y los problemas que parecían tan intratables se desvanecieron. Cuando los conocí, llevaban varios años juntos, estaban muy enamorados y dirigían un ministerio de discipulado muy fructífero en su iglesia.

Un discípulo fructífero no es alguien que está tratando de agradar a Dios, o tratando de convertirse en un hijo de Dios. Es probable que seas más fructífero cuando:

- Sabes que ya eres agradable a Dios, ya eres su hijo, por Cristo.
- Sabes que no trabajas *para* tu salvación, sino que trabajas *porque tienes salvación*.
- Obedeces los mandamientos de Dios, no porque sientas que debes hacerlo por obligación, sino porque realmente quieres hacerlo y sabes que podrás, porque eres libre de tomar buenas decisiones.

Piensa en una hermosa mariposa. Antes era una oruga espeluznante y rastrera, pero mediante el asombroso proceso de la metamorfosis se convirtió en una criatura totalmente distinta.

Y puede volar. Antes eras un pecador condenado al fracaso, pero has sido transformado en una hermosa y nueva creación en Cristo. Y puedes volar por encima de la carne y el pecado.

Sin embargo, si una mariposa queda atrapada por la lluvia, es un espectáculo triste. Con las alas mojadas, acaba arrastrándose lentamente por el suelo, actuando igual que una oruga. Aunque ya no somos orugas, podemos volver a arrastrarnos en el pecado. Se supone que las mariposas vuelan libres, pero en lugar de eso pueden acabar *actuando* como orugas. Somos santos, pero podemos *actuar* como pecadores.

Si pecamos, estamos libres de condenación. Dios nunca viene a nosotros y nos dice: «¡Eres un pecador!». De hecho, creo que él dice algo que es más o menos lo opuesto a eso: «Oye, no eres un pecador, eres un santo. Entonces, ¿por qué actúas como un pecador?».

Cuando, siendo un santo, actúas de manera incoherente con tu verdadera naturaleza y pecas, eso no altera en absoluto el amor que Dios siente por ti, ni que sus brazos sigan abiertos para recibirte, ni que sigas siendo un santo. Sin embargo, sí impacta en tu capacidad de ser fructífero.

Somos verdaderamente libres de la ley del pecado y de la muerte. En cualquier momento tenemos la opción real de caminar por la carne o caminar por el Espíritu.

Y estamos libres de la ley. En otras palabras, estamos libres de tener que comportarnos de una manera determinada. Dios no exige que obedezcamos ninguna regla. Como dice Pablo en 1 Corintios 10:23: «Todo está permitido». Ya no tienes que *comportarte como un cristiano*.

Entonces, ¿por qué no salimos y hacemos lo que nos da la gana, lo que nos dicte la carne, así como lo hizo el hijo menor? Porque, como añade Pablo, aunque todo esté permitido, no todo es provechoso. Si ofrecemos las partes de nuestro cuerpo a la injusticia, permitimos que el enemigo gobierne en nosotros, y terminamos en ese miserable ciclo de pecado-confesión en el que no damos ningún fruto.

¿Qué es la libertad? Mi conclusión es la siguiente: todo lo que Dios ha querido siempre es un pueblo que le obedezca, no porque *tenga que* hacerlo, sino porque *lo decida*. Y la libertad es estar en posición de hacer precisamente eso, que es donde tú te encuentras en este momento, a menos (por supuesto) que hayas ofrecido partes de tu cuerpo a la injusticia y regresado a la esclavitud del pecado.

> «Antes bien, vístanse del Señor Jesucristo, y no piensen en proveer para las lujurias de la carne» (Romanos 13:14).

Debes trabajar continuamente en tu comprensión de la verdad sobre el pecado: lo perjudicial que es para nosotros. Te promete todas estas cosas maravillosas, pero al final del día te lleva a la esclavitud.

Reconoce que el legalismo también es esclavitud. Trabajar duro para obedecer las reglas, o porque piensas que Dios necesita que lo hagas, o porque la gente quiere que lo hagas, de nuevo conduce a la esclavitud. Sirve a Dios, lo mejor que puedas, no porque sientas que tienes que hacerlo, sino simplemente porque lo amas mucho y eres libre de hacer una buena elección.

LA GRAVEDAD DEL PECADO

> «No se dejen engañar, de Dios nadie se burla; pues todo lo que el hombre siembre, eso también segará. Porque el que siembra para su propia carne, de la carne segará corrupción, pero el que siembra para el Espíritu, del Espíritu segará vida eterna» (Gálatas 6:7-8).

Nuestros actos tienen consecuencias. Dios nos ama y nos dice lo que es bueno y lo que es malo para nosotros. Si elegimos hacer lo que es malo para nosotros, nos enfrentaremos a las consecuencias.

Hay una tendencia en nuestra sociedad y en la Iglesia a minimizar la gravedad del pecado. A hablar de *equivocarse* o *cometer un error* en lugar de usar lenguaje bíblico como *pecado* e *iniquidades*. Tal vez pienses que he caído en eso. Permíteme restablecer el equilibrio.

Cuando Dios hizo un pacto con Israel, incluyó bendiciones por la obediencia y maldiciones por la desobediencia (ver Deuteronomio 28). Estas maldiciones incluían enfermedades y plagas.

Pablo dijo a los corintios que la enfermedad y la muerte que estaban experimentando en su iglesia provenían de *comer y beber para juzgarse a sí mismos* (1 Corintios 11:28-30) porque estaban manejando el pan y el vino incorrectamente.

El rey David paseaba por su azotea cuando vio a una hermosa mujer bañándose, eso captó su atención. Descubrió que se llamaba Betsabé y que estaba casada con Urías el hitita, uno de los comandantes de su ejército. A pesar de ello, David hizo llevar a Betsabé a su palacio y se acostó con ella. Tiempo después, ella le comunicó que estaba embarazada. Presa del pánico, David intentó ocultar lo que había hecho haciendo traer a Urías a casa con la esperanza de que se acostara con su mujer y pensara que el bebé era suyo. Pero el sentido del deber de Urías le hizo negarse a tomarse las cosas con calma mientras sus tropas se enfrentaban al peligro, así que durmió en otro lugar. David colocó entonces a Urías deliberadamente en primera línea de fuego para que tuviera probabilidades de morir, como así ocurrió. David se casó con Betsabé y nació su hijo. David debió pensar que se había salido con la suya, pero entonces apareció el profeta Natán. Ayudó a David a darse cuenta de lo pecaminosa que había sido su conducta.

> «Entonces David dijo a Natán: «He pecado contra el Señor». Y Natán dijo a David: «El Señor ha quitado tu pecado; no morirás. Sin embargo, por cuanto con este hecho has dado ocasión de blasfemar a los enemigos del Señor, ciertamente morirá el niño que te ha nacido». (2 Samuel 12:13-14)

Y el niño efectivamente murió.

El pecado de David causó estragos en la vida de muchas personas y en su propia vida.

Después de darse cuenta exactamente de lo que había hecho, escribió el Salmo 51. Puede que lo que escribió te parezca bastante asombroso:

> «Porque yo reconozco mis transgresiones,
> Y mi pecado está siempre delante de mí.
> Contra ti, contra ti solo he pecado,
> Y he hecho lo malo delante de tus ojos,
> De manera que eres justo cuando hablas,
> Y sin reproche cuando juzgas» (Salmo 51:3-4).

No menciona en absoluto a las personas a las que hizo daño: la mujer a la que obligó a mantener relaciones sexuales con él; su marido, al que mató; el niño inocente que murió como consecuencia directa. No creo ni por un momento que estuviera restando importancia a lo que les había hecho, sino que se dio cuenta de que, por encima de cualquier otra consideración, «contra ti, solo contra ti, he pecado».

No importa a quién hagamos daño, el efecto más grave de nuestro pecado es en nuestra relación con nuestro Padre Dios. Cuando pecamos, declaramos nuestra independencia. Declaramos nuestra falta de confianza. Le echamos en cara lo que él ha hecho por nosotros.

El pecado es devastador para nuestra propia vida y para la de los demás. Pero sobre todo para nuestra relación con Dios.

Ahora, al darte cuenta de eso, no pierdas de vista el hecho de que Dios nos ha perdonado y nuestra relación con él sigue intacta. Él no es un capataz severo que nos azota por dar un paso en falso, él es nuestro Padre amoroso esperando ansiosamente a que regresemos.

Pero no debemos permitir que esas verdades nos hagan pensar que el pecado no es grave. Si alguna vez te sientes tentado a pensar eso, tómate un momento para considerar lo que tuvo que suceder para nuestro perdón y aceptación incondicional: la tortura y muerte del propio Hijo de Dios.

LA SALIDA DE LA TENTACIÓN

Recapitulemos. Vivimos en un mundo caído, y tenemos un enemigo que asaltará nuestra mente sin descanso con el fin de persuadirnos a pecar y ganar un punto de apoyo en nuestras vidas. A pesar de que Jesús nos ha liberado, y tenemos todo lo que necesitamos para vivir una vida piadosa, nos enfrentamos a la presión diaria para pecar y renunciar a nuestra libertad.

Satanás ha observado tu comportamiento a lo largo de los años, y sabe dónde eres vulnerable. Ahí es donde atacará. Tus tentaciones serán únicas para tu área específica de vulnerabilidad.

Entonces, ¿cómo podemos resistir la tentación cuando asoma su fea cabeza?

Toda tentación es un intento para que vivas tu vida independientemente de Dios. La base de esa tentación incluye a menudo necesidades legítimas de aceptación, significado y seguridad. La pregunta es: ¿esas necesidades van a ser satisfechas respondiendo al mundo, a la carne y al diablo, o van a ser satisfechas por Dios, que promete «suplir todas vuestras necesidades conforme a sus gloriosas riquezas en Cristo Jesús» (Filipenses 4:19)?

Toda tentación se basa en una mentira. ¿Realmente el dinero te da seguridad permanente? No. ¿Puede otra persona satisfacer realmente tu necesidad de ser aceptado? No del todo. ¿Conseguir agradar a la gente te hace realmente importante? Por supuesto que no. Podríamos preguntarle al rey David: «Majestad, ¿valió la pena un momento de lujuria y gratificación sexual con Betsabé por las horribles consecuencias?». Por supuesto que no. Pero ¿no habría sido bueno que él se hubiera dado cuenta de eso de antemano? Afianzar estas verdades en nuestras mentes es crucial.

Tenemos una promesa muy específica de Dios para que nunca cedamos a la tentación:

> «No les ha sobrevenido ninguna tentación que no sea común a los hombres. Fiel es Dios, que no permitirá que ustedes sean tentados más allá de lo que pueden soportar, sino que con la tentación proveerá también la vía de escape, a fin de que puedan resistirla». (1 Corintios 10:13)

Solía irritarme mucho con ese versículo porque no parecía que hubiera una salida. La tentación era tan intensa. «¿Dónde está entonces, Dios?» solía pensar.

Ahora sé que esta vía de escape, la *salida de emergencia* si se quiere, está siempre justo al principio de caer en la tentación. Hay que reconocer la salida y tomarla inmediatamente.

Supongamos que tienes problemas con ver pornografía en Internet. Es tarde por la noche, estás solo y te viene un pensamiento a la cabeza: «¿Por qué no compruebo cuántos *me gusta* tiene ese post que he hecho antes?». Te conectas y aparece otro pensamiento: «Bueno, no estoy cansado, seguiré haciendo *scroll*». Antes de que te des cuenta, estás en una página porno. Otra vez.

Ahora puedes racionalizar todo lo que quieras, pero en realidad en cuanto te conectaste a Internet, la intención de acabar en un sitio porno estaba ahí. ¿Dónde está la vía de escape? Está justo al principio, cuando el pensamiento tentador aparece por primera vez en tu mente. Esa es tu oportunidad de «llevar todo pensamiento en cautiverio a la obediencia de Cristo» (2 Corintios 10:5). Lo admitas o no, el pensamiento aparentemente inofensivo que te impulsó a revisar tu publicación en las redes sociales no era inocente en absoluto. En el fondo, sabías dónde acabarías.

La próxima vez que estés paseando por la azotea de tu palacio y veas por casualidad a una persona atractiva bañándose y se te ocurra averiguar quién es, aprende a apartar la mirada inmediatamente y no la busques en Google ni en las redes sociales.

Si logras aprender a reconocer ese pensamiento que parece inocuo y luego desecharlo, puedes seguir caminando en libertad. Pero si no reconoces y desechas inmediatamente ese pensamiento tentador, te llevará al pecado, que da terreno a tu enemigo.

Comienza con la fantasía y el soñar despierto con la persona atractiva. Pero Jesús fue claro al decir que la lujuria es exactamente lo mismo que el adulterio. Hace unos años, un amigo me dio un gran consejo. Me dijo que cuando siente la tentación de mirar durante demasiado tiempo a un miembro atractivo del sexo opuesto, declara: «¡Jesús es mi Señor y Sara es mi esposa!». Y parece que a mí también me funciona, aunque mi mujer se llame Zoë (¡lo siento!).

Puede resultar útil pensar que tu mente es como un aeropuerto en donde eres el controlador aéreo. Muchos pensamientos piden permiso para aterrizar. Pero tú tienes el control absoluto sobre cuáles aterrizarán y cuáles serán rechazados. Sin embargo, tienes que decidirlo desde el principio. Tienes que aprender a tomar las riendas de tu mente. En el momento en que le das permiso a un pensamiento tentador para aterrizar, las posibilidades de que puedas rechazarlo se reducen significativamente.

Supongamos que sientes atracción por una persona del trabajo, tal vez alguien que trabaja para ti. Un día tu jefe te pide que asistas a una conferencia, y tú debes llevar contigo a la persona más adecuada de tu equipo. ¿A quién vas a elegir? Los pensamientos dan vueltas en tu mente pidiendo permiso para aterrizar. Este es el momento en el que puedes tomar la vía de escape, desde el principio. Pero tienes que ser lo suficientemente consciente de tus propias vulnerabilidades para reconocer lo que está pasando. Entonces harás lo que haga falta para asegurarte de que tú y este colega en concreto no sean los que vayan juntos a la conferencia.

Pero si no lo haces y te encuentras diciéndole a esa persona atractiva: «Hay una conferencia dentro de un par de semanas, ¿puedes venir?», puedes inventar cualquier excusa para justificarlo, pero la verdad es que te sientes atraído a pasar tiempo con dicha persona de forma inapropiada, y es el comienzo de una pendiente resbaladiza.

Una vez que ese proceso está en marcha, tus posibilidades de darle la vuelta disminuyen rápidamente. No es que no puedas detenerlo, pero cada vez es más difícil.

La conclusión es que hay una salida para cada tentación a la que te enfrentes. En cualquier momento puedes evitar caer en el pecado. Se requiere un compromiso constante de creer en la verdad, ser implacablemente honestos con nosotros mismos y tomar medidas radicales para evitar el pecado.

¿Cuáles son las tentaciones a las que te enfrentas más a menudo? ¿Eres consciente de los pensamientos aparentemente inofensivos que el enemigo te alimenta para persuadirte de que caigas en ellos?

¿Te has dado cuenta de que el pecado nunca cumple lo que promete? Puede que temporalmente te sientas mejor, pero a la larga te hará sentir mucho peor.

Y no caigas en la mentira que siempre acompaña a la tentación, la que dice que tu pecado concreto *no es para tanto*.

ACÉRCATE AL TRONO DE LA GRACIA

Pero incluso cuando nos equivocamos, seguimos estando bajo la gracia de Dios, no bajo un sistema legalista que exige un castigo. Y si hemos permitido que reine el pecado, hay maneras de resolverlo:

1. Sométete a Dios *y* resiste al diablo;
2. Debes saber que ahora estamos muertos al pecado y vivos para Dios;
3. Toma cada día la decisión de no dejar que el pecado reine en tu cuerpo, ofreciendo cada parte de tu cuerpo a Dios en lugar de al pecado.

En cualquier ámbito de tu vida, o eres libre o eres esclavo. La libertad no se adquiere. Te *apoderas* de ella.

Si estás luchando con un asunto profundamente arraigado, es bueno obtener algún apoyo de amigos cristianos maduros. Todos necesitamos apoyo y ánimo para aferrarnos a la verdad. Mi esposa y yo tuvimos el privilegio de caminar al lado de una dama que resolvió grandes problemas en su vida. Después de eso, ella dijo esta frase de sumo provecho: «Sólo tú puedes hacerlo, pero no puedes hacerlo solo».

Reconocía que ya tenía todo lo que necesitaba, pero también que necesitaba la ayuda y el aliento de los demás para utilizar lo que se le había dado. Cuando la apoyamos, nunca intentamos *hacerlo por ella*, sino que le recordamos quién era y lo que tenía en Cristo. Y la vimos florecer a medida que aprendía a actuar como una hija de Dios.

Puede ayudar tener a alguien que acepte hacernos responsables. Tal vez nos llame una vez a la semana para preguntarnos cómo vamos. El mero hecho de saber que van a llamar y hacer la pregunta puede ser realmente útil para evitar la tentación.

Antes de terminar este capítulo, quiero que escuches unas poderosas y refrescantes palabras de gracia acerca de Jesús, que es nuestro gran Sumo Sacerdote:

> «Porque no tenemos un sumo sacerdote incapaz de compadecerse de nuestras debilidades, sino uno que en todo ha sido tentado como nosotros, pero sin pecado» (Hebreos 4:15).

Lo entiende perfectamente. Él comprende. Sabe lo que es vivir en este mundo caído, con tentaciones por todas partes. Él mismo no cayó en ella, pero conoce tus debilidades. Y no te condena por ellas. De hecho, se compadece de ti.

> «Por tanto, acerquémonos con confianza al trono de la gracia para que recibamos misericordia, y hallemos gracia para la ayuda oportuna» (Hebreos 4:16).

Su corazón siempre espera que nos acerquemos con confianza, no que nos arrastremos como miserables gusanos. Si nos hemos equivocado, solo encontraremos misericordia, perdón y comprensión. Si nos enfrentamos a la tentación, encontraremos gracia para vencerla.

Dios te ama tanto. No importa dónde estés ahora mismo, él tiene cosas que hacer para ti y frutos que dar.

Lo que *haces* viene de lo que *eres*. Y tú eres un hijo puro y santo del Dios vivo. Eres victorioso. De hecho, ¡eres *más* que vencedor en Cristo!

Acércate. Recibe misericordia. Encuentra gracia para ayudarte en tu momento de necesidad.

ESTABLECER LA CONEXIÓN DE LA GRACIA

Estaban hablando dos orugas cuando pasó volando una mariposa. Mirándola, una le dijo a la otra: «¡Nunca conseguiré subirme a esa altura!».

Con demasiada facilidad podemos ser mariposas que se comportan como orugas.

¿Podría ser hoy el día en que te aferres a la verdad de en quién te has convertido y empieces a volar con Dios?

> **Padre glorioso, Dios de nuestro Señor Jesucristo, por favor dame el Espíritu de sabiduría y revelación, para que pueda conocerte mejor. Te ruego que los ojos de mi corazón sean iluminados para que pueda conocer la esperanza a la que me has llamado, las riquezas de tu gloriosa herencia en tu pueblo santo, y tu incomparablemente grande poder para nosotros que creemos. Amén.**

Salida de emergencia

La Biblia promete en 1 Corintios 10:13 que hay una salida para cada tentación a la que te enfrentes. En cualquier momento puedes evitar caer en el pecado. Se requiere un compromiso constante de creer en la verdad y la voluntad de tomar las riendas de tu mente. Dedica algún tiempo a pensar en las siguientes preguntas, permitiendo que el Espíritu Santo te guíe.

- ¿Cuáles son las tentaciones en las que sueles caer más a menudo?
- Para cada una de ellas, ¿cuáles son los pensamientos aparentemente inofensivos que el enemigo te alimenta para persuadirte de que caigas en ellos?
- ¿Qué mentiras se esconden detrás de los pensamientos tentadores?
- La vía de escape, la *salida de emergencia* está siempre justo al principio del proceso de ser tentado. Para cada una de tus tentaciones, ¿cómo sería para ti tomarla?

Romper el ciclo pecado-confesión

Si te sientes frustrado por volver una y otra vez a los mismos pecados, te invito a que pronuncies en voz alta la declaración que sigue (basada en Romanos 6 y Santiago 4). Te ayudará a decidirte a vivir tu nueva identidad en Cristo en lugar de depender de tus propias fuerzas. Pronúnciala todos los días el tiempo que sea necesario.

Declaro que ahora soy una nueva creación en Cristo. Estoy muerto al pecado y vivo para Dios. Confieso mis pecados [nombra específicamente el pecado habitual] **y me aparto de ellos.**

Declaro específicamente que el pecado de [nombra específicamente el pecado habitual] no me gobierna más y renuncio a su control sobre mí. Jesús, que vive en mí, es mi amoroso Maestro y Gobernante y todo lo que soy ahora le pertenece a él.

Gracias, Jesús, que me has hecho santo para que pueda glorificarte en mi cuerpo. Por lo tanto, me niego a ofrecer mi cuerpo para ser utilizado para cometer injusticias. En cambio, someto todo lo que soy a mi Padre Celestial que me resucitó a la vida con Cristo. Ahora con gusto ofrezco las partes de mi cuerpo: mi corazón; ojos; oídos; boca; lengua; manos; pies; órganos sexuales; mente; entendimiento; poderes mentales; emociones; imaginación y razonamiento a Dios, y escojo usar estas partes de mi cuerpo solamente para la justicia, confiando completamente en el poder de su Espíritu Santo dentro de mí para lograrlo.

Así que me someto completamente a Dios y resisto al diablo que debe huir de mí ahora (Santiago 4:7).

CAPÍTULO 5

VALIENTE

¿QUÉ HA PREPARADO DIOS PARA TI?

Uno de mis versículos favoritos es Efesios 2:10:

> «Porque somos hechura suya, creados en Cristo Jesús para hacer buenas obras, las cuales Dios preparó de antemano para que anduviéramos en ellas».

La palabra griega *obra* significa literalmente creación artística. Me gusta pensar en Dios como un escultor que cincela cuidadosamente mi vida para que algo hermoso surja gradualmente de un simple bloque de piedra. Tal vez tú prefieras pensar en ti mismo como un cuadro impresionante que aparece en un lienzo, o un hermoso poema, o una novela compleja.

El enfoque principal de Dios está en *cómo* somos —nuestro carácter— porque lo que *hacemos* debe surgir naturalmente de lo que *somos*. Pero este versículo continúa diciéndonos que él ha pensado en lo que quiere que hagamos desde antes del principio de los tiempos. Dios ha planeado algunas cosas específicas para que tú y yo las hagamos, y nos está preparando para ellas.

Tal vez quieras detenerte un momento a considerar esta verdad:

Dios Todopoderoso mismo te ha mirado y en su amor y sabiduría ha preparado cuidadosamente muchos planes para que los hagas. Él te conoce muy bien y se ha esmerado en asegurarse de que sean exactamente adecuados para ti. Él no *necesita* tu ayuda, pero en su gracia, te invita a trabajar con él. Tu vida va a ser más fructífera y satisfactoria cuando lo hagas.

De acuerdo con mi experiencia, Dios suele mostrarnos de manera gradual cuáles son esas buenas obras. Nos guía en una dirección y, conforme respondemos con fe, descubrimos cada vez más lo que él tiene en mente. Además, utiliza nuestras vivencias —incluidas las negativas que no estaban en sus planes— para prepararnos para esas obras y esculpir su creación.

EL MIEDO, ENEMIGO DE LA FE

Una de las misiones que Dios había preparado de antemano para un joven llamado Josué era guiar a los israelitas a través del río Jordán y tomar la tierra prometida. Era una perspectiva muy aterradora porque esa tierra estaba llena de gente que no quería irse. Algunos de ellos eran muy corpulentos y disponían de armas muy poderosas.

Lo que Dios le dice nos da una idea bastante clara de cómo se sentía Josué:

> «Así como estuve con Moisés, estaré contigo. No te dejaré ni te abandonaré. Sé fuerte y valiente» (Josué 1:5-6).

Dios se repite entonces: «Solamente sé fuerte y muy valiente», y añade una instrucción, «cuidando de hacer conforme a toda la ley que mi siervo Moisés os mandó. No te apartes de ella ni a diestra ni a siniestra, para que tengas buen éxito dondequiera que vayas».

A continuación, Dios repite una vez más:

> «¡Sé fuerte y valiente! No temas ni te acobardes,

> porque el Señor tu Dios estará contigo dondequiera que vayas» (Josué 1:9).

Así que tres veces en nueve versículos Dios le dice que sea fuerte y valiente. ¿Por qué? Precisamente porque él sabía que Josué se estaba sintiendo todo lo contrario, débil y asustado. ¿Cómo podía Josué ser fuerte y valiente? No en sus propias fuerzas o habilidades, sino en el hecho de que Dios mismo prometió estar con él.

Dado que Dios siempre está trabajando en nuestros corazones para hacer de nosotros una obra de arte aún mejor, nuestra vida cristiana siempre implica enfrentarnos al miedo.

El miedo es enemigo de la fe. Pero, paradójicamente, puede ayudarnos a construir nuestra fe a medida que aprendemos a confiar cada vez más en Dios. Caminar por la fe se reduce a tomar cada día la decisión de actuar como Dios quiere que actuemos, independientemente de las circunstancias que nos asusten. El escritor a los hebreos nos ayuda a ver el mundo como es en realidad cuando nos dice:

> «Él ha dicho: "Nunca te dejaré ni te abandonaré". Así que podemos decir con confianza: "El Señor es mi ayudador; no temeré; ¿qué me hará el hombre?"» (Hebreos 13:5-6).

Pero si lo permitimos, el miedo nos va a acorralar y nos hará cambiar de rumbo, entonces nos vamos a alejar del llamado de Dios para nuestras vidas. El miedo es otro de esas falsas motivaciones que, si se lo permitimos, puede gobernar nuestras decisiones más importantes en la vida.

En este capítulo vamos a entender cómo el amor perfecto de Dios —su gracia— puede echar fuera el miedo. Veremos que la valentía proviene de nuestra relación con el Dios que es amor. Y que la valentía no es la ausencia de miedo: es tomar la decisión correcta ante ese miedo.

CAMINAR POR LA FE

No soy un líder innato ni tengo una formación teológica formal. Por eso me cuesta creer que una de las cosas que Dios había dispuesto para mí sea ser el presidente del *Ministerio Internacional de Libertad en Cristo* en este momento. No estoy completamente seguro de los propósitos de Dios en este plan, pero intuyo que es para dejar claro a todos que cualquier cosa buena que Dios logre a través de *Libertad en Cristo* es obra suya y no mía.

Mientras escribo, el ministerio se enfrenta a una enorme incertidumbre financiera. ¡Otra vez! Y esto es completamente normal. Neil Anderson, el fundador del ministerio, me ha recordado varias veces a lo largo de los años, que Dios quiere que caminemos por fe, y si no estamos constantemente teniendo que hacer eso, puede que haya algo mal.

Un gran consejo que recibí es: «No dudes en la oscuridad de lo que Dios te ha mostrado en la luz». En otras palabras, solo porque las cosas sean difíciles ahora, no asumas que no escuchaste bien a Dios. Confía en lo que te dijo cuando las cosas no eran tan difíciles y persevera. Las dificultades que encontramos no son necesariamente cosas para *orar fuera del camino*. Pueden estar ahí para hacer crecer nuestra fe y ayudarnos a perseverar.

La realidad es que, si estamos obedeciendo lo que él nos ha mandado, Dios proveerá. No hay ninguna razón para inquietarse. Sin embargo, es difícil mantener la perseverancia cuando todo a nuestro alrededor parece gritar que Dios no existe o que no cumplirá. Es una lucha continua no caer en el pánico y, en su lugar, recordarnos que, al haber discernido mediante la oración lo que Dios quiere hacer a través de nosotros, podemos confiar plenamente en que nos dará todo lo que necesitamos.

Como digo, esto es normal. Habiendo vivido así durante muchos años, puedo mirar atrás y ver cómo Dios ha obrado en el pasado. Permíteme compartirte una historia.

Hace un par de años, discernimos que Dios quería que empleáramos a cierta persona a tiempo completo, y no había ingresos de sobra para cubrir el costo. Realmente luché con la decisión de hacer una oferta de trabajo a alguien que luego renunciaría a su trabajo actual y tenía una familia que mantener. Una cosa es tomar la decisión de renunciar a mi propia fuente de ingresos en respuesta a lo que Dios me dice que haga. Otra muy distinta es pedir a otra persona que lo haga.

Zoë y yo tenemos un maravilloso equipo de intercesores que oran por nosotros, y les conté que no sabía qué hacer. Al final del día, uno de ellos (que vive en otro país) me envió un correo electrónico para decirme que alguien le había llamado para preguntarle qué necesidades tenía *Libertad en Cristo*. Había compartido una serie de necesidades locales y esta necesidad particular también. Inmediatamente, esta persona increíble dijo que daría una gran cantidad a la necesidad (aproximadamente el 40% del salario que necesitábamos para un año). Fue grandioso y muy alentador: un regalo de ese tamaño es muy raro. Sin embargo, al pensar en ello, me di cuenta de que en realidad no era suficiente: sí, cubriría unos meses, pero ¿después qué?

Al día siguiente recibí otro correo electrónico de mi intercesor diciéndome que el donante había vuelto a llamar diciendo que habían sentido de parte de Dios que no estaban dando lo suficiente y que duplicarían su promesa anterior. También me dijo que ya habían transferido el dinero a nuestra cuenta. Cuando comprobamos nuestra cuenta, esperábamos una cantidad equivalente al 80% del salario del primer año, pero ¡era casi exactamente el 100%! El donante había indicado el importe del regalo en nuestra moneda, pero lo había entregado en otra moneda diferente, uno de nosotros claramente se había equivocado con el tipo de cambio, ¡pero Dios no!

No es solo la provisión en sí lo que me anima. Ver a Dios mostrarnos de forma tan clara que habíamos oído correctamente me recordó que nunca llegará el momento en que no debamos caminar por fe.

Hace unos meses, otro de nuestros intercesores tenía una imagen que Dios les dio para animarnos a seguir caminando por fe cuando las finanzas no parecen suficientes para nuestras necesidades. Es una imagen de puertas eléctricas corredizas como las que se pueden encontrar en un edificio de oficinas. Parecen sólidamente cerradas cuando uno camina hacia ellas, y ni siquiera hay una manilla para abrirlas. Pero cuando te acercas, y siempre en el último momento, se abren de repente para dejarte pasar. Es como la experiencia de Moisés en el Mar Rojo. Le bastó apuntar al mar con su bastón para que se abriera, como una puerta eléctrica, y él y los israelitas pudieron atravesarlo.

¿QUÉ ES EL MIEDO?

El miedo es una reacción emocional que proviene de la percepción de un peligro o daño inminente. Desencadena una respuesta física en nuestro cuerpo que se activa cuando nos enfrentamos a algo que parece peligroso o perjudicial.

No es malo sentir miedo. En esencia, el miedo es simplemente lo que sentimos cuando nos alarmamos. Es un mecanismo natural dado por Dios y diseñado para protegernos. Si alguien se nos acerca con una pistola, por ejemplo, es útil experimentar una fuerte emoción que nos haga salir corriendo o defendernos.

Así que el miedo en sí mismo no es malo. Necesitamos tener un miedo sano a las cosas que podrían perjudicarnos.

El miedo sano es el miedo que tiene sentido. Cosas como que no intentas acariciar a un perro que gruñe y echa espuma por la boca. Tampoco caminas en medio de una carretera donde hay automóviles a gran velocidad. Y mucho menos pones la mano en el fuego. Ese tipo de cosas.

El problema aparece cuando el miedo no es una reacción lógica a la situación. Por ejemplo, temerles a todos los perros, tener miedo de conducir un automóvil o sentir temor ante cualquier llama expuesta. Es entonces cuando el miedo no es razonable ni sano.

Cuando caemos en miedos irracionales —esos que nos hacen sentir temor sin necesidad—, estos nos limitan de una forma u otra. Actúan como las vueltas de una boa constrictor o una pitón. Estas serpientes no matan con veneno, sino asfixiando lentamente. Primero, muerden a su presa para inmovilizarla y luego se enroscan rápidamente alrededor de su cuerpo. Cada vez que la presa exhala, la serpiente aprieta más, impidiendo que pueda inhalar profundamente. Con cada respiración más débil y el aumento de presión, la víctima termina por asfixiarse.

Alguien que tiene miedo a las alturas toma una ruta alternativa para ir a su trabajo con el fin de evitar cruzar un puente. O, si no es posible, deja ese trabajo y acepta otro más cercano. No van a ciertos sitios porque tendrían que cruzar un puente. Cada vez hay más restricciones.

Los miedos malsanos exprimen gradualmente la alegría de vivir, reduciendo el mundo de la víctima a un lugar cada vez más pequeño.

Los miedos más graves se conocen como fobias. Suelen ser el resultado de un trauma, de la crianza negativa por parte de los padres u otros adultos importantes, o de mentiras que hemos creído del maligno. A veces pueden llegar a ser tan asfixiantes que las víctimas desarrollan agorafobia (*literalmente miedo a estar en espacios abiertos*), donde cada vez tienen más miedo de ir a cualquier sitio porque piensan que podrían sufrir un ataque de pánico. Su mundo puede reducirse a su propia casa o habitación.

La mayoría de nosotros no tenemos esas fobias. Pero eso no significa que no estemos afectados por miedos malsanos. Lo que ocurre es que hemos aprendido a acomodarnos a ellos.

Tal vez tenemos miedo de hablar con la gente acerca de Jesús. Así que simplemente no lo hacemos y no tenemos ninguna expectativa de hacerlo, nunca.

Quizá tememos no tener suficiente dinero, así que nos aferramos con fuerza a lo que tenemos y acabamos teniendo tres trabajos en detrimento de nuestra familia, o un trabajo estresante que nos consume y afecta nuestra salud.

Muchos de nosotros tenemos un miedo al fracaso que nos tienta a no correr riesgos, como invitar a una persona a tomar un café o discipular a un joven creyente.

Tal vez tenemos miedo a Satanás y a los demonios. Así que nos alejamos de cualquier situación en la que pensamos que pueden estar involucrados.

Puede que estos miedos simplemente se hayan convertido en

parte de nuestras vidas, de modo que pensemos que somos así. Pero nos impiden hacer las cosas que Dios ha preparado de antemano para que hagamos.

El miedo nos inmoviliza. Nos confunde. No nos permite pensar con claridad.

Perdemos la perspectiva, y nos abruma. Solo piensas en ti mismo: en tu seguridad, en tu protección o en tu reputación.

El miedo también nos impide motivarnos por el amor. Por definición, el amor se centra en los demás, pero cuando el miedo se apodera de ti, en lo único que puedes pensar es en ti mismo.

Pero Dios no nos ha dado ese tipo de espíritu cobarde. Nos ha dado un espíritu valiente. Cuando actuamos por miedo, estamos actuando sin carácter.

¿Cuáles son los tres principales miedos a los que te enfrentas? ¿Qué diferencia habría en tu vida si pudieras superarlos?

La gran noticia es que todo temor malsano —por grave que sea— puede resolverse en Cristo. Eso no significa que nunca experimentarás el miedo. Significa que puedes tomar la decisión correcta ante ese miedo. Esa es la definición de valentía.

DIOS ESTÁ EN TU BARCO

Después de todo un día de enseñanza, los discípulos de Jesús estaban deseando pasar la noche y dormir un poco. Pero Jesús tenía otras cosas en mente. Les dijo que subieran a una barca con él y cruzaran el traicionero mar de Galilea. En la oscuridad. Podrían haberse negado y haber dicho que esperarían hasta la mañana, cuando el viaje sería mucho más sencillo, pero decidieron obedecer.

Cuando ya llevaban un buen trecho de viaje, se desató una feroz tormenta y grandes olas azotaban la embarcación. El barco comenzó a llenarse de agua, y las cosas se veían bastante sombrías.

> «Jesús estaba en la popa, durmiendo sobre una almohadilla; entonces lo despertaron y le dijeron: "Maestro, ¿no te importa que perezcamos?". Jesús se levantó, reprendió al viento y dijo al mar: "¡Cálmate, sosiégate!". Y el viento cesó, y sobrevino una gran calma. Entonces les dijo: "¿Por qué están atemorizados? ¿Cómo no tienen fe?". Y se llenaron de gran temor, y se decían unos a otros: «¿Quién, pues, es Este que aun el viento y el mar le obedecen?». (Marcos 4: 38-41).

Los discípulos hicieron dos preguntas clave que nosotros haríamos también en situaciones de miedo similares. Después de que Jesús demostrara su poder sobre la tormenta, preguntaron: «¿Quién es éste?». Pues bien, resulta que la persona que estaba con ellos en su barca era Dios mismo. Dios todopoderoso, todopoderoso, eterno. Cuando Dios mismo está en tu barca, no tienes razón alguna para tener miedo. Aunque parezca estar dormido.

Pero la primera pregunta que hicieron fue igual de importante: «Maestro, ¿no te importa que perezcamos?». Está muy bien tener a Dios Todopoderoso en tu barco. Pero ¿se preocupa por ti? ¿Y de lo que está pasando en tu barca ahora mismo?

Como parte de mis funciones, tengo el inmenso privilegio de viajar por todo el mundo para animar a quienes se plantean abrir una empresa en nuevas oficinas nacionales o reunirme con nuestros increíbles equipos en todo el mundo. De hecho, escribo esto el día después de mi decimocuarto vuelo en un periodo de ocho semanas en el que he visitado nada menos que seis países de tres continentes.

En términos generales, volar en sí no me preocupa porque, al haberlo hecho tantas veces, sé por experiencia que es un medio de transporte seguro. Pero debo confesar que me alegro de que no haya más vuelos en mi agenda en los próximos meses.

Cuando leo los consejos oficiales de mi gobierno sobre algunos de los países a los que viajo, la perspectiva de viajar allí me da bastante miedo. Cuidado con la violencia, no conduzcas en determinadas zonas, no vayas a ciertos lugares, asegúrate de haberte vacunado contra ciertas enfermedades, no te fíes de los taxistas, etcétera. Además, tengo tendencia a pensar en lo peor que podría pasar: no es raro que me preocupe por cómo llegaré del aeropuerto a mi alojamiento, si la comida estará bien, etcétera.

Así que la mayoría de los viajes me causan cierto temor —al menos en la planificación— y, si soy sincero, a menudo, cuando estoy haciendo los preparativos para un próximo viaje, preferiría cancelarlo todo. Pero sé que es la vocación que Dios me ha dado, que es algo que Dios ha preparado de antemano para mí, y por eso voy. Y, por supuesto, los viajes son siempre maravillosos, y es un privilegio conocer a personas increíbles a través de las cuales Dios obra de manera maravillosa.

La pandemia de COVID me obligó a cancelar varios viajes programados, y tuve un par de años en los que no me subí a un avión ni me aventuré muy lejos de casa. En cierto modo, disfruté bastante del tiempo en casa que la pandemia nos impuso. Yo me había sentido muy cómodo en nuestra pequeña burbuja.

Cuando las restricciones disminuyeron y parecía que la vida iba a volver poco a poco a la normalidad, me invitaron a asistir a una reunión de nuestro equipo de Latinoamérica en Quito (Ecuador). Fue emocionante, pero me pareció algo desafiante. Conocí a cuatro personas que murieron de COVID durante los primeros meses de la pandemia, entre ellas un gran amigo y un antiguo colega, así que era muy consciente de los peligros reales. La perspectiva del viaje se cernía sobre mí, y me sentía bastante aprensivo.

En las semanas previas al vuelo, tuve una lesión de rodilla muy dolorosa y a veces apenas podía caminar cien metros. Me preguntaba si podría pasar por los aeropuertos. Era tentador usar esta situación como excusa para cancelar el viaje. Todo el mundo lo entendería.

Un par de días antes de partir, consulté a mi médico sobre mi rodilla y me recetó unos analgésicos fuertes y otra pastilla para proteger mi estómago de sus efectos secundarios.

Al día siguiente de empezar a tomar la medicación, tuve un extraño dolor de garganta y vi que tenía una mancha roja, que parecía una úlcera, en el paladar. Al día siguiente, me dolía bastante y no se parecía a nada que hubiera visto antes. Eché un vistazo a los efectos secundarios que venían con las pastillas y ambos medicamentos mencionaban el *síndrome de Stevens Johnson* como un posible efecto secundario grave y decían que normalmente empezaba con problemas de piel en la boca y dolor de garganta. Investigando un poco más, descubrí que, aunque es muy poco frecuente, las personas como yo que sufrimos gota estamos genéticamente más predispuestas a padecerlo que la media. Está clasificado como *urgencia médica* y puede tener consecuencias muy graves, como la sepsis y la muerte. Los síntomas principales tardan unos días en desarrollarse. ¡Eso suena aterrador!

Acabé yendo al hospital y me dijeron que era poco probable que tuviera la enfermedad, pero me recomendaron que dejara de tomar la medicación. Sin embargo, el fin de semana anterior al viaje, comenzaron los pensamientos, y me preguntaba si iba a morir. Una vez más, lo más fácil era cancelar el viaje, y eso era lo que más deseaba.

Pero me puse en marcha. Primero fui al aeropuerto Heathrow de Londres para tomar un vuelo a Miami donde tomaría otro vuelo a Quito.

Recuerdo muy bien cómo me abrochaba el cinturón de seguridad y escuchaba la música que sonaba en el avión mientras todo el mundo se preparaba para el vuelo. Me resultaba tan familiar y, a la vez, extrañamente surrealista. Me puse una mascarilla que, con suerte, me protegería del COVID. Me impedía respirar y me daba una sensación claustrofóbica.

Cuando el avión despegó, de repente me sentí muy vulnerable. ¿Cuántas de estas personas estaban exhalando un virus que podría matarme? ¿Resistiría mi rodilla? Iba a llegar tarde por la noche. ¿Estaría alguien allí para recibirme? Saber que no podría bajarme del avión hasta dentro de 10 horas más o menos aumentaba mi falta de control. Sentí un pánico creciente.

En medio de mi tormenta personal, me enfrenté a las mismas dos preguntas: ¿Quién es el que está en mi barco (o en este caso en mi avión)? ¿Y se preocupa por mí?

Me recordé a mí mismo que Dios es Dios y que todas las cosas están bajo su control. Y recordé que él me ama y vela por mí. Pasé algún tiempo reafirmando mi confianza en Dios en todas las áreas de mi vida y mi compromiso de servirle en *Libertad en Cristo*, o de cualquier otra forma que él me indicara. Escribí en mi diario «Estoy decidido a confiar en Dios, buscarle y obedecerle».

Volvió la paz. Y me dispuse a disfrutar del vuelo y del resto del viaje que, por supuesto, en retrospectiva, no me habría perdido por nada del mundo.

No necesitamos esforzarnos mucho para superar nuestro miedo. Simplemente tenemos que recordarnos a nosotros mismos lo que es cierto: que Dios está con nosotros en cada situación, y que se preocupa profundamente por nosotros. Entonces podremos tomar la decisión correcta a pesar de nuestro miedo.

Jesús también tenía algunas preguntas para los discípulos: «¿Por qué tenéis tanto miedo?» Podrían haber señalado que la tormenta era feroz y el barco parecía a punto de hundirse (bastante razonable). Pero había una realidad más profunda, una verdad más profunda. Para empezar, fue Jesús quien instigó la travesía al decir «Pasemos a la otra orilla del lago». Cuando eso sale de la boca del mismísimo Hijo de Dios, ¿no es en efecto una promesa de que llegarás a la otra orilla del lago?

La otra parte de la reprimenda de Jesús fue en respuesta a la pregunta de pánico de los discípulos: «Maestro, ¿no te importa que perezcamos?». Les preguntó: «¿Todavía no tenéis fe?». En esencia les estaba diciendo: «¿No creéis que os amo y que me importáis?». El miedo es enemigo de la fe.

La fe es tomar la decisión de ver el mundo como Dios dice que es. En lugar de ver la situación como realmente era, estaban permitiendo que sus circunstancias inmediatas ahogaran la realidad más significativa: Jesús estaba en su barca. No estaban solos. Dios los amaba mucho y tenía grandes planes para ellos, y él se encargaría de que se cumplieran.

A Jesús le importas. Él realmente se preocupa por ti. Lo demostró sufriendo la muerte más terrible que se pueda imaginar y habría muerto por ti si hubieras sido la única persona en toda la historia que lo hubiera necesitado. Dios mismo está contigo. Dios mismo se preocupa por ti. No importa lo que el mundo te arroje, tienes a Jesús en tu barco. Así que no hay necesidad de tener miedo.

No importa lo que estés pasando, puedes salir y hacer las cosas que él ha preparado para ti. En el gran esquema de las cosas, todo está bien.

El miedo de los discípulos vino no solo porque pusieron sus ojos en sus circunstancias, sino porque dudaron tanto de la palabra de Cristo como del carácter de Cristo. Esas dos áreas de duda o incredulidad son, en última instancia, la raíz de todos los temores.

Permíteme repetir las palabras finales del capítulo anterior:

> Dios te ama mucho. No importa dónde estés ahora mismo, él tiene cosas que hacer para ti, y frutos que dar.
>
> Lo que haces viene de lo que eres. Y tú eres un hijo puro y santo del Dios vivo. Eres victorioso. De hecho, ¡eres más que vencedor en Cristo!
>
> Acércate. Recibe misericordia. Encuentra gracia para ayudarte en tu momento de necesidad.

Recuerda quién eres: un hijo de Dios con la túnica, el anillo y las sandalias.

Recuérdate a ti mismo quién está en tu barco.

Tu amoroso Padre Celestial te diría una vez: «Sé fuerte y valiente...». Dos veces: «Sé fuerte y muy valiente». Y otra vez: «Sé fuerte y valiente».

SUPERAR LOS MIEDOS INSANOS

Hay tres dones de gracia que nos permiten asestar un golpe mortal a los miedos malsanos.

2 Timoteo 1:7 nos habla de ellos:

> «Porque no nos ha dado Dios espíritu de cobardía, sino de poder, de amor y de dominio propio».

¿Cómo los conseguimos? Fíjate en que este versículo está escrito en pasado: ¡ya lo tenemos todo! Solo hay que aprender a utilizarlos.

Poder

El primer don que Dios nos ha concedido por su gracia es el don del poder. Pablo oró por los efesios: Ruego que «los ojos de vuestro corazón sean iluminados para que conozcáis la esperanza a la que os ha llamado, las riquezas de su gloriosa herencia en su pueblo santo, y su incomparablemente grande *poder* para con nosotros los que creemos». Amén.

Pablo no ora para que *recibas* ese poder, sino para que *conozcas* el poder que ya tienes. Continúa diciendo:

> «Ese poder obró en Cristo cuando lo resucitó de entre los muertos y lo sentó a su diestra en los lugares celestiales, muy por encima de todo principado, autoridad, poder, dominio y de todo nombre que se nombra, no solo en este siglo sino también en el venidero» (Efesios 1:20-21).

Piensa en el poder que resucitó a Cristo de entre los muertos. Eso sí que es poder. Y está hablando de poder espiritual. Por eso menciona la posición de Cristo en los reinos celestiales, muy por encima de todos los demás poderes y autoridades, es decir, de los poderes demoníacos.

Y ya lo tienes, simplemente porque estás en Cristo.

Recuerda tu posición. Estás sentado con Cristo a la derecha del Padre, muy por encima de todo poder y autoridad. Y eso es importante porque Satanás es un enemigo real, y nada le gusta más que conseguir que actúes influenciado por el miedo.

En mi experiencia, tentarme con el miedo es una de sus principales tácticas contra mí. Y saber ejercer el poder que se me ha dado en Cristo es significativo.

No siempre supe cómo hacerlo. Cuando oí hablar por primera vez de *Libertad en Cristo*, leí dos libros de Neil Anderson: *Rompiendo Cadenas* y *Protección espiritual para sus hijos*. Me llevé este último como lectura para nuestras vacaciones familiares anuales de dos semanas en Francia. En ese momento, no tenía idea de que me involucraría con el *Ministerio Libertad en Cristo*, pero tal vez el enemigo lo sabía. El libro contaba la historia de la lucha de una familia contra la actividad demoníaca, y al haber sido educado en la cosmovisión occidental, me pareció interesante, pero algo ajeno a mi experiencia.

También me pareció más que desconcertante darme cuenta de que los demonios eran reales y tenían como principal objetivo a los cristianos.

Una noche, mi hija mayor, que entonces tenía siete años, entró en nuestro dormitorio y me dijo que había tenido una pesadilla. Le pregunté de qué se trataba, pero no quiso decírmelo. La convencí suavemente para que me dijera: «Había mucha gente encapuchada y te mataron a ti y a mamá». Oramos juntos, se lo encomendamos al Señor y volvió a la cama. Fue un sueño inusual para ella en muchos sentidos. No era propensa a tener pesadillas, y nunca había visto películas de terror, ¿de dónde podía haber salido una escena así? A mí me dio un poco de miedo, pero después de orar un poco más me volví a dormir, solo para que mi hija pequeña, de cinco años, me despertara un poco más tarde. Me dijo que tenía pesadillas. ¿Adivina de qué se trataban? Exactamente lo mismo que mi otra hija. Utilizaba prácticamente las mismas palabras para describirlo. ¿Estaba asustada? Claro que sí. Estábamos alojados en un viejo edificio de una granja que, en cualquier caso, resultaba oscuro y espeluznante, y luego ocurre esto. No dormí mucho el resto de la noche, pero pasé la mayor parte orando.

Ese incidente podría haberme hecho decidir fácilmente que no quería tener nada que ver con lo demoníaco ni con ningún ministerio que se ocupara de ello. Después de todo, dijo el pensamiento en mi cabeza, tal vez pondría a mi familia en peligro.

Afortunadamente, Dios me mostró que todo lo que Satanás puede hacer es tratar de asustarnos. Si usamos la armadura y las armas que tenemos a nuestra disposición, no podrá tocarnos (ver 1 Juan 5:18). Puedo testificar sobre la fidelidad de Dios durante dos décadas en mantener a mi familia absolutamente a salvo mientras hemos hecho lo que él ha querido que hagamos. Si Satanás hubiera podido dañarnos o detenernos, lo habría hecho. Pero no ha podido.

El enemigo nos puede atacar si logra encontrar un terreno legítimo. En mi experiencia, esto suele ocurrir cuando estoy fuera de casa, algo que suelo hacer con bastante frecuencia. Sin embargo, me parece que el simple hecho de tener una comprensión básica del funcionamiento del mundo espiritual y de mi poder y autoridad en Cristo, me permite prevenir los ataques del enemigo. Antes de salir de casa para un viaje, hago una declaración del tipo: «Declaro que soy la cabeza de esta casa y la encomiendo a Jesús mientras estoy fuera. Prohíbo al enemigo que interfiera o ataque a mi familia o a cualquier parte de mi dominio mientras estoy fuera». Del mismo modo, cuando llegue al lugar donde me hospedo, haré una declaración similar, algo así como: «Declaro que me hospedo en esta habitación por derecho legal. Si algo ha sucedido en esta habitación que ha sido pecaminoso y le ha dado al enemigo algún terreno, lo quito ahora cubriéndolo con la sangre de Jesús, y le ordeno al enemigo que se vaya y se mantenga alejado». Eso hace una buena noche de sueño.

Dado que el 50% de los huéspedes de hoteles consumen pornografía de pago, es evidente que el enemigo ha ganado terreno en prácticamente cualquier hotel donde te hospedes. Por lo tanto, tiene sentido arrebatarle ese terreno. No es algo complicado ni toma mucho tiempo, pero hace una diferencia real.

No realizo estas acciones con superstición alguna. No sería una catástrofe si lo olvidara; si sintiera la presencia del enemigo, eso me recordaría actuar en ese momento.

Ejercer esta autoridad proviene de entender cómo es la realidad y actuar en consecuencia, al igual que tomaría la precaución de desconectar la electricidad antes de hacer trabajos eléctricos en casa. Si hubiera sabido hacer una declaración similar cuando estábamos de vacaciones en Francia, mis hijas no habrían tenido esas pesadillas.

Cuando te das cuenta de que un temor que estás experimentando proviene del enemigo, puedes usar el poder que Dios te da. Puedes decir: «Jesús es mi Señor, y le digo a todo enemigo de Cristo que se vaya ahora».

Nos encontramos en una batalla espiritual, nos guste o no. Esta se desarrolla a nuestro alrededor. No podemos elegir no formar parte, al menos no si queremos ser discípulos productivos de Jesús. La única opción es involucrarnos y protegernos, o ignorarla y convertirnos en víctimas.

Ahora mismo, estás sentado con Cristo mismo a la derecha del Padre muy por encima de todo otro poder y autoridad. Y si sabes quién eres y lo que tienes en Cristo, Satanás y sus demonios se quedan petrificados ante ti. ¡Sí, ellos tiemblan de miedo cuando se encuentran contigo, aunque seas tan inofensivo!

Amor

El segundo don que ya tienes, por la gracia de Dios, es el amor:

> «En el amor no hay temor, sino que el perfecto amor echa fuera el temor, porque el temor involucra castigo, y el que teme no es hecho perfecto en el amor» (1 Juan 4:18).

Si todavía luchas con el miedo de que Dios te castigue o que esté enojado contigo, es prácticamente imposible que confíes en su amor. Entonces te encuentras dependiendo únicamente de tus propios recursos para enfrentar tus miedos, lo cual es una situación solitaria y aterradora.

Pero si recuerdas quién eres, un hijo amado de Dios, y que «Por tanto, ahora no hay condenación para los que están en Cristo Jesús, los que no andan conforme a la carne sino conforme al Espíritu» (Romanos 8:1), el miedo al castigo debe quedar destruido.

Conocí a un líder de iglesia que estaba pasando por un periodo de fuertes críticas por parte de algunos miembros de su congregación, y durante ese tiempo, su casa fue alcanzada por un rayo. Los daños fueron tan graves que él y su familia tuvieron que mudarse. Pueden imaginar lo que decían los críticos de la iglesia: «El rayo fue un castigo de Dios». Él me comentó: «Sé que no es un castigo de Dios. Todo mi castigo cayó sobre Cristo, y Dios no me castigará. Además, estamos en un bonito hotel pagado por el seguro, y cuando volvamos, habrán redecorado toda la planta superior de nuestra casa. ¡Eso no es un castigo, es una bendición!».

Seguramente tenía razón. Dios nos disciplina por amor para que no volvamos a cometer el mismo error y para desarrollar nuestro carácter. Pero nunca nos castigará.

Juan nos recuerda que dependemos completamente del amor de Dios y que Dios es amor. Esa es la única razón por la que podemos tener confianza en el día del juicio que se acerca, cuando todos tendremos que comparecer ante el tribunal de Dios.

Tenemos que deshacernos de cualquier idea de que Dios es como un estricto director de escuela cuya principal preocupación es ver si nos comportamos adecuadamente o no. Él no es así en absoluto.

Una de las cosas más alucinantes a las que llegué en mi viaje para conocer a Dios como realmente es (¡un viaje en el que todavía me encuentro!) es que él me da libertad para decidir, así fracase. Él no quiere que fracase porque el pecado tiene consecuencias. Pero cuando fallo, ya estoy perdonado, y vuelvo a él, quien me está esperando con sus brazos amorosos abiertos para levantarme, sacudirme el polvo y ponerme de nuevo en marcha. Es una verdad asombrosa.

Cuando permitimos que el miedo al fracaso nos domine, nuestra confianza ante Dios y los demás pasa a depender de lo bien que creamos haber actuado.

Dios dijo de Jesús: «Este es mi Hijo amado, en quien tengo complacencia». ¿Qué había hecho Jesús para merecer esto? Bueno, Dios lo dijo justo al comienzo de su ministerio. Todavía no había hecho nada.

El amor perfecto expulsa el miedo. El amor y el miedo son opuestos, como el aceite y el agua. No se mezclan. O estamos en la gracia de Dios dependiendo de su amor, o estamos operando desde el temor. «El que teme no ha sido perfeccionado en el amor».

Esto nos lleva a preguntarnos: ¿Se puede perder la salvación?

A lo largo de los años, me he encontrado con muchos cristianos que están absolutamente petrificados por el temor de que puedan haber perdido su salvación. Y muchos parecen estar tan atormentados por esa pregunta que los paraliza. Me parece claro que Satanás está usando esto para mantenerlos en el temor «En el amor no hay temor, sino que el perfecto amor echa fuera el temor, porque el temor involucra castigo, y el que teme no es hecho perfecto en el amor». (1 Juan 4:18).

Ya hemos visto que somos salvos por gracia mediante la fe. Tu salvación no se basa en lo que haces o dejas de hacer. Ese es el punto de la historia del hermano menor. Así que si estás dudando de tu salvación por algo que hiciste o dejaste de hacer, ¡por favor vuelve a leer los dos primeros capítulos!

La salvación no es algo que obtienes como si fuera una medalla de oro olímpica, que te pueden quitar fácilmente si cometes un error, como fallar en un control antidopaje. Al convertirte en cristiano, te transformas por completo en una persona distinta, siendo renovado desde tu interior.

Dicho esto, esta es una cuestión que los cristianos han debatido durante siglos, y quienes la examinan de manera sincera y abierta suelen llegar a conclusiones distintas. No importa el enfoque que se tome, siempre habrá pasajes en la Biblia que no encajen completamente con esa perspectiva y que requerirán ser interpretados de una manera distinta a la lectura literal del texto.

Mi conclusión es que Dios ha dejado deliberadamente algo de misterio aquí. Y donde Dios ha dejado un misterio, yo me conformo con que siga siendo un misterio. Pero eso no significa en modo alguno que no podamos entrar en la verdad de que «en el amor no hay temor, sino que el perfecto amor echa fuera el temor».

Si al estudiar los pasajes llegas a la conclusión de que es posible perder la salvación, ¿debería esto preocuparte?

¡No! Jesús ha prometido que nadie puede arrebatarte de sus manos. Dios promete que quien se vuelva a él no será rechazado.

Uno de los pasajes principales que sugiere que se podría perder la salvación se encuentra en Hebreos 6. Este pasaje menciona a un grupo de personas que no pueden volver al arrepentimiento. Si te preocupa haber perdido tu salvación, simplemente regresa a Jesús en arrepentimiento. El hecho mismo de que te acerques a Jesús en arrepentimiento demuestra claramente que no perteneces al grupo del que habla el escritor. De hecho, en el pasaje, el autor expresa su confianza en que sus destinatarios no forman parte de ese grupo.

Descubrirás que el Padre te espera, que anhela que vuelvas. Descubrirás que puedes venir con confianza al trono de la gracia y recibir gracia y misericordia en tiempo de necesidad.

«¿Y si he cometido el pecado imperdonable, la blasfemia contra el Espíritu Santo?». ¿Qué significa eso exactamente? El Espíritu Santo es quien convence al mundo de su pecado y lo hace continuamente. Blasfemar contra el Espíritu Santo probablemente se refiere a rechazar su convicción y la salvación que Jesús ofrece. Esto es algo que solo pueden hacer quienes aún no son cristianos. Considera al hijo pródigo, cuyo comportamiento Jesús describió como el peor posible. Aun así, él recibió una bienvenida increíble de su padre al regresar. No hay nada que puedas hacer que sea demasiado grande para el sacrificio de Jesús.

Si esto te preocupa, vuelve a Jesús ahora mismo. Recibirás misericordia y gracia para ayudarte en tiempos de necesidad.

Por favor, mantén la calma y no dejes que el enemigo te detenga. No hay castigo para nosotros. Independientemente de tu creencia sobre si «una vez salvado, siempre salvado», no debes temer en absoluto. Si has estado lleno de dudas sobre tu salvación, ¿por qué no aprovechar esta oportunidad para acercarte al trono de la gracia con confianza y dejar atrás esas dudas ahora mismo? ¡Y no mires atrás!

Sano juicio

Este es el tercer don de la gracia de Dios, el sano juicio, a veces traducido como *mente sana*.

La batalla espiritual en la que estamos inmersos es, en el fondo, una batalla entre la verdad y la mentira. El campo de batalla se encuentra en nuestra mente.

El miedo distorsiona la verdad. En realidad, todo miedo irracional se fundamenta en una mentira. Por lo tanto, hacer un juicio correcto implica, una vez más, regresar a la Biblia y decidir ver las cosas desde la perspectiva de Dios; en otras palabras, como realmente son. Por ejemplo, hay que reconocer que Dios está verdaderamente contigo y que te ama de verdad.

¿Cómo podemos aplicar el buen juicio a los miedos malsanos? En realidad, todo consiste en determinar si un miedo concreto es sano o malsano.

Para que un miedo a algo sea legítimo, lo que tememos debe tener dos atributos: tiene que *estar presente* y *ser poderoso*. En otras palabras, tiene que estar cerca y tener la capacidad de hacernos daño.

Te voy a dar un ejemplo. Tengo miedo a las serpientes venenosas.

¿Es un miedo sano? Por supuesto que sí. Sin embargo, en este momento no tengo miedo de las serpientes venenosas. ¿Por qué? Porque no hay ninguna cerca de mí.

Sin embargo, el mes pasado, durante un viaje a Uganda, un grupo de personas estábamos subiendo una colina cuando la persona que iba delante de mí, que vivía en Uganda, gritó «¡Serpiente!» y vi que algo escurridizo emergía por el sendero donde estaba a punto de poner el pie. Para diversión de todos, salté por encima. Pero tenía razón al tener miedo. Era una serpiente. Y, aunque era pequeña y estaba más asustada que yo, podría haberme hecho daño. Estaba presente y era poderosa. Mi miedo era totalmente racional.

Si en lugar de saltar sobre la serpiente, la hubiera pisado y matado (realmente era muy pequeña), ¿debería temer? No. Aunque la serpiente estuviera allí, ya no tendría poder. Lo mismo ocurre si voy a la sección de reptiles de un zoológico y me quedo detrás de un panel de vidrio mirando una cobra venenosa. ¿Debería tener miedo? Puede escupir y agitarse todo lo que quiera, pero está detrás de un vidrio grueso. Aunque sea indudablemente poderosa, no puede alcanzarme. No está en mi espacio.

La cuestión es la siguiente: neutralizar uno solo de esos dos atributos elimina el miedo. Todo miedo malsano proviene de creer que lo que tememos está presente y es poderoso, cuando en realidad no es así.

Jesús dijo que conocer la verdad nos haría libres. Así que, si quieres liberarte de un miedo malsano, pídele a Dios que te muestre la mentira que hay detrás de él. Entonces podrás renunciar a la mentira y tomar medidas para renovar tu mente, lo cual, dice Pablo, te transformará (Romanos 12:2).

Veamos cómo puede funcionar en la práctica. La mayoría de los miedos malsanos están relacionados con el miedo a la muerte o a otras personas. Si resolvemos esas dos cosas, también nos ocupamos de muchos otros miedos. Vamos a ver cómo resolvemos esto.

EL MIEDO A LA MUERTE

Tengo una enfermedad terminal. Tú también la tienes. Se llama ser humano. ¿Se puede eliminar la *presencia* de la muerte? No, a menos que Jesús regrese primero, cada uno de nosotros va a experimentar la muerte física, y ninguno de nosotros sabe cuándo aparecerá.

Pero ¿y su *poder*?

Hebreos 2:14,15 dice que Cristo murió «para anular mediante la muerte el poder de aquel que tenía el poder de la muerte, es decir, el diablo, y librar a los que, por el temor a la muerte, estaban sujetos a esclavitud durante toda la vida».

Y Pablo dice gráficamente que la muerte «ha perdido su aguijón» (1 Corintios 15:55).

Para liberarnos de la esclavitud del miedo a la muerte, necesitamos conocer la verdad que nos hace libres. Veamos la verdad sobre la muerte:

> «no todos dormiremos, pero todos seremos transformados en un momento, en un abrir y cerrar de ojos, a la trompeta final. Pues la trompeta sonará y los muertos resucitarán incorruptibles, y nosotros seremos transformados» (1 Corintios 15:51-52).

Cuando nuestro cuerpo físico muere, nuestro espíritu sigue conectado a Dios, y estaremos con él para siempre en un lugar donde la Biblia promete que «ya no habrá muerte, ni habrá más duelo, ni clamor, ni dolor» (Apocalipsis 21:4).

Conocer estas cosas en nuestro corazón (no solo en nuestra mente) nos transformará y nos permitirá pensar en nuestra propia muerte física y —sin ser morbosos— vivir a la luz de ella. Así lo hizo el apóstol Pablo. Cuando estaba en la cárcel de Roma, con la posibilidad de que le condenaran a muerte, escribió lo siguiente a los filipenses:

> «conforme a mi anhelo y esperanza de que en nada seré avergonzado, sino que, con toda confianza, aun ahora, como siempre, Cristo será exaltado en mi cuerpo, ya sea por vida o por muerte. Pues para mí, el vivir es Cristo y el morir es ganancia. Pero si el vivir en la carne, esto significa para mí una labor fructífera, entonces, no sé cuál escoger. Porque de ambos lados me siento apremiado» (Filipenses 1:20-23a).

Pablo se debate entre permanecer en su cuerpo —que sabe que solo es algo temporal— o partir hacia las alegrías del cielo. Pero tanto si vive como si muere, quiere que Cristo sea honrado en su cuerpo. Ha hecho de su cuerpo un *sacrificio vivo*.

La razón que le da sentido a su vida es el trabajo productivo. Puede realizar más de las cosas que Dios ha dispuesto específicamente para él.

La conclusión es la siguiente: «Para mí, vivir es Cristo, y morir es ganancia». Nada más encaja en esa ecuación: «Para mí, vivir es mi familia, mi carrera o mi ministerio; morir es pérdida». Pero cuando vivir en este cuerpo se trata de Cristo y de crecer en semejanza a él y hacer las cosas que él ha planeado para nosotros, entonces, al morir y estar con él, ¡las cosas mejoran aún más!

La muerte física te abrirá la puerta para estar con Jesús de una manera muy tangible, y para experimentar todas las alegrías del cielo. La muerte no tiene ningún poder sobre nosotros.

EL MIEDO A LA GENTE

Proverbios 29:25 dice:

> «El temor al hombre es un lazo, el que confía en el Señor estará seguro».

Imagina que tienes un gran miedo a tu jefe. Puede ser una persona intimidante, pero en este momento no le temes, ¿verdad? ¿Por qué? Porque no está presente (¡supuestamente!). Pero cuando llegas al trabajo el lunes por la mañana, ahí está.

Cuando estás en la máquina de café, charlando con tus colegas, no sientes miedo porque él está al otro lado del edificio, en su oficina. Es poderoso, pero no está presente. De hecho, es probable que quieras desahogarte sobre él. Estás tan inmerso en tu relato que no te das cuenta de las pequeñas señales que tus compañeros intentan darte. Pero al final, cuando te das la vuelta y lo ves de pie, con las manos en las caderas y una sonrisa tensa, ya no solo es poderoso. También está presente.

¡En este caso el miedo es sano!

¿O no? Porque se nos dice que no debemos temer a la gente. Entonces, ¿qué puedes hacer para evitar que tu jefe ejerza ese tipo de miedo sobre ti incluso cuando está presente? Tienes que deshacerte de uno de esos atributos. Es un tipo grande, así que no puedes hacer nada contra el hecho de que esté presente. ¿Y qué hay de poderoso?

Bueno, ¿qué poder tiene realmente sobre ti en el peor de los casos? «Podría despedirme». Es cierto. ¿Cómo puedes enfrentar eso? Renuncia. No necesitas escribir la carta inmediatamente, pero si él alguna vez intenta presionarte para que hagas algo incorrecto, estate dispuesto a dimitir, sabiendo que Dios es tu verdadero jefe y que siempre proveerá para ti si eliges hacer lo correcto.

Hace muchos años, tomé una decisión significativa al dejar un empleo estable para emprender un negocio. Hablando con mi socio en ese momento, ambos estuvimos de acuerdo en que nos arrepentiríamos si no lo intentábamos. Pensamos en el peor escenario posible: que el negocio no funcionara y tuviéramos que vender nuestras casas. Nos preguntamos si podríamos sobrellevarlo y decidimos que sí. «Volveremos a empezar y buscaremos empleo», nos dijimos. Aceptamos la posibilidad de ese resultado.

Si haces lo que sabes que es correcto y a alguien no le gusta, ¿cuál es el peor de los casos? Podría rechazarte. Podría decir cosas desagradables sobre ti. Tal vez solo te mire con desaprobación, pero incluso eso puede afectar tu confianza y hacerte querer comportar de otra manera en el futuro, dándole así cierto control sobre ti.

Si estamos haciendo lo correcto a los ojos de Dios, como hablar honestamente sobre Jesús, ¿realmente queremos que el miedo a la desaprobación o al rechazo determine nuestras acciones?

Nunca debemos proponernos ser incómodos o desagradables, sino estar dispuestos a hacer lo correcto con humildad y gentileza, confiando en Dios para que se encargue del resultado.

En el Salmo 56, David nos da la respuesta. «¿Qué puede hacerme el hombre?», pregunta. Y luego responde a su propia pregunta: «Nada». No escribió esto en la comodidad de su palacio, sino mientras estaba en manos de sus enemigos. Había resuelto que podía enfrentarse al peor de los escenarios si caminaba en obediencia. Por encima de todo, Dios estaba al mando. El peligro de sus enemigos estaba *presente*, pero a la luz del Creador del universo, no era *poderoso*.

Dios no quiere que nos aislemos de los demás, sino que nos involucremos activamente, siendo sal y luz en un mundo perdido y oscuro. Por lo tanto, siempre existe la posibilidad de que no le agrademos a alguien y que nos rechacen (o algo peor). Si usas el buen juicio que Dios te ha dado, puedes decidir hoy obedecer a Dios antes que a los demás y darle más importancia a su opinión que a la de ellos. Así, descubrirás que, aunque esas personas sigan presentes, ya no tendrán poder sobre ti, y no habrá razón para temerlas.

Jesús dijo:

> «Si alguien viene a mí, y no aborrece a su padre y madre, a su mujer e hijos, a sus hermanos y hermanas, y aun hasta su propia vida, no puede ser mi discípulo» (Lucas 14:26).

La Nueva Traducción Viviente aclara lo que quiere decir. Dice:

> «Si quieres ser mi discípulo, debes aborrecer a todos los demás por comparación».

Debemos llegar al momento en que nuestra lealtad al Rey Jesús esté por encima de todo lo demás. Aunque las personas más cercanas a nosotros no estén de acuerdo con lo que hacemos por él, mientras sepamos qué es lo correcto, no temeremos su desaprobación o rechazo y, en su lugar, elegiremos seguir el camino correcto.

DIOS SIEMPRE ESTÁ *PRESENTE* Y *ES TODOPODEROSO*

Solo hay un temor que siempre es saludable. El temor a Dios. ¿Por qué? Porque Dios está siempre presente y es todopoderoso.

Quizás el *temor de Dios* suene como si debiéramos tenerle miedo, pero no podría estar más alejado de la verdad.

> «Porque todos los que son guiados por el Espíritu de Dios, los tales son hijos de Dios. Pues ustedes no han recibido un espíritu de esclavitud para volver otra vez al temor, sino que han recibido un espíritu de adopción como hijos, por el cual clamamos: "¡Abba, Padre!"» (Romanos 8:14-15).

Como hijos de Dios, el Espíritu Santo nos mueve a gritar «¡Papá!». Como hizo el hermano menor cuando se arrojó en los brazos de su amoroso padre.

Lo que me llama la atención de la historia de Jesús calmando la tormenta es que, aunque los discípulos claramente tenían miedo de morir durante la tormenta, solo se menciona que estaban realmente aterrorizados después de que Jesús la calmó. Lo que les asustó fue el poder que Jesús demostró. Tener un temor reverente a Dios nos motivará a hacer lo correcto, incluso frente a nuestros miedos naturales.

El temor del Señor es, en realidad, un profundo asombro, es ser conscientes de nuestra pequeñez al lado de su infinita grandeza.

Dios es amor. Está de nuestro lado. David descubrió cómo hacer realidad esa verdad. Dijo:

> «Busqué al Señor, y él me respondió, Y me libró de todos mis temores» (Salmo 34:4).

«No temas» solo se aprende en una relación, cuando conoces la verdad sobre tu amoroso Padre Celestial. Que el omnisciente, omnipresente, todopoderoso y absolutamente amoroso Dios de gracia está en tu barco y cuida de ti. ¿Qué puede hacerte una persona o cualquier otra cosa? Nada. Absolutamente nada.

Cuando tememos a Dios de manera adecuada y lo colocamos como el centro de nuestro temor, encontramos el temor que elimina todos los demás miedos.

> «En el amor no hay temor, sino que el perfecto amor echa fuera el temor, porque el temor involucra castigo, y el que teme no es hecho perfecto en el amor» (1 Juan 4:18).

ESTABLECER LA CONEXIÓN DE LA GRACIA

Ora como se indica a continuación y luego dedica algún tiempo a considerar las preguntas mientras el Espíritu Santo te guía.

Padre amoroso,

Gracias porque siempre estás presente conmigo y porque eres todopoderoso. Gracias porque estás en mi barca y me cuidas. Gracias porque me has adoptado y porque tu Espíritu me lleva a clamar: «Abba, Padre». Ayúdame a verte cada vez más como el Padre amoroso que eres, y a conocerte cada vez más.

Gracias por tu Espíritu Santo que me saca de la esclavitud del miedo. Te ruego que me guíes y me hables claramente en este tiempo. Tomo mi posición contra el enemigo y declaro que él no debe interferir de ninguna manera.

En el nombre de Jesús.

Amén.

- ¿Cuáles son los tres principales temores a los que te enfrentas?
- ¿Qué diferencia habría en tu vida si fueras capaz de superarlos?
- Hemos visto que detrás de cada miedo malsano hay una mentira, algo que no concuerda con lo que Dios dice en su Palabra, la Biblia.
- ¿Cuál es la mentira detrás de cada uno de tus temores? ¿Qué verdades de la Biblia puedes encontrar para contrarrestar cada mentira?

CAPÍTULO 6

SERENO

Este libro es parte del *Proyecto Gracia y Libertad*, que ha sido, sin duda, lo que más ha ocupado mi tiempo durante los últimos dos o tres años.

El elemento principal del proyecto es una nueva versión *del Curso de la Gracia*. Participé en la redacción del curso, en la selección y preparación de los presentadores, en la búsqueda de las mejores personas para filmarlo, en la identificación del lugar de rodaje y estuve presente en el rodaje para dirigir los procedimientos.

Esta es una de las obras que Dios preparó de antemano para que yo tuviera el privilegio de hacer. Se siente como un proyecto enorme e importante en el que muchas personas han invertido mucho.

A lo largo del proceso de desarrollo, he sentido que Dios me decía: «Debes aplicar el mensaje a tu vida». Lo he interpretado como que lo que enseño debe ser cierto no solo en teoría, sino también en mi propia vivencia. Y no solo en experiencias pasadas, sino en mi día a día actual. De lo contrario, no sería genuino ni honesto. Esto me ayuda a entender por qué Santiago escribió lo siguiente:

> «Hermanos míos, que no se hagan maestros muchos de ustedes, sabiendo que recibiremos un juicio más severo» (Santiago 3:1).

Cuando tienes el privilegio de pasar muchas de tus horas de trabajo lidiando con las grandes verdades bíblicas de la gracia, y te atreves a enseñarlas a otros, es razonable que Dios espere integridad y honestidad. Los que estamos llamados a enseñar tenemos que vivir el mensaje.

Después de varios meses de preparación, los presentadores del *Curso de la Gracia* llegaron al sur de Inglaterra desde distintas partes del mundo, y pasamos tres días juntos ensayando y orando. Finalmente llegó el gran día. Nos dirigimos nerviosos al lugar de filmación, conocimos al director y a su equipo, y comenzamos a prepararnos para la grabación. Enfrentamos numerosos contratiempos e imprevistos. No estuvimos listos para filmar la primera sesión hasta la hora del almuerzo. Debido a los retrasos, tuvimos que apresurarnos para cumplir con el horario.

Antes de sumergirnos en el rodaje, hicimos una breve parada para comer. Durante el almuerzo, miré mi teléfono y leí un mensaje de mi hija que decía simplemente: «Por favor, ora por Eliza. Estamos en urgencias con ella y la están ayudando a respirar». Un poco más tarde añadía: «Desgraciadamente, la van a trasladar a la UCI de un hospital infantil especializado. Tendrá que estar conectada a un respirador».

Eliza era nuestra nueva nieta, nacida apenas cuatro semanas antes, dos semanas y media antes de lo previsto. Había desarrollado un poco de tos y el médico pensó que se le pasaría. Ese día, a la hora de comer, mi hija se dio cuenta de que jadeaba y empezaba a ponerse azul. Su nivel de oxígeno había descendido al 73% (cualquier valor por debajo del 92% es motivo de preocupación).

Zoë (mi mujer) abandonó inmediatamente el rodaje para ayudar con la hermana mayor de Eliza.

Me quedé en el rodaje e intenté por todos los medios hacerme cargo de la primera sesión. Cuando empezamos a filmar. «Hay que vivir el mensaje» me daba vueltas en la cabeza.

Este rodaje fue la culminación de años de duro trabajo. Fue un ejercicio muy costoso. Y como productor ejecutivo, yo era el que sabía exactamente cómo debía ser. Seguramente no podría funcionar sin mí.

«Hay que vivir el mensaje».

En un momento de claridad, comprendí que en realidad Dios era el productor ejecutivo y que él es el único que sabe realmente cómo tiene que salir este proyecto. Además, él era totalmente capaz de hacerlo realidad sin mí. Y me di cuenta de que mi lugar estaba con mi familia.

Así que, después de la primera sesión, entregué el proyecto a mi equipo y me dirigí a reunirme con mi familia. Tomó un tiempo preparar a Eliza para el traslado en ambulancia al hospital infantil, y llegué a casa de mi hija justo cuando ella y mi yerno volvían brevemente para hacer la maleta. Zoë y yo pudimos orar un momento con ellos antes de que se dirigieran al hospital infantil para reunirse con Eliza.

Pasamos los tres días siguientes en su casa cuidando de nuestra otra nieta mientras ellos se quedaban con Eliza en la UCI.

Durante esos tres días, recordamos constantemente que Dios está a nuestro favor y que nos ama. Nos recordamos a nosotros mismos que Eliza y *El Curso de la Gracia* son suyos, no nuestros, y le entregamos constantemente a nuestra nieta y el rodaje.

En resumen, nos encontramos aquí:

> «Humíllense, pues, bajo la poderosa mano de Dios, para que él los exalte a su debido tiempo, echando toda su ansiedad sobre él, porque él tiene cuidado de ustedes» (1 Pedro 5:6-7).

Volvimos a experimentar que Dios tiene una mano poderosa. Eliza se recuperó completamente y resulta que, después de todo, no soy indispensable. Mi equipo hizo un gran trabajo sin mí, y los vídeos *del Curso de la Gracia* han superado mis expectativas. Son simplemente geniales.

Volvimos a experimentar que Dios realmente se preocupa por nosotros. Estoy muy agradecido por la promesa que nos ofrece en tiempos difíciles, asegurándonos que nos levantará a su debido tiempo.

En este capítulo, vamos a explorar cómo podemos dejar de ser controlados por la ansiedad, que es otra de esas *falsas motivaciones*, y aprender a vivir en reposo en Dios sin importar lo que nos depare la vida.

UN PELIGRO ESPIRITUAL

Los versículos mencionados anteriormente fueron escritos por Pedro a los cristianos de lo que hoy es Turquía, quienes estaban enfrentando *diversas pruebas* que les provocaban ansiedad. Revisemos de nuevo el consejo que les dio, esta vez incluyendo el siguiente versículo para proporcionar un contexto que podría resultar sorprendente:

> «Humíllense, pues, bajo la poderosa mano de Dios, para que él los exalte a su debido tiempo, echando toda su ansiedad sobre él, porque él tiene cuidado de ustedes. Sean de espíritu sobrio, estén alerta. Su adversario, el diablo, anda al acecho como león rugiente, buscando a quien devorar. Pero resístanlo firmes en la fe, sabiendo que las mismas experiencias de sufrimiento se van cumpliendo en sus hermanos en todo el mundo» (1 Pedro 5:6-9).

Pedro relaciona claramente el no entregar tus ansiedades a Dios con la realidad de que Satanás está acechando, buscando a quién devorar. La ansiedad es una táctica que el enemigo probablemente utilizará contra ti. Si logra tentarte hacia la ansiedad, puede disminuir significativamente tu eficacia como discípulo de Jesús.

Es crucial que aprendamos a identificar nuestra ansiedad y decidamos abordarla. Observa que he usado la palabra *decidir*. Puede parecer que estamos indefensos ante las circunstancias que nos causan ansiedad, pero Jesús dijo claramente: «no se preocupen por el día de mañana» (Mateo 6:34), y Pablo dice sin rodeos: «Por nada estén afanosos» (Filipenses 4:6). ¿Nos mandaría Dios hacer algo que no pudiéramos hacer? Por supuesto que no. Por lo tanto, definitivamente debe ser posible para cada hijo de Dios resolver la ansiedad. No importa qué tormentas estén azotando a nuestro alrededor.

¿QUÉ ES LA ANSIEDAD?

El miedo y la ansiedad son similares. La principal diferencia es que el miedo tiene un objeto definido (nos asusta algo *concreto*, como las serpientes, las alturas o la muerte), pero la ansiedad no. Surge de una incertidumbre general sobre el futuro. Es un malestar vago que nos corroe por no saber qué va a pasar mañana.

Mi definición preferida de ansiedad procede de nuestro curso *Libres para liderar*: «una inquietud o aprensión perturbadora que proviene de una preocupación inapropiada por algo incierto».

Ten en cuenta que procede de *una* preocupación *inapropiada*. Es normal y apropiado estar nervioso por un examen que vas a hacer o por un avión en el que vas a subir. Esa ansiedad surge de una situación concreta, pero se desvanece cuando termina. No es eso lo que estamos analizando aquí. Nos centramos en las ocasiones en las que nos sentimos ansiosos cuando no es necesario, cuando nuestra ansiedad es inapropiada.

No quiero ser demasiado simplista sobre las causas de la ansiedad. Durante las dos primeras noches de mi reciente viaje a Uganda, me sentí muy ansioso y me costaba conciliar el sueño. Sin embargo, no había nada especialmente preocupante en mis circunstancias. Por fin se me ocurrió leer el prospecto que acompañaba a mi medicación contra la malaria, en el que se me informaba de que el 10% de las personas que la toman puede sufrir efectos secundarios de problemas de sueño y ansiedad. Eso me tranquilizó y me facilitó simplemente ignorar esos sentimientos. En aquella ocasión, mi ansiedad era de origen químico. Los sentimientos de ansiedad también pueden surgir por razones bioquímicas o como resultado del estrés o de traumas pasados. Aquí no tenemos tiempo para analizar estos aspectos, sino que nos centraremos en la ansiedad habitual que tan fácilmente puede dirigir nuestras vidas si se lo permitimos.

VIVIR EN UN MUNDO ANSIOSO

Uno de los principales desafíos que enfrentamos es que la ansiedad se ha normalizado completamente en nuestra sociedad y está omnipresente. Está asociada con una variedad de problemas de salud, especialmente aquellos que afectan al corazón, los intestinos y la piel.

Observa cualquier debate político y verás cómo los temas adquieren una enorme importancia en la mente de la gente. La gente está demasiado ansiosa como para tener un argumento racional y gran parte del debate político suena más como una histeria.

Además, es importante considerar las secuelas de la pandemia de COVID y el aumento de la ansiedad sobre nuestra salud que ha provocado.

Observa también cómo los medios de comunicación se apropian de un tema, discutiendo extensamente sobre las posibles consecuencias negativas y los peligros a los que podríamos enfrentarnos.

Sospecho que la mayoría de las personas que me conocen no me verían como una persona ansiosa, y yo tiendo a no verme como una persona ansiosa. Sin embargo, Dios me ha mostrado claramente que tengo algunas formas de pensar profundamente arraigadas que en realidad se basan en la ansiedad y, si se lo permito, me impiden vivir de su gracia.

Mi tendencia natural es querer controlar las circunstancias de mi vida, por lo que mi mente se pone en marcha para evaluar todas las posibles situaciones y cómo manejarlas de la mejor manera. A menudo me encuentro imaginando el peor escenario, casi convenciéndome de que es lo que realmente sucederá. Si no cuido mi mente, es fácil que viva en un estado constante de ansiedad, que para mí suele manifestarse en un frenético intento de anticipar y resolver todos los problemas posibles.

Se trata de un estado mentalmente agotador. Y deja a Dios fuera del cuadro. La vida es mucho más placentera cuando salgo de eso y vuelvo a descansar en los brazos de mi amoroso Padre Celestial.

SÉ HUMILDE

Pedro especifica dos cosas que hay que hacer para afrontar la ansiedad:

1. Humíllate bajo la poderosa mano de Dios;
2. Echa todas tus angustias sobre el Dios que cuida de ti.

¿No le parece contraintuitivo que el primer consejo de Pedro a quienes se sienten angustiados por circunstancias difíciles sea que se humillen, lo que implica que deben dejar de actuar con orgullo?

El rey David escribió un precioso salmo de solo tres versículos, el Salmo 131, que me ha ayudado a comprender el fuerte vínculo que existe entre la ansiedad y el orgullo:

> «Señor, mi corazón no es soberbio, ni mis ojos altivos; no ando tras las grandezas, ni en cosas demasiado difíciles para mí; sino que he calmado y acallado mi alma; como un niño destetado en el regazo de su madre; Como un niño destetado está mi alma dentro de mí. Espera, oh, Israel, en el Señor, desde ahora y para siempre».

Este es el rey David hablando. ¿A quién quiere engañar al decir que no se preocupa por grandes asuntos? ¡Él enfrenta decisiones de vida o muerte a diario! ¿Qué quiere decir entonces? No es que no tome decisiones importantes. Simplemente reconoce que, si creyera que puede manejarlas por sí mismo, estaría siendo arrogante.

Cuando vuelvo a caer en la ansiedad, tardo en darme cuenta. Pero cuando por fin el Espíritu Santo me hace comprender, me doy cuenta de que el problema es esencialmente el orgullo. No son las circunstancias a las que me enfrento las que me ponen ansioso, sino mi falta de confianza en el Dios que está en mi barco y que me ama.

Cuando no confío a Dios los detalles de mi vida y trato de manejarlos yo mismo, me pongo ansioso y demasiado ocupado. Puedo tener la ilusión de hacer muchas cosas, pero en realidad, como es Dios quien *construye la casa* y no yo, no avanzo mucho en las cosas que realmente importan. Quemo mucha energía nerviosa persiguiéndome la cola. Y todo el tiempo, soy totalmente inconsciente de ello.

En el fondo, es una elección inconsciente de confiar en mi propio juicio en lugar de en el de Dios, creyendo que sé mejor cómo manejar las cosas. Puede que me lleve un tiempo darme cuenta de lo que está ocurriendo y luego regresar al estado en el que tranquilizo mi alma ansiosa, permitiéndole descansar como un bebé satisfecho en los brazos amorosos de una madre que satisface todas sus necesidades.

La gran pregunta es la siguiente: ¿vamos a creer que lo que Dios nos dice es verdad o vamos a confiar en nuestro propio juicio que ha sido moldeado por nuestras experiencias y este mundo caído?

Consideremos tres áreas de nuestras vidas en las que necesitamos aprender a humillarnos y confiar en Dios más que en nuestro propio juicio.

HUMILLARNOS ANTE EL OBJETIVO DE DIOS PARA NUESTRAS VIDAS

¿Qué esperas conseguir algún día? ¿El éxito profesional? ¿Casarte y tener hijos? ¿Ver a tus hijos lograr ciertas cosas? ¿Tener un ministerio cristiano exitoso?

Pueden ser cosas buenas. Pero nunca puedes estar seguro de

que vayan a ocurrir. No puedes hacer que tu jefe te ascienda ni determinar lo bien que le va a la organización para la que trabajas. No puedes garantizar que te cases o tengas hijos. Si tienes hijos, al final tomarán sus propias decisiones, que pueden no ser las que tú hubieras tomado para ellos. Y Dios tiene una manera de darle la vuelta a nuestro concepto de un ministerio *exitoso*.

En otras palabras, todos estos objetivos vitales dependen de algún modo de la cooperación de otras personas o de circunstancias favorables que no están bajo tu control directo. No sabes si funcionarán porque no sabes lo que pasará mañana.

Eso significa que esos objetivos vitales siempre serán inciertos. Y eso te predispone a la ansiedad. De hecho, sentir ansiedad continuamente es un claro indicio de que estás trabajando para alcanzar un objetivo vital incierto, cuya consecución depende de personas o circunstancias que no puedes controlar.

¿Diría Dios alguna vez esto?: «Tengo un objetivo para ti. Sé que quizá no puedas cumplirlo, pero inténtalo de todos modos». No. Nunca te pediría que hicieras lo imposible. Cualquier objetivo en la vida que realmente venga de Dios no tendrá ningún tipo de incertidumbre.

Así que, si no queremos estar constantemente ansiosos, tenemos que dejar ir cualquier objetivo que pueda ser bloqueado por otras personas o circunstancias que no tengamos derecho o capacidad de controlar.

No está mal aspirar a resultados como los de los ejemplos que he dado. No estoy diciendo que debamos dejar de trabajar por cosas que son claramente buenas, como tener hijos o un ministerio exitoso. Se trata simplemente de reducir la importancia que le damos a esas cosas en nuestra mente, de manera que dejen de ser objetivos cruciales para nuestra identidad y se conviertan en simples deseos, en cosas que nos gustaría que sucedieran. Si no se cumplen, aunque nos decepcionen, no será un problema.

Entonces, ¿cuál es el objetivo de vida que Dios tiene para nosotros y que no lleva aunada ninguna incertidumbre?

Como hemos visto, por encima de todo, Dios quiere que te

parezcas cada vez más a Jesús en carácter. Él se preocupa por lo que *haces*, pero *principalmente* se preocupa por *cómo* eres. Porque lo que haces viene de cómo eres. También está preocupado por lo que él puede hacer *a través de* ti, pero está más preocupado por lo que puede hacer en ti.

Si te levantas cada mañana y te enfrentas al día con un único objetivo, parecerte cada vez más a Jesús en carácter, ninguna circunstancia a la que te enfrentes ni ninguna persona con la que te cruces podrá impedirlo.

¿Y si una persona difícil me ataca injustamente o se interpone en mi camino? ¿Y si tengo un problema de salud grave? ¿O si mi negocio fracasa? Ninguna de esas cosas puede impedir que te parezcas cada vez más a Jesús. De hecho, si confías en Dios y perseveras en esas dificultades, *te ayudarán* a parecerte cada vez más a Jesús. Así que no hay incertidumbre y por lo tanto no hay ansiedad.

Si lo piensas bien, la única persona que puede bloquear el objetivo de Dios para tu vida... ¡eres tú!

Detente un momento. Pide al Espíritu Santo que te revele los objetivos cruciales que has estado persiguiendo sin darte cuenta. ¿Dependes de circunstancias o personas que no puedes controlar? ¿Es necesario que los dejes ir y los reduzcas a simples deseos? ¿Elegirás, en su lugar, adoptar el objetivo de Dios para tu vida y esforzarte por reflejar cada vez más el carácter de Jesús?

HUMILLARNOS ANTE NUESTRAS RESPONSABILIDADES DIVINAS

En la Biblia, Dios establece claramente quién es responsable de qué. Algunas cosas son su responsabilidad y otras son mi responsabilidad. Dios no hará por mí las cosas que él ha dicho que yo debo hacer.

Desafortunadamente, tendemos a hacer esto al revés. Queremos hacer las cosas que son su responsabilidad, y queremos que él haga las cosas que son nuestra responsabilidad.

¿De quién es la responsabilidad, por ejemplo, de que tengamos suficiente dinero? Cualquiera que sea la respuesta a esta pregunta, un observador imparcial que analice nuestra forma de vida podría llegar a la conclusión de que creemos que es nuestra responsabilidad. Bíblicamente, no lo es. El principio bíblico es el siguiente:

> «Por tanto, no se preocupen, diciendo: "¿Qué comeremos?" o "¿qué beberemos?" o "¿con qué nos vestiremos?". Porque los gentiles buscan ansiosamente todas estas cosas; que el Padre celestial sabe que ustedes necesitan todas estas cosas. Pero busquen primero su reino y su justicia, y todas estas cosas les serán añadidas» (Mateo 6:31-33).

Nuestra responsabilidad es buscar el reino de Dios y su justicia, en otras palabras, hacer lo que es correcto. Entonces podemos esperar que Dios haga la parte que es su responsabilidad: proveer todo lo que necesitamos para que no tengamos que ocuparnos de eso.

Pablo elogia a los cristianos filipenses por atenerse a este principio. Los elogia por enviar donativos económicos y les dice: «fragante aroma, sacrificio aceptable, agradable a Dios. Y mi Dios proveerá a todas sus necesidades, conforme a sus riquezas en gloria en Cristo Jesús» (Filipenses 4:18b-19).

A menudo se cita solo la última frase de este pasaje, como si Dios fuera a satisfacer siempre todas nuestras necesidades, independientemente de nuestras acciones. En realidad, esta promesa se hace en el contexto de que primero cumplamos con nuestra responsabilidad, en este caso, dar.

Así pues, tenemos la responsabilidad de vivir rectamente, lo que incluye trabajar si podemos (ver Efesios 4:28) y dar una parte de lo que Dios nos da.

Después de cumplir con lo que Dios nos ha asignado como

nuestra responsabilidad, podemos descansar tranquilos, libres de ansiedad, ya que a partir de ese momento es completamente responsabilidad de Dios satisfacer nuestras necesidades, y, por supuesto, él lo hará.

El apóstol Juan dice: «Hijos, aléjense de los ídolos» (1 Juan 5:21). Un ídolo es cualquier cosa que se ha vuelto más importante para nosotros que Dios mismo, por ejemplo, las posesiones materiales, el dinero, la buena salud, el estatus en las redes sociales o las relaciones.

Cuando estas cosas adquieren demasiada importancia, nos ponemos ansiosos porque no sabemos qué va a pasar mañana y tenemos miedo de no conseguir nunca lo que queremos o de perder lo que tenemos.

La Biblia nos ayuda a comprender la verdad de que algún día, de hecho, perderemos todo lo que poseemos excepto una cosa: nuestra relación con Jesús.

¿Necesitas presentarte ante Dios y humillarte? Hay que confesar que otras cosas han sido más importantes para ti, y comprometerte con su propósito para tu vida, de parecerte cada vez más a Jesús. Dios te da la responsabilidad de mantenerte alejado de los ídolos para que puedas estar absolutamente seguro de que eso es totalmente posible.

Pongamos otro ejemplo. ¿De quién es la responsabilidad de hacer que las cosas sucedan en el área de servicio que Dios te ha dado? Si, por ejemplo, desempeñas algún tipo de función de liderazgo en tu iglesia, ¿de quién es la responsabilidad de garantizar que la iglesia crezca y prospere? He aquí el principio bíblico: «Si el Señor no edifica la casa, en vano trabajan los que la edifican» (Salmo 127:1).

Si eres líder de un ministerio o trabajas en tu propio ministerio personal, es difícil dejar que Dios lo construya. Si sabemos lo que hay que hacer, nos vemos tentados simplemente a tratar de hacerlo nosotros mismos. Pero incluso si logramos construir algo que nos parece grandioso, si fue hecho con nuestras propias fuerzas, no va a durar.

A menudo, nos encontramos intentando construir algo sin avanzar, sintiendo que estamos golpeando nuestra cabeza contra una pared. Finalmente, exhaustos, nos retiramos y él interviene para construir algo impresionante mientras nosotros descansamos. A veces, sin embargo, Dios debe esperar hasta que lleguemos al límite de nuestros propios recursos.

Nuestra responsabilidad es estar tranquilos ante él y esperar pacientemente (Salmo 37:7), orar, y luego simplemente seguir sus instrucciones, dejando el resultado en sus manos.

HUMILLÁNDONOS ANTE LA PALABRA DE DIOS

Dios ha revelado en la Biblia cómo es él, cómo ha creado el mundo y cuál es nuestra función en sus planes.

Por eso, gran parte del ataque de Satanás se enfoca en cómo las personas perciben la Biblia. Su objetivo es que no la tomes en serio, que no la leas por ti mismo, y que no dediques tiempo diario a humillarte ante Dios y su Palabra.

¿Alguna vez has escuchado a alguien decir cosas como: «¿Solo confío en el texto en rojo de la Biblia» o «¿No entiendo el Antiguo Testamento, así que lo omito»?

Pablo le dijo a Timoteo:

> «El Espíritu dice claramente que en los últimos tiempos algunos se apartarán de la fe, prestando atención a espíritus engañadores y a doctrinas de demonios» (1 Timoteo 4:1).

Está hablando de gente que dice ser cristiana siguiendo las enseñanzas de demonios. Así que no te sorprendas si escuchas a maestros cristianos insinuando que la Biblia no dice lo que claramente dice.

La historia está llena de ejemplos de personas que se han dejado llevar por argumentos fraudulentos y teologías turbias. Pero eso no convierte a la Biblia en una guía poco fiable. En absoluto. Es totalmente coherente en lo que dice. Y Dios promete guiarte a toda la verdad por su Espíritu. Si te acercas a las Escrituras con un espíritu humilde y enseñable, entenderás lo que tiene que decirte.

Cuando Satanás tentó a Jesús en el desierto, utilizó la frase: «¿*Realmente* lo dijo Dios?». Y también usa esa frase con nosotros. Satanás incluso citó versículos de la Biblia y tergiversó su significado.

Tratar con la ansiedad inapropiada a veces puede ser tan simple como tomar la decisión de tomarle la palabra a Dios. Si dudas de que la Biblia sea el mensaje de Dios para nosotros, sencillamente no podrás hacerlo y volverás a confiar en tus propios recursos para afrontar la ansiedad. Estarás, en efecto, creando orgullosamente tus propias reglas en lugar de confiar en la forma en que él ha establecido las cosas.

Es muy importante que no te limites a leer libros cristianos y apuntes de estudio de la Biblia o a escuchar a la gente hablar de la Biblia. Es fundamental que leas la Biblia por ti mismo y te tomes en serio lo que dice. Puedes basar tus decisiones vitales en las promesas de Dios. No pienses que se aplican a otras personas pero que tus problemas son diferentes o demasiado grandes. Eso también es una forma de orgullo.

No llegues a Dios con una idea preconcebida de lo que quieres que diga, aunque tus intenciones parezcan buenas. Céntrate en lo que *realmente* dice.

He visto a muchos cristianos leer en la Biblia que son santos, ¡pero no comprenden que esa es realmente su identidad! Esto sucede porque han sido enseñados a verse como pecadores. Filtran lo que la Biblia dice claramente a través de la teología que se les ha enseñado. Debería ser al revés: siempre deberías evaluar lo que te han enseñado a la luz de la Biblia.

Y si un pasaje no tiene sentido inmediato, no lo pases por alto. Persevera, pregunta, investiga y escucha hasta que entiendas por qué Dios, que es amor, lo incluyó. Trata de entender la cultura para la que fue escrito y no intentes hacer que diga algo que los oyentes originales no podrían haber entendido de él.

Santiago describe a alguien que, ante la incertidumbre y las circunstancias que provocan ansiedad, pide a Dios sabiduría, pero luego, en lugar de perseverar en las situaciones difíciles, duda de Dios y se apoya en sus propios recursos. Dice:

> «siendo hombre de doble ánimo, inestable en todos sus caminos» (Santiago 1:8).

La palabra griega para *ansiedad* en el Nuevo Testamento es una combinación de dos palabras que significan *dividir* y *mente*. Ansiedad literalmente significaba estar en dos mentes (constantemente yendo y viniendo entre una cosa y otra). Tener dos mentes.

A menos que hayas hecho esa elección definitiva de confiar en Dios y seguir sus caminos, siempre estarás en dos mentes, a veces creyéndole y confiando en él y a veces volviendo a caer en tu propia manera de pensar. Y eso significa que estarás inestable y ansioso.

Estamos ansiosos porque no sabemos lo que va a pasar mañana, y sentimos que tenemos que hacer todo lo posible para asegurarnos de que lo que ocurra sea lo que idealmente nos gustaría que ocurriera.

Aunque no sepamos con certeza qué sucederá mañana, si nos humillamos y confiamos en que todo lo que dice la Biblia es verdad porque lo ha dicho Dios, en realidad tenemos claridad sobre lo que ocurrirá en el panorama general. Puedes consultar pasajes como 2 Corintios 12:9-10 y Filipenses 4:13 para ver lo que Dios promete.

En esos versículos, Dios nos asegura que mañana seguirá siendo tu Padre amoroso y protector. Si te sientes débil, él será tu fortaleza. Y siempre podrás hacer todo lo que te pida porque Jesús te dará el poder necesario. Eso es lo que te espera mañana, ¡y es algo que espero con entusiasmo!

DEPOSITAR NUESTRA ANSIEDAD EN CRISTO

Hacia el final de este libro, encontrarás *Los pasos para experimentar la gracia de Dios*. Se trata de un tiempo amable entre tú y el Dios de la gracia, en el que se te invita a pedir al Espíritu Santo que te muestre las cosas que se interponen en tu camino para experimentar la gracia de Dios. Entonces te someterás a Dios tratando con esas cosas mediante el arrepentimiento y resistirás al diablo que no tendrá más remedio que huir de ti (Santiago 4:7).

El proceso consta de siete pasos, donde el sexto se denomina *Cambiar la ansiedad por la paz de Dios*. Este paso es una manera muy práctica de «arrojar toda tu ansiedad sobre él, porque él cuida de ti» cuando te enfrentas a situaciones que generan incertidumbre sobre el futuro.

Examinemos los principios bíblicos que sustentan la idea de entregar nuestra ansiedad a Dios. Al comprender estos principios, podrás aplicarlos cada vez que notes que la ansiedad empieza a dominarte.

1. Orar

Filipenses 4:6 dice:

> «Por nada estén afanosos; antes bien, en todo, mediante oración y súplica con acción de gracias, sean dadas a conocer sus peticiones delante de Dios».

Comienza con la oración. La oración centra nuestra mente en Dios, en su carácter y en su amor. La oración desvía nuestra atención de la ansiedad y la pone en aquel que cuida de nosotros.

Ten en cuenta que la razón por la que puedes depositar tu ansiedad en Dios y dejársela a él es *porque se preocupa por ti*. Así que, cuando vayas a orar, recuérdate a ti mismo quién es Dios, especialmente su poder increíblemente grande y su amor ilimitado e incondicional por ti.

Pablo nos recuerda que nuestras oraciones deben incluir palabras de agradecimiento. Dar gracias nos ayuda a enfocar nuestra atención en lo que Dios ha hecho en el pasado y en lo que sigue haciendo en nuestras circunstancias actuales.

Recientemente descubrí que la parte del cerebro que genera ansiedad es la misma que se activa cuando expresamos gratitud. Esto sugiere que no podemos estar agradecidos y ansiosos al mismo tiempo. Después de 2000 años, la ciencia ha confirmado lo que dice Filipenses 4.

2. Plantear el problema

Cuando sentimos ansiedad, es difícil poner las cosas en perspectiva. A menudo, clarificar la situación puede proporcionar un gran alivio.

Un problema bien planteado está medio resuelto. Así que tómate un tiempo para escribir cuál es el problema de la forma más sencilla y clara posible. Limítate a los hechos de la situación.

Algo que encuentro útil en este punto es preguntarme a mí mismo: A la luz de la eternidad, ¿qué importancia tiene este asunto en particular?

3. Centrarse en los hechos y rechazar las suposiciones

Al plantear el problema, cíñete a los hechos de la situación.

Estamos ansiosos porque no sabemos lo que va a pasar. Y como no lo sabemos, tendemos a hacer suposiciones. Para muchos de nosotros, nuestra mente salta al peor resultado posible y, antes de que nos demos cuenta, nos hemos convencido de que eso es lo que va a pasar.

En muchos casos, el costo de la preocupación constante puede ser más alto que el impacto del peor escenario posible.

Un hecho podría ser algo como «Me he encontrado un bulto extraño». Una suposición sería: «¡Tengo cáncer y voy a morir!».

Un hecho podría ser: «No tengo suficiente dinero para pagar mis facturas". Una suposición sería: «Me van a echar de casa».

Un hecho podría ser: «Mi empresa tiene previsto despedir a algunas personas». Una suposición sería: «Voy a perder mi trabajo».

En la inmensa mayoría de los casos, por supuesto, no ocurre lo peor. E incluso si ocurre, tenemos todos los recursos otorgados por Dios.

4. Determinar tus responsabilidades

Trabaja en oración ante Dios en la situación que te causa ansiedad:

- ¿Cuál es *tu* responsabilidad?
- ¿Cuál es *la* responsabilidad *de Dios*?
- ¿Y cuál es la responsabilidad de los demás?

El principio clave es que solo eres responsable de las cosas que tienes el *derecho* y la *capacidad* de controlar. No eres responsable de nada más. En términos generales, las cosas que Dios te ha dado el derecho y la capacidad de controlar se reducirán a cosas de tu propia vida. Y, por cierto, si no estás optando por vivir de manera responsable, ¡es probable que tengas motivos para sentir ansiedad!

No puedes hacer nada contra el hecho de que te hayas encontrado un bulto. Pero puedes controlar lo que decides pensar, creer y hacer.

Sería sensato, por ejemplo, en el caso de un posible problema médico ver a un doctor. Otra cosa sensata sería repasar *Los pasos hacia la libertad en Cristo* o *Los pasos para experimentar la gracia de Dios* para comprobar que no hay ningún problema espiritual de fondo.

Una vez que hayas aclarado de qué eres responsable, cumple con tus responsabilidades. No te limites a orar por ellas.

Puedes echarle a Jesús tus ansiedades, pero si intentas echarle a él tus responsabilidades, ¡él te las devolverá!

Puede que necesites perdonar a alguien. Puede que tengas que pagar una deuda o arreglar algo. Él no hará eso por ti.

Una vez que hayas cumplido con tu responsabilidad, puedes decir con confianza: «Ahora te toca a Ti, Dios», y dejarle todo lo demás a él. Puedes estar seguro de que hará su parte. Así que déjalo con él. No lo retomes.

ESTAR ALERTA

> «Sean de espíritu sobrio, estén alerta. Su adversario, el diablo, anda al acecho como león rugiente, buscando a quien devorar. Pero resístanlo firmes en la fe, sabiendo que las mismas experiencias de sufrimiento se van cumpliendo en sus hermanos en todo el mundo» (1 Pedro 5:8-9).

Ya hemos señalado que Pedro es muy claro sobre la ansiedad: puede ponernos en peligro espiritual. Nos exhorta a estar alerta, a tener la mente clara y a resistir a Satanás manteniéndonos firmes en la verdad.

«Hay que vivir el mensaje».

Cuando terminé el primer borrador del capítulo 5 y me dispuse a trabajar en el siguiente capítulo, sentí que Dios me decía que lo dejara por un tiempo y volviera a él más tarde. Aunque me pareció algo extraño, decidí seguir ese consejo y escribí los capítulos 7 y 8 antes de regresar al capítulo 6.

Me llevó tres o cuatro semanas escribir cada capítulo, y durante ese tiempo, que sumó unas seis o siete semanas, Dios trabajó en mí. Me mostró que había bajado la guardia y permitía que el enemigo me afectara al caer nuevamente en la ansiedad.

Empezó con una ligera tos que no desaparecía, un poco molesta, pero por lo demás me encontraba bien. Cuando nos fuimos a disfrutar de una semana de vacaciones con la familia, la cosa había empeorado un poco. Me desperté la segunda mañana, tosí y me di cuenta de que no podía respirar. La tos parecía haber desprendido algo de mucosidad que obstruía mis vías respiratorias, y no podía desalojarla. La reacción natural de mi cuerpo fue seguir jadeando cada vez con más pánico. Esto duró mucho tiempo, por lo que me di cuenta de que debía de estar recibiendo algo de oxígeno al menos, aunque tuviera la sensación de que no era sí, y al final una buena palmada en la espalda de Zoë lo desalojó y me permitió volver a respirar con normalidad.

Fue un momento aterrador. Luego volvió a ocurrir una y otra vez, siempre por la noche. Busqué ayuda médica y se descartaron las principales causas *desagradables*, lo cual fue un alivio. Pero día tras día fue empeorando hasta que llegué a tener cuatro de estos ataques respiratorios durante una noche, cada uno de ellos bastante aterrador porque no parecía ser capaz de respirar durante los mismos.

Mientras escribo, estos espantosos episodios se han prolongado durante tres semanas. Me han hecho varias pruebas, pero aún no está claro cuál es el problema médico. La medicación parece haber ayudado un poco, pero no lo ha resuelto. Ahora tengo algunos de estos ataques tanto de día como de noche. He podido resolverlos todos con el tiempo y lógicamente me doy cuenta de que no son potencialmente mortales. Pero puedo decir que despertarse tres o cuatro veces por la noche sin poder respirar es realmente aterrador. Y si no tengo cuidado, la ansiedad se apodera de mí, y mi mente se desboca preguntándome si de hecho habrá un episodio que no podré superar. Así que irse a la cama por la noche no es una perspectiva agradable.

«Hay que vivir el mensaje».

No se me escapa que empecé este capítulo con la descripción de las dificultades respiratorias de nuestra nieta, y lo termino con una descripción de las mías.

Durante este tiempo, Dios me ha recordado suavemente el Salmo 131 y me ha mostrado cómo mi alma no ha sido como un «niño destetado que ya no llora por la leche de su madre». En lugar de eso, he estado corriendo de un lado a otro tratando de controlar las cosas por mi cuenta. En resumen, he caído nuevamente en viejos patrones y, en esta área, no he estado viviendo el mensaje. Aunque ya había aprendido estas lecciones en el pasado, se habían quedado en teoría en lugar de convertirse en realidad. Ahora entiendo por qué tuve que esperar para escribir este capítulo: no habría podido hacerlo con integridad hace seis semanas.

En su misericordia, Dios me ha dado una gran llamada de atención y un estímulo para hacer la vida radicalmente diferente. Veo este tiempo como una disciplina amorosa y suave de Dios para mí.

El diablo anda buscando a alguien a quien devorar. A pesar de sus intentos, no puede entrar en nuestras vidas ni hacernos daño, ya que en el ámbito espiritual estamos con Cristo, por encima de Satanás y todo poder demoníaco. Su único recurso es tentarnos, acusarnos y engañarnos, y es muy hábil para hacerlo. Conoce nuestras debilidades y las ataca sin cesar.

Recientemente, he caído en la trampa del enemigo al creer que puedo controlar los eventos de mi vida, y he estado corriendo desesperadamente para hacerlo. Mi mente está abrumada por una lista interminable de tareas, y siempre estoy en busca de cumplir algo. Estas tareas son buenas y forman parte de lo que Dios ha preparado para mí, pero he descuidado el descanso, la búsqueda de Dios y el tiempo de calidad con mi esposa. He permitido que la ansiedad vuelva a tomar control en mi vida.

Me ha quedado igualmente claro que esto proviene del orgullo: pensar que puedo hacer las cosas con mis propias fuerzas, estar demasiado ocupado «haciendo cosas importantes para Dios» como para dedicar mucho tiempo a hablar realmente con Dios o a esperar en él.

Quiero seguir humillándome ante Dios y respondiendo a lo que él dice. Las últimas dos semanas me han puesto mucho más en contacto con él, y me encanta.

Una tarde, me sentí abrumado por la posibilidad de sufrir ataques respiratorios durante la noche, así que decidí salir a caminar por el río, cerca de nuestra casa. Me detuve un momento para orar. Fue reconfortante encontrarme con el Dios lleno de gracia, quien me ama incondicionalmente; tengo la sensación de que se alegra cuando yo finalmente reconozco y despierto ante mis errores.

Mi caminata de ida había sido rápida y decidida y, mientras volvía a darle vueltas en mi mente a la preocupación por la noche que se avecinaba, apenas me fijé en el hermoso río y el campo que me rodeaban. En el camino de vuelta, sin embargo, mi alma estaba en paz. Sabía que Dios estaba a mi lado esa noche. Sabía que había sido perdonado y amado. Sabía que Dios estaba encantado de que me levantara, me sacudiera el polvo y continuara mi camino con él. Sabía que no había condena alguna. Y me encontré caminando mucho más despacio y parándome a admirar la maravilla y la belleza de la creación de Dios. La puesta de sol de aquella tarde fue asombrosa. El río estaba lleno de vida y belleza. Todo estaba bien.

Esta no es la primera vez que Dios me ha sacado de vivir en una ansiedad orgullosa. Ni siquiera la segunda. Ni la tercera. Es una vulnerabilidad que siempre tendré, pero no hay nada inevitable en volver a caer en ella. Necesito estar alerta y permanecer en guardia contra los pensamientos tentadores que el enemigo lanza en mi camino.

Mientras expresaba mi preocupación a Dios acerca de las formas en que la ansiedad corre profundamente en mí, sentí que él me recordaba las asombrosas palabras de Jesús en Mateo 6:33:

> «Pero busquen primero su reino y su justicia, y todas estas cosas les serán añadidas».

Solo centrarme en buscarlo a él y seguir sus caminos como prioridad. Lo demás se organizará por sí solo. Es así de sencillo. Por eso, cada día me concentro en eso, confiando en que, al continuar buscándolo, puedo avanzar con paz interior, seguridad y humildad.

Dado lo anterior, Dios se ha esmerado en mostrarme que él está ahí conmigo y que no debo temer. Cuando volví de mi caminata y se acercaba la hora de dormir, puse mi lista de reproducción de alabanza en modo aleatorio y la primera canción que Spotify seleccionó para mí fue *El aire que respiro* de Marie Barnett:

> El aire que respiro
> El aire que respiro
> tu santa presencia
> Viviendo en mí
>
> Mi pan de cada día
> Mi pan de cada día
> tu santa palabra
> Hablada a mí
>
> Y yo... perdido estoy sin ti.
> Y yo... perdido estoy sin ti[1]

No hay nada más fundamental para la vida que poder respirar. En las veinte o treinta ocasiones en las últimas semanas en las que no he podido respirar, hay una lucha desesperada por hacer cualquier cosa para conseguir un poco de oxígeno. Dios quiere que yo tenga esa misma desesperación cuando se trata de buscarlo y conocerlo. Para que haga lo que sea necesario para buscarlo a él y a su reino primero.

Mientras escribo esto, sigo teniendo ataques de respiración, y son horribles. Pero tengo la seguridad de que nada puede separarme del amor de Dios, y nada puede apartarme de su mano.

---

1. Respira por Marie Barnett. 1995 Mercy Vineyard Publishing (ASCAP) (adm en IntegratedRights.com). Todos los derechos reservados. Traducción al español de Roberto Reed. Utilizado con permiso.

EL DIOS DE TODA GRACIA TE ELEVARÁ

Volvamos a nuestro pasaje central y añadamos más versículos:

> «Humíllense, pues, bajo la poderosa mano de Dios, para que él los exalte a su debido tiempo, echando toda su ansiedad sobre él, porque él tiene cuidado de ustedes.
>
> Sean de espíritu sobrio, estén alerta. Su adversario, el diablo, anda al acecho como león rugiente, buscando a quien devorar. Pero resístanlo firmes en la fe, sabiendo que las mismas experiencias de sufrimiento se van cumpliendo en sus hermanos en todo el mundo.
>
> Y después de que hayan sufrido un poco de tiempo, el Dios de toda gracia, que los llamó a su gloria eterna en Cristo, él mismo los perfeccionará, afirmará, fortalecerá, y establecerá. A él sea el dominio por los siglos de los siglos. Amén» (1 Pedro 5:6-11).

La promesa de estos poderosos versículos es que el Dios lleno de gracia nos elevará en su momento oportuno. Las dificultades no son eternas. Cuando enfrentamos pruebas que nos llevan a la ansiedad, Dios las usará para fortalecer nuestro espíritu y prepararnos para las obras que ha planeado para nosotros, siempre que estemos dispuestos a dejarlo obrar.

A Jesús no le sorprende que nos pongamos ansiosos. Ciertamente no le sorprende que yo haya vuelto a caer en viejos patrones inútiles. Y siempre está dispuesto a ayudarnos a resolver nuestra ansiedad y a avanzar hacia el destino que tiene para nosotros.

Al concluir este capítulo, no se me ocurre nada mejor que leer despacio y en oración sus hermosas palabras sobre la ansiedad, que nos muestran lo bien que nos comprende y cómo confiar humildemente en él es el antídoto definitivo:

> «Por eso les digo, no se preocupen por su vida,

> qué comerán o qué beberán; ni por su cuerpo, qué vestirán. ¿No es la vida más que el alimento y el cuerpo más que la ropa?
>
> Miren las aves del cielo, que no siembran, ni siegan, ni recogen en graneros, y sin embargo, el Padre celestial las alimenta. ¿No son ustedes de mucho más valor que ellas?
>
> ¿Quién de ustedes, por ansioso que esté, puede añadir una hora al curso de su vida?
>
> Y por la ropa, ¿por qué se preocupan? Observen cómo crecen los lirios del campo; no trabajan, ni hilan. Pero les digo que ni Salomón en toda su gloria se vistió como uno de ellos. Y si Dios así viste la hierba del campo, que hoy es y mañana es echada al horno, ¿no hará él mucho más por ustedes, hombres de poca fe?
>
> Por tanto, no se preocupen, diciendo: "¿Qué comeremos?" o "¿qué beberemos?" o "¿con qué nos vestiremos?". Porque los gentiles buscan ansiosamente todas estas cosas; que el Padre celestial sabe que ustedes necesitan todas estas cosas.
>
> Pero busquen primero su reino y su justicia, y todas estas cosas les serán añadidas.
>
> Por tanto, no se preocupen por el día de mañana; porque el día de mañana se cuidará de sí mismo. Bástenle a cada día sus propios problemas».
> (Mateo 6:25-34).

¿Se preocupa Dios por ti? Sí. Él es amor. Es el Dios de toda gracia. Tiene buenos planes para ti. Humíllate ante él, deposita tu ansiedad en él, mantente alerta a las mentiras de Satanás, y Dios te levantará a su debido tiempo.

Así que permíteme decirte, como Jesús dijo al mar tempestuoso: «Calla, enmudece». Puedes echar tu ansiedad sobre el Dios que está presente y es poderoso, y dejársela a él porque él sí se preocupa por ti. Puedes estar tranquilo, incluso en medio de las tormentas que inevitablemente atravesarás.

En una sociedad donde la ansiedad está profundamente arraigada, como hijos de Dios tenemos una increíble oportunidad de mostrar una manera de vivir completamente distinta, fundamentada en la confianza en el Dios.

ESTABLECER LA CONEXIÓN DE LA GRACIA

Como hemos visto, la razón por la que puedes echar tu ansiedad sobre Dios es porque se preocupa por ti. Él es el Dios de toda gracia. Él es real, es fuerte y es amor.

Pero si no estás seguro de que él realmente se preocupa por ti, puedes llevarle una preocupación y pedirle ayuda, pero lo más probable es que vuelvas a recogerla y trates de resolverla por ti mismo.

Si quieres que la verdad te haga libre, tienes que conocer la verdad. Jesús dijo: «Yo soy la verdad». La verdad no es solamente un concepto. Es una persona. Y conocerle es lo que nos permite confiar en él.

Lo difícil es que el mundo y el diablo nos muestran caricaturas de Dios que nos impiden conocerlo realmente. Y nuestras experiencias con nuestros padres y otras figuras de autoridad también pueden moldear nuestra perspectiva sobre Dios.

Tal vez tus experiencias te han llevado a creer que Dios es injusto. O que es cruel. Tal vez sientas que Dios es difícil de complacer.

Todos necesitamos desentrañar algunas imágenes distorsionadas si queremos conocer a Dios como realmente es y confiar en él.

El Dr. Neil Anderson creó una lista de poderosas verdades bíblicas titulada *Mi Padre Dios*, que muchos consideran extremadamente útil para identificar y desmontar conceptos erróneos sobre Dios que hemos adquirido inconscientemente con el tiempo.

Contiene once afirmaciones que te invitan a dejar las ideas equivocadas sobre Dios y a aceptar lo que él dice que es verdad.

Al conocer verdaderamente a este Dios todopoderoso y su increíble bondad hacia ti, ¿por qué tendrías razones para sentir ansiedad? ¿Por qué?

Para empezar, lee toda la lista en voz alta. Toma nota de cualquier afirmación que simplemente no te suene.

A continuación, verás cada afirmación junto con algunas reflexiones que te ayudarán a comprometerte.

Esto podría transformar tu vida. No es necesario apresurarse; tómate todo el tiempo que necesites para revisar las afirmaciones y tus notas. Si dedicas un día o incluso una semana para cada afirmación, será una inversión muy valiosa.

Mi Dios Padre

- Renuncio a la mentira que dice que tú, Dios Padre, eres distante e indiferente hacia mí.

  Decido creer la verdad de que tú, Dios Padre, siempre estás presente conmigo, tienes planes para darme un futuro y una esperanza, y has preparado obras para que yo ande en ellas.

  (SALMO 139:1-18; MATEO 28:20, JEREMÍAS 29:11, EFESIOS 2:10)

- Renuncio a la mentira que dice que tú, Dios Padre, eres insensible, no me conoces ni te preocupas por mí.

Decido creer la verdad de que tú, Dios Padre, eres amable, compasivo y conoces cada detalle de mí.

(SALMO 103:8-14; 1 JUAN 3:1-3; HEBREOS 4:12-13)

- Renuncio a la mentira que dice que tú, Dios Padre, eres severo y exigente.

  Decido creer la verdad de que tú, Dios Padre, me aceptas con gozo y amor.

  (ROMANOS 5:8-11; 15:17)

- Renuncio a la mentira que dice que tú, Dios Padre, eres pasivo y frío hacia mí.

  Decido creer la verdad de que tú, Dios Padre, eres cariñoso y tierno conmigo.

  (ISAÍAS 40:11; OSEAS 11:3-4)

- Renuncio a la mentira que dice que tú, Dios Padre, estás ausente o demasiado ocupado para mí.

  Decido creer la verdad de que tú, Dios Padre, siempre estás presente, anhelas estar conmigo y te interesas por mí.

  (FILIPENSES 1:6; HEBREOS 13:5)

- Renuncio a la mentira que dice que tú, Dios Padre, eres impaciente, estás enojado conmigo, o me has rechazado.

  Decido creer la verdad de que tú, Dios Padre, eres paciente y lento para la ira y que, cuando me disciplinas, es una prueba de tu amor, no de rechazo.

  (ÉXODO 34:6; ROMANOS 2:4; HEBREOS 12:5-11)

- Renuncio a la mentira que dice que tú, Dios Padre, has sido mezquino, cruel o abusivo conmigo.

  Decido creer la verdad de que Satanás es mezquino, cruel y abusivo, pero tú, Dios Padre, eres amoroso, tierno y protector.

(SALMO 18:2; MATEO 11:28-30; EFESIOS 6:10-18)

- Renuncio a la mentira que dice que tú, Dios Padre, me niegas los placeres de la vida.

  Decido creer la verdad de que tú, Dios Padre, eres el autor de la vida y me das amor, gozo y paz cuando elijo ser lleno de tu Espíritu.

  (LAMENTACIONES 3:22-23; GÁLATAS 5: 22-24)

- Renuncio a la mentira que dice que tú, Dios Padre, intentas controlarme y manipularme.

  Decido creer la verdad de que tú, Dios Padre, me has hecho libre y me das la libertad de tomar decisiones y crecer en tu gracia.

  (GÁLATAS 5:1; HEBREOS 4:15-16)

- Renuncio a la mentira que dice que tú, Dios Padre, me has condenado y ya no me perdonas.

  Decido creer la verdad de que tú, Dios Padre, has perdonado todos mis pecados y nunca los usarás en mi contra en el futuro.

  (JEREMÍAS 31:31-34; ROMANOS 8:1)

- Renuncio a la mentira que dice que tú, Dios Padre, me rechazas cuando no logro ser perfecto y libre de pecado.

  Decido creer la verdad de que tú, Dios Padre, eres paciente conmigo y me limpias cuando caigo.

  (PROVERBIOS 24:16; 1 JUAN 1:7-2:2)

- «¡Soy la niña de tus ojos!»

  (DEUTERONOMIO 32:9-10)

Conectar con la verdad sobre nuestro Padre Dios

Estoy en deuda con Dan Studt, presidente de *Libertad en Cristo* USA, por permitirme basar gran parte de lo que sigue en su excelente serie devocional sobre estas verdades (disponible en www.ficm.org).

Mientras reflexionas sobre cada afirmación, solicita al Espíritu Santo que te guíe hacia toda la verdad. Lee las declaraciones en voz alta, luego revisa las notas despacio al menos una vez. Finalmente, vuelve a leer en voz alta, proclamando a los cielos que es verdad porque Dios lo ha afirmado.

Puedes seleccionar una o más afirmaciones con las que necesites conectar de forma más profunda, en tu corazón y no solo en tu mente. Decláralas todos los días hasta que notes que algo ha cambiado en ti.

DECLARACIÓN #1

Renuncio a la mentira que dice que tú, Dios Padre, eres distante e indiferente hacia mí. **Decido creer la verdad de que tú, Dios Padre, siempre estás presente conmigo, tienes planes para darme un futuro y una esperanza, y has preparado obras para que yo ande en ellas.**

«Oh Señor, tú me has escudriñado y conocido... desde lejos comprendes mis pensamientos... y conoces bien todos mis caminos» (Salmo 139:1-3, LBLA).

«Si tomo las alas del alba, y si habito en lo más remoto del mar, aun allí me guiará tu mano, y me asirá tu diestra» (Salmo 139:9-10, LBLA).

> «Porque tú formaste mis entrañas; me hiciste en el seno de mi madre… cuando en secreto fui formado…» (Salmo 139:13 y 15c, LBLA).
>
> «Tus ojos vieron mi embrión, y en tu libro se escribieron todos los días que me fueron dados, cuando no existía ni uno solo de ellos» (Salmo 139:16, LBLA).

Tu amoroso Padre celestial no está distante ni desinteresado en ti. Él te conoce, te comprende y está íntimamente familiarizado con todos tus caminos.

Él te conoce muy bien porque es quien te formó, y siempre está contigo.

Él te ha diseñado cuidadosamente para que cumplas un propósito glorioso mientras caminas con él. Tiene cosas que ha preparado específicamente pensando en ti.

DECLARACIÓN #2

Renuncio a la mentira que dice que tú, Dios Padre, eres insensible, no me conoces ni te preocupas por mí. **Decido creer la verdad de que tú, Dios Padre, eres amable, compasivo y conoces cada detalle de mí.**

> «Porque la palabra de Dios es viva y eficaz, y más cortante que cualquier espada de dos filos; penetra hasta la división del alma y del espíritu, de las coyunturas y los tuétanos, y es poderosa para discernir los pensamientos y las intenciones del corazón. Y no hay cosa creada oculta a su vista, sino que todas las cosas están al descubierto y desnudas ante los ojos de aquel a quien tenemos que dar cuenta» (Hebreos 4:12-13, LBLA).

Nuestro Padre celestial sabe todo sobre nosotros, ¡incluso las cosas que tal vez desearíamos que no supiera! Y, sin embargo:

> «Compasivo y clemente es el Señor, lento para la ira y grande en misericordia. No contenderá con nosotros para siempre, ni para siempre guardará su enojo. No nos ha tratado según nuestros pecados, ni nos ha pagado conforme a nuestras iniquidades. Porque como están de altos los cielos sobre la tierra, así es de grande su misericordia para los que le temen. Como está de lejos el oriente del occidente, así alejó de nosotros nuestras transgresiones. Como un padre se compadece de sus hijos, así se compadece el Señor de los que le temen. Porque él sabe de qué estamos hechos se acuerda de que somos solo polvo» (Salmo 103:8-14, LBLA).

Hay que tener en cuenta que estos versículos fueron dirigidos a toda la nación de Israel de acuerdo con su historia como pueblo. Si el SEÑOR fue capaz de mostrar compasión, misericordia, paciencia y amor constante a millones de personas durante siglos, nuestra breve vida y nuestros pecados limitados no pueden reducir su capacidad para ser misericordioso, paciente y amoroso con cada uno de nosotros.

> «¡Fíjense qué gran amor nos ha dado el Padre, que se nos llame hijos de Dios! ¡Y lo somos! El mundo no nos conoce, precisamente, porque no lo conoció a él... Todo el que tiene esta esperanza en Cristo se purifica a sí mismo, así como él es puro» (1 Juan 3:1 y 3, NVI).

Cuando creemos que nuestro Padre es insensible e indiferente y, por tanto, no está dispuesto a ayudarnos, nuestra única opción es el esfuerzo propio y la lucha independiente. La autosuficiencia solo conduce a la derrota. Pero cuando nos acercamos a nuestro Padre como a alguien que es sensible y bondadoso, confiando en lo que ha hecho por nosotros a través de Jesús, encontramos la gracia que nos ayuda en nuestros momentos de necesidad.

DECLARACIÓN #3

Renuncio a la mentira que dice que tú, Dios Padre, eres severo y exigente. **Decido creer la verdad de que tú, Dios Padre, me aceptas con gozo y amor.**

Cuando imaginas a Dios mirándote, ¿qué expresión hay en su rostro?

Muchos de nosotros imaginamos que el rostro de Dios hacia nosotros es de decepción, disgusto o incluso desdén. Creemos que no estamos a la altura de sus expectativas y que nunca lo estaremos.

Pero esa es una imagen basada en nuestra actuación. Necesitamos reemplazarla con una que esté basada en el carácter y la firmeza del Padre Dios:

> «Pero Dios demuestra su amor para con nosotros, en que siendo aún pecadores, Cristo murió por nosotros. Entonces mucho más, habiendo sido ahora justificados por su sangre, seremos salvos de la ira de Dios por medio de él. Porque si cuando éramos enemigos fuimos reconciliados con Dios por la muerte de su Hijo, mucho más, habiendo sido reconciliados, seremos salvos por su vida. Y no solo esto, sino que también nos gloriamos en Dios por medio de nuestro Señor Jesucristo, por quien ahora hemos recibido la reconciliación» (Romanos 5:8-11, LBLA).

> «El Señor tu Dios está en medio de ti, guerrero victorioso; se gozará en ti con alegría, en su amor guardará silencio, se regocijará por ti con cantos de júbilo» (Sofonías 3:17, LBLA).

¡Tu Padre Dios muestra alegría cuando te mira! ¡Su rostro se ilumina al verte! ¿Puedes imaginarte al Padre Dios sonriéndote? ¿Puedes imaginarte su rostro iluminándose cuando te mira?

Esto no tiene nada que ver con tu desempeño en un día en particular. Más bien, se basa simplemente en su carácter misericordioso y amoroso y en lo que Jesús ha hecho para hacerte santo.

DECLARACIÓN #4

Renuncio a la mentira que dice que tú, Dios Padre, eres pasivo y frío hacia mí. **Decido creer la verdad de que tú, Dios Padre, eres cariñoso y tierno conmigo.**

La mayoría de los padres hacen lo mejor que pueden, pero eso no significa que siempre vayan a acertar.

¿Tuviste un padre que parecía distanciarse mucho de ti? ¿Te disciplinaba con más dureza de la que convenía? ¿Te ha dado la espalda?

Es fácil proyectar esa misma actitud sobre nuestro Padre celestial. Podemos pensar que está constantemente frustrado con nosotros o que mantiene las distancias con nosotros.

Pero la verdad es que no importa lo lejos que hayamos caído, él está esperando pacientemente a que volvamos, igual que el padre de la historia del hijo pródigo:

> «Así que emprendió el viaje y se fue a su padre. Todavía estaba lejos cuando su padre lo vio y se compadeció de él; salió corriendo a su encuentro, lo abrazó y lo besó. El joven le dijo: "Papá, he pecado contra el cielo y contra ti. Ya no merezco que se me llame tu hijo". Pero el padre ordenó a sus siervos: "¡Pronto! Traigan la mejor ropa para vestirlo. Pónganle también un anillo en el dedo y sandalias en los pies. Traigan el ternero más gordo y mátenlo para celebrar un banquete. Porque este hijo mío estaba muerto, pero ahora ha vuelto a la vida; se había perdido, pero ha

> sido hallado". Así que empezaron a hacer fiesta» (Lucas 15:20-24, NVI).

Nuestro Padre Celestial es cálido y afectuoso con nosotros. Nos protege con sus poderosas manos:

> «He aquí, el Señor Dios vendrá con poder, y su brazo gobernará por él. He aquí, con él está su galardón, y delante de él su recompensa. Como pastor apacentará su rebaño, en su brazo recogerá los corderos, y en su seno los llevará; guiará con cuidado a las recién paridas» (Isaías 40:10-11, LBLA).

> «Yo soy el buen pastor, y conozco mis ovejas y las mías me conocen, de igual manera que el Padre me conoce y yo conozco al Padre, y doy mi vida por las ovejas...y yo les doy vida eterna y jamás perecerán, y nadie las arrebatará de mi mano. Mi Padre que me las dio es mayor que todos, y nadie las puede arrebatar de la mano del Padre. Yo y el Padre somos uno» (Juan 10:14-15, 28-30, LBLA).

DECLARACIÓN #5

Renuncio a la mentira que dice que tú, Dios Padre, estás ausente o demasiado ocupado para mí. **Decido creer la verdad de que tú, Dios Padre, siempre estás presente, anhelas estar conmigo y te interesas por mí.**

Nuestros padres terrenales no podían hacer mucho. Eran humanos. Finitos. Limitados.

No es el caso de nuestro Padre celestial. Su poder y su presencia no tienen límites. Su amor es más grande de lo que podemos imaginar. Y su capacidad para estar con cada persona del planeta, en cada momento, está más allá de nuestra comprensión.

Sean cuales sean nuestras circunstancias, podemos contar con la presencia de nuestro Padre: «porque él mismo ha dicho: "Nunca te dejaré ni te desampararé", de manera que decimos confiadamente: "El Señor es el que me ayuda"» (Hebreos 13:5b-6ª, LBLA).

A diferencia de los padres terrenales, que se ven desbordados por el ajetreo, nos abandonan o simplemente no saben relacionarse con nosotros, Dios está siempre accesible y encantado de estar contigo.

DECLARACIÓN #6

Renuncio a la mentira que dice que tú, Dios Padre, eres impaciente, estás enojado conmigo, o me has rechazado. **Decido creer la verdad de que tú, Dios Padre, eres paciente y lento para la ira y que, cuando me disciplinas, es una prueba de tu amor, no de rechazo.**

Es posible que hayas tenido padres terrenales que parecían castigarte por hacer el mal. El castigo mira al pasado y cobra el precio del mal comportamiento de una persona. Se trata de liberar la ira hacia la persona.

> «Él fue traspasado por nuestras rebeliones
> y molido por nuestras iniquidades.
> Sobre él recayó el castigo, precio de nuestra paz
> y gracias a sus heridas fuimos sanados»
> (Isaías 53:5, NVI).

Todo tu castigo cayó sobre Jesús en la cruz. Dios nunca te castigará.

> «... además, habéis olvidado la exhortación que como a hijos se os dirige: Hijo mío, no tengas en poco la disciplina del Señor, ni te desanimes al ser

> reprendido por él; porque el Señor al que ama, disciplina, y azota a todo el que recibe por hijo. Es para vuestra corrección que sufrís; Dios os trata como a hijos; porque ¿qué hijo hay a quien su padre no discipline? Pero si estáis sin disciplina, de la cual todos han sido hechos participantes, entonces sois hijos ilegítimos y no hijos verdaderos. Además, tuvimos padres terrenales para disciplinarnos, y los respetábamos, ¿con cuánta más razón no estaremos sujetos al Padre de nuestros espíritus, y viviremos? Porque ellos nos disciplinaban por pocos días como les parecía, pero él nos disciplina para nuestro bien, para que participemos de su santidad. Al presente ninguna disciplina parece ser causa de gozo, sino de tristeza; sin embargo, a los que han sido ejercitados por medio de ella, les da después fruto apacible de justicia» (Hebreos 12:5-11, LBLA).

Dios, en ocasiones, nos corrige con el fin de enseñarnos. Su disciplina está orientada al futuro, utilizando situaciones o conductas para formar en nosotros el carácter de Cristo. El objetivo de la disciplina es nuestro bienestar y crecimiento a largo plazo. Su deseo es que desarrollemos el carácter de Cristo, y él busca emplear a cada persona y circunstancia en nuestra vida para lograrlo.

> «Y sabemos que para los que aman a Dios, todas las cosas cooperan para bien, esto es, para los que son llamados conforme a su propósito... también los predestinó a ser hechos conforme a la imagen de su Hijo» (Romanos 8:28, 29b).

¿Estas situaciones pueden ser dolorosas a veces? S

. ¿Son para nuestro beneficio? También sí. ¿Dios actúa con intenciones contradictorias? Nunca.

DECLARACIÓN #7

Renuncio a la mentira que dice que tú, Dios Padre, has sido mezquino, cruel o abusivo conmigo. **Decido creer la verdad de que Satanás es mezquino, cruel y abusivo, pero tú, Dios Padre, eres amoroso, tierno y protector.**

> «El Señor es mi roca, mi baluarte y mi libertador; mi Dios, mi roca en quien me refugio; mi escudo y el poder de mi salvación, mi altura inexpugnable» (Salmo 18:2).
>
> «No quebrará la caña cascada, ni apagará la mecha que casi no arde; con fidelidad traerá justicia» (Isaías 42:3).
>
> «Con amor eterno te he amado...» (Jeremías 31:3).

Nuestro Padre Dios cuida de nosotros. Él vela por nosotros. Es nuestro baluarte.

Nunca abusaría de nosotros, sino que solo hace cosas que nos benefician.

> «El ladrón solo viene para robar, matar y destruir. Yo he venido para que tengan vida, y para que la tengan en abundancia» (Juan 10:10).

Dios no es malo, cruel o abusivo. Es amoroso, amable y protector. Si te cuesta entender por qué Dios permitió que ocurriera una determinada situación, recuerda que vivimos en un mundo caído, gobernado por un tirano cruel y malvado.

Además, no olvides que otras personas, influenciadas por Satanás y sus propios deseos egoístas, también pueden causar daño.

En la cruz, Jesús despojó por completo a Satanás de su poder (Colosenses 2:15), y según Efesios 1:19-22, Jesús está sentado a la derecha de Dios, ocupando el lugar supremo de poder y autoridad, *muy por encima de todo gobierno, autoridad, poder y dominio*. Dios ha puesto todo bajo su control, y se nos dice que él es ahora *la cabeza sobre todas las cosas*. ¡Esa es una posición de poder inmensa!

¿Cuál es nuestra posición? Efesios 2:6 dice «y con él nos resucitó y con él nos sentó en los lugares celestiales en Cristo Jesús». Estamos sentados con Jesús, ¡muy por encima de Satanás y de todos los poderes demoníacos!

¿Por qué no le pides que te muestre dónde estuvo durante los momentos más difíciles de tu vida? Espera pacientemente a que él te lo revele.

DECLARACIÓN #8

Renuncio a la mentira que dice que tú, Dios Padre, me niegas los placeres de la vida. **Decido creer la verdad de que tú, Dios Padre, eres el autor de la vida y me das amor, gozo y paz cuando elijo ser lleno de tu Espíritu.**

«Yo soy aquel que ha sufrido la aflicción bajo la vara de su ira» (Lamentaciones 3:1, NVI).

Esta es la descripción que hace el profeta Jeremías de sus circunstancias. Continuó usando palabras y frases como asediado y rodeado de amargura y penurias... me pesó con cadenas... me destrozó y me dejó sin ayuda... traspasó mi corazón.

Jeremías sentía que Dios le había robado toda la alegría de vivir.

No solo eso, sino que Jeremías sentía que Dios, el autor de la vida, le estaba golpeando hasta el punto de rendirse.

Así es como se sentía. Pero con el tiempo, se dio cuenta de que estaba equivocado:

> «Siempre tengo presente este terrible tiempo mientras me lamento por mi pérdida. No obstante, aún me atrevo a tener esperanza cuando recuerdo lo siguiente: ¡El fiel amor del Señor nunca se acaba! Sus misericordias jamás terminan. Grande es su fidelidad; sus misericordias son nuevas cada mañana. Me digo: «El Señor es mi herencia, por lo tanto, ¡esperaré en él!» (Lamentaciones 3:20-24, NTV).

Enderezar su pensamiento le transformó por completo.

Dios solo quiere lo mejor para ti. Pero él sabe mucho mejor que nosotros cómo es eso.

No te creas las mentiras del mundo, de la carne y del diablo de que los placeres de esta vida son lo más importante.

Al someternos a aquel que es la Vida, experimentaremos la verdadera vida en él y mostraremos el fruto del Espíritu: amor, gozo, paz, paciencia, benignidad, bondad, fidelidad, mansedumbre, dominio propio (Gálatas 5:22-23).

DECLARACIÓN #9

Renuncio a la mentira que dice que tú, Dios Padre, intentas controlarme y manipularme. **Decido creer la verdad de que tú, Dios Padre, me has hecho libre y me das la libertad de tomar decisiones y crecer en tu gracia.**

En su orgullo, Satanás trató de usurpar la posición de Dios como soberano. Adán y Eva fueron tentados por el deseo de obtener más poder, ser como Dios. Jacob manipuló a su padre, Isaac, engañándolo para recibir la bendición que correspondía a su hermano. Sara quería tener hijos, así que hizo que Abram se acostara con su sierva. En todos estos ejemplos, vemos a personas que intentan ejercer poder sobre otras como medio de control. Ya sea que ese control venga en forma de fuerza física, como la esclavitud o el abuso, o en una forma más sutil, como la falsa enseñanza o la manipulación, el impacto es el mismo: un retorno a la esclavitud.

La soberanía de Dios significa que él tiene autoridad suprema sobre todas las cosas. Cada centímetro de la creación está bajo su señorío. El Salmo 103:19 dice: «El Señor ha establecido su trono en los cielos, y su reino domina sobre todo» (LBLA).

Pero, aunque nuestro Padre Dios es soberano, no es controlador. En su infinito amor y bondad, diseñó la creación de tal manera que nos proporcionó libertad y responsabilidad personal.

Dios no nos obliga a obedecerle ni a someternos a él; es una elección nuestra. Pero toda elección tiene consecuencias.

> «Para libertad fue que Cristo nos hizo libres. Por tanto, permanezcan firmes, y no se sometan otra vez al yugo de esclavitud» (Gálatas 5:1).

DECLARACIÓN #10

Renuncio a la mentira que dice que tú, Dios Padre, me has condenado y ya no me perdonas. **Decido creer la verdad de que tú, Dios Padre, has perdonado todos mis pecados y nunca los usarás en mi contra en el futuro.**

Más de quinientos años antes de que Jesús naciera, nuestro amoroso Padre celestial nos dijo a través del profeta Jeremías que haría un nuevo pacto que no se basaría en nuestra actuación. Dijo que «porque este es el pacto que haré con la casa de Israel después de aquellos días... Pondré mi ley dentro de ellos, y sobre sus corazones la escribiré; y yo seré su Dios y ellos serán mi pueblo... porque todos me conocerán... pues perdonaré su maldad, y no recordaré más su pecado» (Jeremías 31:32-34, LBLA).

La condenación está relacionada con el juicio. Todo el juicio por nuestro pecado fue puesto sobre Jesús cuando colgó en la cruz. No hay más pago necesario para tratar con nuestro pecado ante Dios.

> «Por consiguiente, no hay ahora condenación para los que están en Cristo Jesús» (Romanos 8:1, LBLA).

¡*Ahora* significa ahora y *no* significa no!

Cuando confesamos nuestros pecados, simplemente estamos reconociendo ante Dios que lo que hemos hecho está mal y estamos de acuerdo con su juicio sobre ello. «Él es fiel y justo para perdonarnos los pecados y para limpiarnos de toda maldad» (1 Juan 1:9, LBLA).

DECLARACIÓN #11

Renuncio a la mentira que dice que tú, Dios Padre, me rechazas cuando no logro ser perfecto y libre de pecado. **Decido creer la verdad de que tú, Dios Padre, eres paciente conmigo y me limpias cuando caigo. Soy la niña de tus ojos.**

> «por cuanto todos pecaron y no alcanzan la gloria de Dios. Todos son justificados gratuitamente por su gracia por medio de la redención que es en Cristo Jesús» (Romanos 3:23-24).

Es fácil caer en la mentira de Satanás de que has hecho algo que te descalificaría absolutamente para pertenecer a Dios... Pensamientos como: «¡Eres el único que pasa por esto! ¿Crees que alguien más está luchando con esto? Dios nunca te aceptará».

Pero la realidad es que todos hemos pecado y no hemos cumplido con las normas de Dios. Todos hemos fallado. No estás solo en esto.

Nuestro Padre celestial es «Compasivo y clemente es el Señor, lento para la ira y grande en misericordia» (Salmo 103:8, LBLA). Dios no se sorprende cuando fallamos. A pesar de ello, nos ofrece su gracia simplemente por ser quien es, no por lo que hayamos hecho o dejado de hacer.

No tenemos necesidad de fingir ni de intentar ser algo que no somos. Dios no nos impone expectativas poco realistas. ¿Por qué las ponemos nosotros mismos? ¡Realmente eres la niña de los ojos de Dios!

CAPÍTULO 7

FRUCTÍFERO

Hagamos balance. Pablo dice: «Pues el amor de Cristo nos apremia» (2 Corintios 5:14), y Juan nos dice: «Nosotros amamos porque él nos amó primero» (1 Juan 4:19).

Dios quiere que nuestra motivación sea el amor y nada más que el amor. Eso es lo que yo también quiero para mi vida. Y estoy seguro de que tú también.

Hemos considerado cuatro *falsas motivaciones*: la culpa, la vergüenza, el miedo y la ansiedad. En este capítulo y en el siguiente, examinaremos un quinto obstáculo para dejarse llevar solo por el amor: el orgullo.

El orgullo es como el mal aliento: todos a tu alrededor lo notan, menos tú. En este capítulo, exploraremos cómo esto puede obstaculizar nuestra capacidad de generar un impacto duradero. También analizaremos cómo el orgullo nos impide cumplir con la única oración que, según los registros, Jesús hizo por aquellos que seguirían a sus primeros discípulos.

¿CÓMO PODEMOS DAR FRUTO?

Una vez, después de una conferencia, se me acercó alguien que claramente quería que su vida glorificara a Dios y fuera lo más fructífera posible. Me dijo que sentía que Dios quería que iniciara un ministerio cristiano, y que había estado observando cómo los ministerios de *Libertad en Cristo* habían crecido tan rápidamente. Me preguntó: «¿Cómo lo has hecho?».

Le dije: «No lo sé. Simplemente sucedió. Si Dios quiere que hagas algo parecido, él lo hará, solo mantente cerca y coopera con él».

Eso claramente no le satisfizo porque después de la conferencia me envió un correo electrónico pidiéndome de nuevo que le dijera paso a paso cómo crear un ministerio como *Libertad en Cristo*.

Sinceramente, pensé mucho en cómo podía ayudarle. Evidentemente, podría haberle dicho algunas cosas prácticas como: «Reúne una junta de personas piadosas» o «Arma una estrategia básica». Todos pensamos naturalmente que todo se reduce a nuestros propios esfuerzos. Y, por tanto, corremos el riesgo de quemarnos o sentirnos abrumados. La mayoría de nosotros aprendemos esto por las malas, ya que Dios a menudo nos permite luchar bajo la carga de intentar hacerlo nosotros mismos.

Le envié un correo electrónico en el que le decía prácticamente lo mismo que cuando nos conocimos, y añadía que cuando perseveramos en las dificultades es cuando Dios parece prepararnos realmente para el futuro ministerio.

No he vuelto a tener noticias de él desde entonces, pero creo que realmente escuchó a Dios sobre comenzar un ministerio. También sospecho que ahora tiene un ministerio exitoso, aunque probablemente no haya sido tan fácil como pensaba, enfrentándose a muchas dificultades en el camino, cada una de las cuales Dios habrá utilizado para seguir moldeando su obra maestra.

Su pregunta es la misma que muchos de nosotros nos hacemos de forma audible o inaudible en un momento u otro: ¿cómo puedo producir y mantener una vida fructífera? ¿Cómo puedo asegurarme de que el resto de mi vida marque una verdadera diferencia para la eternidad?

SIN JESÚS *NO* PODEMOS HACER *NADA*

¿Cómo podemos dar fruto para Jesús? Algunas de sus palabras más importantes, pronunciadas casi al final de su vida terrenal, arrojan luz sobre esta cuestión:

> «Yo soy la vid verdadera, y mi Padre es el viñador. Todo sarmiento que en mí no da fruto, lo quita; y todo el que da fruto, lo poda para que dé más fruto. Ustedes ya están limpios por la palabra que les he hablado. Permanezcan en mí, y yo en ustedes. Como el sarmiento no puede dar fruto por sí mismo si no permanece en la vid, así tampoco ustedes si no permanecen en Mí. Yo soy la vid, ustedes los sarmientos; el que permanece en mí y yo en él, ese da mucho fruto, porque separados de Mí nada pueden hacer» (Juan 15:1-5).

Jesús no dijo: «Separados de mí no pueden hacer mucho». Dijo: «separados de mí nada pueden hacer».

Ahora puedes levantarte de la cama, desayunar, lavarte los dientes, vestirte, ir a trabajar, ganarte la vida, formar una familia, envejecer, jubilarte y morir sin Jesús. Millones lo hacen todos los días. Entonces, ¿qué quiso decir Jesús cuando dijo «separados de mí nada pueden hacer»? Simplemente que no puedes hacer nada de valor eterno a menos que dependas completamente de él, a menos que sea desde una posición de descanso en su capacidad y permaneciendo conectado a él.

NUESTRA ÚNICA RESPONSABILIDAD

Si alguna vez te adentras en un viñedo, te aseguro que hay algo que nunca oirás. Nunca escucharás el sonido de las ramas gruñendo y gimiendo, esforzándose para que les salgan uvas. Y hay algo que te garantizo que no verás: ramas desconectadas de la vid con frutos sanos creciendo en ellas.

Las ramas no dan fruto porque se esfuercen mucho. Y nosotros tampoco. Las ramas que no están unidas a la vid no dan ni pueden dar fruto. Estas son dos leyes inviolables de la viña.

¿Cuál es la única responsabilidad de la rama? Nuestra reacción natural sería decir: «¡Dar fruto!». No. Es permanecer en, estar cerca de, permanecer con, estar en casa, en la vid. El jardinero sabe que, si se asegura de que la planta esté sana, con las ramas firmemente unidas a la vid, dará fruto.

He aquí un principio clave: Los cristianos que se enfocan en su necesidad de dar fruto, se ponen a sí mismos en un sistema basado en la ley de desempeño temeroso y ansioso... con la culpa y la vergüenza resultantes si fallan, y el orgullo si parecen tener éxito.

Pero los cristianos que se centran simplemente en permanecer en Jesús entran en una vida de "gracia-descanso" donde, paradójicamente, dan mucho fruto.

Hay una progresión que debemos recorrer en nuestra comprensión de quién es Jesús. No basta con conocer a Jesús como Salvador, aunque ese es el punto de partida esencial para todos nosotros. Ni siquiera es suficiente conocerlo como Señor, aunque necesitamos llegar a ese lugar de sumisión. Necesitamos entender la verdad de que él es nuestra vida (Colosenses 3:3).

Entonces simplemente necesitamos permanecer conectados a él.

Jesús mismo fue nuestro modelo. Él es el Hijo de Dios. Todo lo que ha sido creado lo fue a través de él. Sin embargo, cuando decidió renunciar a toda la gloria del Cielo y vino a esta tierra, adoptó una actitud que resulta chocante:

> «En verdad les digo que el Hijo no puede hacer nada por su cuenta, sino lo que ve hacer al Padre; porque todo lo que hace el Padre, eso también lo hace el Hijo de igual manera» (Juan 5:19).

En el versículo 30 del mismo capítulo, añadió:

> «Yo no puedo hacer nada por iniciativa mía».

Aunque era Dios, en numerosas ocasiones Jesús dejó claro que no actuaba desde su divinidad. Él estaba modelando cómo Dios quiere que vivamos nosotros también, no podemos hacer absolutamente nada separados de él.

¿Sabías que Martín Lutero escribió en una ocasión que tenía tanto que hacer que debía levantarse tres horas antes de lo habitual para orar? ¿Cómo te hace sentir eso? Probablemente te hace sentir culpable. Quizás en algún momento intentaste imitarlo o seguir un ejemplo similar del que habías escuchado. ¿Todavía lo haces? Si eres como yo, lo intentas con todo tu empeño durante algunos días o semanas, pero no logras conservarlo y terminas sintiéndote derrotado.

¿Cómo enfocaba Jesús la oración? La oración era un estilo de vida para Jesús. Él también solía levantarse temprano, caminar por las montañas y hablar con su Padre. No se trata de una vida de oración formal y obediente. Imagino que había largos ratos de silencio, como los que suele haber entre personas que se conocen bien: un silencio cómodo.

Probablemente Dios no te está pidiendo ahora mismo que te levantes tres horas antes para orar. Pero estaría encantado de que te acercaras a él solo porque quieres —sin ningún tipo de agenda— aunque fuera durante diez minutos. Si lo haces cada vez más, probablemente te darás cuenta, como Jesús y Lutero, de que sin Dios no puedes hacer nada de valor duradero.

Y puede que acabes levantándote temprano para orar, no por culpabilidad o por la necesidad de comprobar algún tipo de rendimiento espiritual, sino por una verdadera comprensión de la verdad y porque simplemente te gusta pasar tiempo con Dios.

No te centrarás en el fruto —cuántas horas de oración puedes hacer— sino en Aquel que es la Vid Verdadera. Y, paradójicamente, ¡darás fruto!

DESCANSA EN ÉL

Jesús hizo una oferta, específicamente a las personas que se sentían abrumadas por las exigencias de tratar de estar a la altura de un determinado conjunto de expectativas. Era ésta:

> «Vengan a mí, todos los que están cansados y cargados, y yo los haré descansar. Tomen mi yugo sobre ustedes y aprendan de mí, que Yo soy manso y humilde de corazón, y hallarán descanso para sus almas. Porque mi yugo es fácil y mi carga ligera» (Mateo 11:28-30).

¡Qué asombrosa declaración de gracia! ¿Puedes imaginar a un dios de cualquier otra religión haciendo ese tipo de ofrecimiento? Dios no quiere que trabajemos y nos agobiemos. Quiere que descansemos. Él genuinamente nos ofrece un yugo que es fácil y una carga que es ligera. Como hemos visto, no hay nada que Dios exija que hagamos. Absolutamente nada.

Curiosamente, la imagen que Jesús nos da cuando nos ofrece descanso es la de dos bueyes arando un campo. Parece más un trabajo duro que un descanso, ¿verdad?

No quiero darte la impresión de que la vida cristiana es algo en lo que te limitas a flotar cantando canciones bonitas y oyendo la voz de Dios todo el tiempo. El descanso del que hablamos no significa estar tumbado sin hacer nada. Es un descanso *interno* que se basa en la fe y la dependencia de Dios. No nos centramos en dar fruto, sino en permanecer en la Vid, en nuestra relación con Jesús. Hay un sentido en el que descansamos de nuestras obras, pero las obras se siguen haciendo.

Dios siempre ha querido que su pueblo entienda que el descanso es la clave. Cuando Dios hizo el mundo, trabajó durante seis días y descansó el séptimo. Dios no se fue a dormir la siesta, ese no es el sentido de la palabra hebrea original en absoluto. Dios *descansó* porque su reinado todopoderoso sobre el universo comenzó y todo era como debía ser.

Pero ¿qué pasa con Adán? Todo lo contrario. Fue creado el sexto día, así que el primer día completo de la vida de Adán fue el séptimo día, cuando Dios descansó. Todo estaba ya hecho. Todo lo que necesitaba estaba a su disposición. No había nada de qué preocuparse. El primer día completo de su vida fue ese día de descanso, un día de *conexión* con Dios, *sabiendo* que Dios estaba a cargo, y *confiando activamente* en él.

Así que primero descansó, y luego Dios lo puso a trabajar. Ese es el principio que Dios desea que adoptemos: descansamos y luego trabajamos. No se trata de que trabajemos duro y luego descansemos para recuperarnos. Es al revés. Del descanso surge el ministerio fructífero.

Primero, descansamos en la realidad y la provisión de Dios, y luego trabajamos. Aprendemos a confiar en Dios, y luego damos fruto.

Sin embargo, gran parte de nuestras vidas transcurren al revés: nos agotamos y luego descansamos para recuperarnos. Si eres como yo, puedo encontrarme trabajando cada vez más duro, y en la desesperación orando: «¡Oh, Señor, ¡bendice el trabajo de mis manos y confiaré más en ti!».

Cuando todo el tiempo, se supone que debe ser al revés. Confía en Dios y da fruto. Si quieres dar frutos que permanezcan; si quieres tener un impacto en este planeta que dure hasta la eternidad; si quieres alinearte con los propósitos del reino de Dios para tu vida, tu familia y tu mundo; entonces tienes que empezar por descansar en la vid verdadera, Jesucristo, que es nuestra vida misma.

¿Cómo podemos saber si estamos confiando en nuestras propias fuerzas para dar fruto? Esencialmente cuando nos damos cuenta de que estamos intentando controlar los acontecimientos o a las personas.

La persona que intentaba desesperadamente iniciar un ministerio tal vez estaba tratando de controlar *los acontecimientos*.

Probablemente había escuchado con precisión a Dios, pero su papel era entonces principalmente permanecer en la vid y dejar que Dios hiciera que sucediera, no tratar de llevarlo a cabo por sí misma.

Me ha tomado tiempo darme cuenta de que cuando siento que Dios desea hacer algo, mi función es orar y esperar, y luego cruzar la puerta que él siempre abre.

A veces también intentamos controlar a las personas. Los fariseos eran muy celosos de Dios y buscaban ganarse su favor imponiendo sus estrictas interpretaciones de la ley a todos, llegando incluso al extremo de intentar atrapar a la gente en adulterio de manera clandestina. El hermano mayor le recordó a su padre todas las buenas obras en las que se afanaba, pero en realidad estaba intentando controlarle, utilizándolas para que le diera la bendición.

He perdido la cuenta del número de personas a las que he invitado a unirse a nosotros en *Libertad en Cristo*, normalmente porque tengo la sensación de que Dios los llama. Tengo mucho cuidado de no presionarlas en absoluto. A veces me dicen: «No estoy seguro de que Dios me llame a unirme a vosotros», a lo que siempre respondo: «Bueno, solo te queremos si Dios te llama definitivamente, así que no te sientas presionado en absoluto. Tómate tu tiempo y asegúrate de que él te llama». Cuando siento que debo pedirle a alguien que se encargue de una tarea en particular, suelo terminar diciendo algo así como: «Sin ningún tipo de presión», y lo digo en serio. Curiosamente, casi todas las personas a las que siento que debo pedir que se unan a nosotros o que se encarguen de una tarea sienten el mismo impulso de Dios y acaban siendo una bendición para el ministerio.

Los que se dan cuenta de que, aparte de Dios, no pueden hacer nada, no necesitan intentar controlar ni los acontecimientos ni a las personas. Descansan sabiendo que pueden confiar en que su Padre Dios se ocupará de las personas y los acontecimientos que están fuera de su control. Saben que él realmente hace que todas las cosas cooperen para su bien (Romanos 8:28).

LA PUERTA DEL QUEBRANTO

Entonces, ¿cómo entrar en esta vida de gracia-descanso?

No es fácil, porque tenemos una inclinación natural a no permanecer en la vid y confiar completamente en Jesús, sino a confiar en nuestras propias fuerzas y habilidades.

En el Salmo 131, el antídoto que el rey David encuentra contra el orgullo es *apaciguar y calmar* su alma. David se da cuenta de que, en lo más profundo de su ser, hay una parte que grita constantemente, como un niño que aún depende de la leche materna. Nuestras almas siempre están clamando: ya sea por culpa, vergüenza, miedo o ansiedad, o por la tentación de ceder a impulsos carnales. También pueden gritar porque desean controlar a las personas o los acontecimientos. Hay una inquietud persistente.

Entonces, ¿cómo aprendió David a tranquilizar y sosegar su alma? Fue ungido como rey cuando era aún joven, pero pasaron años antes de que eso se hiciera realidad. Durante ese tiempo, vivió una pesadilla, pasando años en el desierto, temiendo por su vida mientras el rey Saúl intentaba matarlo. Aprendió que Dios es real y que se puede confiar en que cumplirá su promesa. Reconoció que Dios es bueno y que tenía planes para darle esperanza y un futuro. También entendió que esos planes se cumplirían a su debido tiempo, cuando él estuviera listo.

Al igual que David, debemos aprender a tranquilizar y silenciar nuestra alma, alcanzando una dependencia total de Dios. Cuando sintamos culpa, debemos dejarla a los pies de la cruz y alejarnos de ella. Si experimentamos vergüenza, es crucial recordar que somos nuevas criaturas. Ante los impulsos carnales, debemos reconocer que solo traen esclavitud y que podemos elegir no ceder a ellos. Cuando el miedo nos asalte, recordemos que solo Dios merece ser temido y que él está a nuestro lado. Si la ansiedad nos invade, debemos echar nuestras preocupaciones sobre Jesús y dejarlas en sus manos. Y cuando sintamos la tentación del orgullo, debemos entender que no podemos hacer absolutamente nada sin él.

Dios está buscando activamente ayudarnos a lidiar con el orgullo y el control que nos detiene y ayudarnos a entrar en una vida de descanso llena de gracia. ¿Cómo? Ojalá tuviera buenas noticias para ti. Bueno, en realidad son buenas noticias, solo que no son noticias fáciles.

Su cura implica llevarnos a un punto de quebrantamiento para enseñarnos cuán absolutamente dependientes somos de él. Para muchos de nosotros, depender completamente de otra persona es una pesadilla —como al enfrentar el envejecimiento o una enfermedad—, pero Jesús desea que aprendamos a confiar en él. En su gracia, trabaja en nosotros tan pacientemente como puede.

Hay un proceso para cortar y eliminar el egocentrismo y la autosuficiencia que todo el pueblo de Dios —sin excepciones— debe atravesar para entrar en el descanso de Dios. Jesús lo llamó poda, mientras que en Hebreos 12 se refiere a ello como *disciplina*. El autor de la carta nos exhorta a ser diligentes para entrar en el reposo de Dios. No es un camino fácil ni divertido; de hecho, puede ser bastante doloroso, por lo que requiere esfuerzo y perseverancia, lo que también se conoce como *aguantar*. Sin embargo, es la puerta de entrada a una vida de descanso por gracia, y realmente vale la pena.

Echemos un vistazo a Hebreos 12:

> «Hijo Mío, no tengas en poco la disciplina del Señor,ni te desanimes al ser reprendido por él. Porque el Señor al que ama, disciplina, y azota a todo el que recibe por hijo».
>
> «Al presente ninguna disciplina parece ser causa de gozo, sino de tristeza. Sin embargo, a los que han sido ejercitados por medio de ella, después les da fruto apacible de justicia». (Hebreos 12:5b,6,11).

No me gustan palabras como *disciplina* o *reprendido*. Supongo que a ti tampoco. Las raíces de la autosuficiencia, el orgullo, la autosatisfacción y el egoísmo son muy profundas. Se requiere de medidas fuertes para eliminarlas. La cura de Dios es disciplinarnos en amor para llevarnos al punto del quebrantamiento.

Quiere que veamos —y realmente necesitamos ver— lo inútiles que son nuestros propios esfuerzos y lo absolutamente dependientes que somos de él. Necesitamos aprender, no solo en nuestra cabeza sino en nuestro corazón, que aparte de Jesús no podemos hacer nada de valor eterno. Aquí es donde descubrimos que Jesús no es solo nuestro salvador, sino nuestra vida.

Puede que nos sorprenda saber que incluso Jesús tuvo que pasar por esto:

> «Aunque era Hijo, aprendió obediencia por lo que padeció» (Hebreos 5:8).

No hay atajos. Pero cuando comprendemos que las situaciones difíciles en realidad nos ayudan a crecer y dar fruto, podemos aprender a aceptarlas, aunque no nos gusten.

Ahora sé que el orgullo ha sido un gran problema en mi propia vida, pero hubo un tiempo en que yo era felizmente inconsciente, cuando pensaba que estaba haciéndolo bien en mi vida cristiana, pero en realidad, había muy poco fruto real.

Formaba parte del equipo de liderazgo de una pequeña iglesia, y uno de los miembros estaba pasando por una lucha interna porque sentía que había recibido un mensaje de Dios que le resultaba muy difícil compartir. Esto es lo que anoté en mi diario en ese momento:

> Anoche, durante la reunión de líderes, asistió Sandra. Resulta que ha recibido una palabra muy específica de Dios que le ha provocado gran angustia y malestar desde el domingo. El mensaje principal fue que Dios está afligido por nuestra iglesia porque tenemos corazones duros.
>
> Después, nos dio mensajes concretos a cada uno. El mío era que adoptaba una actitud de *más santo que tú*, no ser vulnerable y hacer que otros piensen que no pueden alcanzar el nivel de santidad que yo aparento. Al parecer, esto está desalentando a los cristianos y desanimando a los no creyentes.

Recuerdo que me quedé bastante sorprendido y murmuré algo así como: «Gracias, Sandra. Yo tampoco lo veo claro, pero oraré por ello». Entonces miré a los demás líderes con la seguridad de que me apoyarían y me asegurarían que yo no era así en absoluto. Pero todos evitaron mirarme. Nadie sintió la necesidad de intervenir y corregir o incluso modificar ligeramente lo que Sandra había dicho.

Permitidme leer un poco más de mi diario:

> Zoë y yo hablamos esta tarde y hemos llegado a la conclusión de que, básicamente, nos han educado para creer que podemos *manejar* las cosas, y, de hecho, en cierto sentido, podemos. Siendo personas capaces, tendemos a confiar en nuestros propios recursos. Como resultado, casi nunca pedimos ayuda porque creemos que no la necesitamos; no dejamos que la gente se acerque porque creemos que no tenemos necesidades; estamos dispuestos a ofrecer consejo y *sabiduría*, pero no parece que la necesitemos...
>
> Creo que aún no hemos comprendido la ofensa que esta actitud representa para Dios. Esta noche nos hemos arrepentido y hemos orado para que él derribe en nosotros los muros del orgullo, la independencia y la autosuficiencia.

Recuerdo que eso me llevó a un periodo de algunas semanas en las que fui cada vez más consciente y me horroricé cada vez más de lo orgulloso que había sido. Me pasaba horas orando y pidiendo perdón a Dios. A menudo, acababa tumbado en el suelo ante él.

He aquí una última anotación de mi diario de aquella época:

> «He llegado a darme cuenta de que mi relación con Jesús es bastante débil y que gran parte de mi cristianismo ha estado enfocado en sentirme bien, en construir una imagen favorable ante los demás, entre otras cosas. Ahora me siento

> completamente vulnerable e indefenso, pero también feliz y emocionado».

Es curioso, pero cuando llegas a reconocer tu debilidad e impotencia y te entregas a la misericordia de Dios, de alguna manera se siente como el lugar donde siempre debes estar, como el hermano menor que regresa y se lanza a los brazos de su padre.

Da miedo leer que Dios se opone a los soberbios (Santiago 4:6). En su amor por nosotros, él desencadena eventos en nuestras vidas que nos abruman, que nos sacan de nuestra profundidad y nos llevan a reinos en los que nos encontramos más allá de nuestra capacidad para hacerles frente. La soberbia precede literalmente a la caída. Pero nunca llegamos a experimentar el poder de Dios en nuestras vidas, a menos que seamos llevados a *un fin de nosotros mismos*.

Cualquiera que sea el instrumento de ruptura que Dios utilice en nuestras vidas —pérdida de reputación, malentendidos, injusticias, problemas de salud o dificultades financieras— estará diseñado específicamente para abordar los problemas de orgullo y control que enfrentamos. El propósito de Dios es despojarnos de aquello que hemos convertido en sustitutos de él. Con su amor inquebrantable, busca atraernos de regreso a su lado. Desea liberarnos de otros apegos y restaurar la intimidad de nuestra relación con él.

Al apóstol Pablo se le otorgaron sorprendentes revelaciones sobre las verdades de Dios, que fácilmente podrían haberle llenado de orgullo. Sin embargo, logró experimentar una profundidad en la vida de gracia y descanso, que pocos han alcanzado. Él nos comparte cómo lo logró:

> «Y dada la extraordinaria grandeza de las revelaciones, por esta razón, para impedir que me enalteciera, me fue dada una espina en la carne, un mensajero de Satanás que me abofetee, para que no me enaltezca.
>
> Acerca de esto, tres veces he rogado al Señor

> para que lo quitara de mí. Y él me ha dicho: "Te basta mi gracia, pues mi poder se perfecciona en la debilidad". Por tanto, con muchísimo gusto me gloriaré más bien en mis debilidades, para que el poder de Cristo more en mí. Por eso me complazco en las debilidades, en insultos, en privaciones, en persecuciones y en angustias por amor a Cristo, porque cuando soy débil, entonces soy fuerte» (2 Corintios 12:7-10).

Dios no es la causa de todas las dificultades que encontramos. Pero él utilizará cada dificultad para nuestro bien. Nunca desperdicia ninguna experiencia.

Nadie dice que debamos disfrutar de las dificultades. Pero no siempre son cosas por las que haya que preocuparse demasiado. En los momentos difíciles aprendemos a confiar en Dios. Su gracia es suficiente, aunque no lo parezca.

Si quieres sentirte orgulloso de algo, ¡siéntete orgulloso de tus debilidades! Es entonces cuando el poder de Cristo puede realmente obrar en ti.

Las águilas son aves enormes. Pueden tener una envergadura de casi tres metros y pesar más de once kilos. Eso es más o menos lo mismo que un perro de tamaño mediano, como un cocker spaniel (el peso, no la envergadura). Si alguna vez has visto un águila, sabrás que vuelan a gran altura: imagina cuánta energía se necesita para que un ave tan grande llegue tan alto. Se podría pensar que es una cantidad enorme.

Sin embargo, todo lo que hace un águila es saltar desde un lugar alto, encontrar un poco de aire caliente ascendente y dar vueltas en él. Tienen un mecanismo que les permite bloquear las alas, por lo que prácticamente no necesitan energía para alcanzar esas alturas asombrosas. Todo lo hace el aire caliente.

> «Aun los mancebos se fatigan y se cansan,
> y los jóvenes tropiezan y vacilan,
> pero los que esperan en el Señor
> renovarán sus fuerzas.

> Se remontarán con alas como las águilas,
> correrán y no se cansarán,
> caminarán y no se fatigarán»
> (Isaías 40:30-31).

Parte del descanso consiste en esperar a Dios, en buscar el aire caliente, si se quiere. La idea que subyace a la palabra hebrea traducida aquí como *esperar* es algo así como *juntar*, del mismo modo que las hebras de una cuerda se unen para hacer algo mucho más fuerte. Al esperar en Dios, nos sentimos unidos a él y nos fortalecemos con su fuerza.

Cuando cerramos nuestras alas y descansamos en él, renueva nuestras fuerzas y nos levantamos.

Una forma práctica y muy sencilla de esperar en Dios, en lugar de precipitarnos en nuestro propio entendimiento, es dejar espacio en nuestro proceso de toma de decisiones para que Dios tome la iniciativa. ¿Tienes que tomar una decisión? Si puedes, ¿por qué no intentas retrasarla unos días —quizá una semana— para invitar a Dios a que ponga en marcha su plan, en caso de que contradiga el tuyo?

Estoy conectado a la *acción*. Me encanta tener un montón de cosas que hacer y puedo funcionar fácilmente a pura adrenalina. En esos momentos, es probable que me precipite con mis propias fuerzas, con el resultado de que me estreso y me sobrecargo. Sin embargo, si no tengo suficiente que hacer, mi alma grita y me siento sin rumbo e intranquilo. Esta no es una buena manera de vivir y realmente me impide entrar en el descanso de Dios. Dios me bendijo con un período ciertamente difícil, el más difícil de mi vida hasta ahora, para ayudarme a crecer en esto. Duró unos dos años.

Zoë, mi mujer, se desmayó en la mitad de la noche sin previo aviso. No podía levantarse. En un momento pensé que había muerto. Llamé a una ambulancia que la llevó al hospital. Se recuperó hasta cierto punto, y entonces nos embarcamos en una serie de pruebas diferentes para tratar de averiguar qué había pasado y qué podía estar mal en ella.

Se fueron descartando uno a uno todos los problemas médicos

graves, lo cual fue un alivio. Pero no recuperó su fuerza habitual, y en varios momentos, cuando hacía demasiadas cosas, recaía. Estaba muy cansada. Se sentía mal. Tenía dolores de cabeza. Cada vez que recaía, empeoraba hasta el punto de no poder salir de casa. Una vez cada dos o tres días, quizá podía arrastrar los pies unos cincuenta metros que la separaban del buzón, y eso era todo. Finalmente, le diagnosticaron síndrome de fatiga crónica. No es un gran consuelo: es una enfermedad muy debilitante y los médicos tienen muy poco éxito con ella.

Tenía que mantener el hogar y la familia. Llegó a ser bastante estresante, pero, en cierto modo, me encantaba hacerlo todo. Me convertí en un experto en cocinar muchas comidas a la vez y congelarlas, lo que me daba una gran sensación de logro. Pero tuve que reducir mis compromisos ministeriales. Apenas acepté dar conferencias. Reduje mucho mi tiempo en la oficina. ¿Y sabes qué? Descubrí que Dios era capaz de mantener todo en marcha —y no solo en marcha, sino creciendo— sin mi ayuda.

Durante este tiempo, uno de nuestros intercesores me envió con cautela un mensaje que sentía que Dios quería comunicar.

> «¿No soy yo tu esperanza? Si no hubiera ministerio, ¿no seguiría siendo yo tu esperanza, tu alegría? Si fueras despojado de todo, ¿sería yo suficiente? Esta es una pregunta difícil para mis amados. Muchos creen que necesitan ser mis esclavos para complacerme, cuando son sus corazones sobre lo que yo medito».

Es una pregunta difícil. Si nos despojáramos de todo, ¿sería suficiente Jesús?

Poco después, y durante este periodo de dos años de enfermedad de Zoë, acepté un compromiso ministerial. Fui a Portugal para reunirme con Samuel Paolo, un pastor que estaba interesado en poner en marcha *Libertad en Cristo* allí. Pude ver que era un hombre increíblemente ocupado dirigiendo una iglesia, coordinando a los evangélicos de todo Portugal y dirigiendo proyectos para alimentar a los pobres y ayudar a los niños de África. De vuelta al aeropuerto, al final del viaje, hice mi habitual *sin presiones* y le dije: «Por favor, no sientas que tienes que empezar *Libertad en Cristo* aquí solo porque nos hayamos conocido. Hazlo solo si te sientes llamado a ello». Me contestó: «No te preocupes, no lo haré», y me contó su historia.

Me contó que, en un momento de su vida, estaba tan impulsado por el afán de hacer, que su matrimonio y su ministerio estuvieron al borde del colapso. Finalmente, se quedó a solas con Dios y sintió que Jesús le preguntaba: «Si no tuvieras nada de este ministerio, ¿sería yo suficiente para ti?». Al escuchar eso, se me erizaron los pelos de la nuca al recordar el mensaje que acababa de recibir de nuestro intercesor. Con total honestidad, me confesó que su respuesta fue: «La verdad, Señor, es que no». Y en ese momento supe que mi respuesta sincera sería exactamente la misma.

Lo superó hasta el punto en que ahora puede decir: «Sí, Jesús, tú eres suficiente». Sigue siendo un tipo increíblemente ocupado, con muchas cosas en marcha, pero internamente ahora está en reposo. Está haciendo solo lo que el Padre le dice que haga y estoy muy contento de que el Padre —un par de años después— le dijera que empezara *Libertad en Cristo* en Portugal. Ha visto grandes frutos en un lugar difícil.

En mi primera visita, me mostró un terreno y me contó su sueño de construir una iglesia en él. En aquel momento, su iglesia se reunía en un taller mecánico y tenía poco dinero. Hoy hay una iglesia próspera en un edificio maravilloso en esa parcela de tierra. El fruto viene de permanecer en la vid y nada más.

Zoë estuvo enferma durante dos años, pero se recuperó por completo. Durante ese tiempo, ambos aprendimos a depender de Dios de una manera mucho más profunda. A menudo hemos debatido si, de poder hacerlo, cambiaríamos el pasado para evitar pasar por esa etapa tan difícil. Al final, hemos llegado a la firme conclusión de que lo que ganamos con esa experiencia fue tan valioso que no cambiaríamos absolutamente nada.

Una traducción más clara sería: «La verdadera prueba está en la experiencia, por supuesto, y sé que me resultaría muy difícil si me quitaran el ministerio. Pero, en el fondo, sí, Jesús, tú eres suficiente».

> A través de muchos peligros, trabajos y
> trampas, ya he llegado;
>
> La gracia me ha traído a salvo hasta aquí,
> y la gracia me llevará a casa.

El ministerio *Libertad en Cristo* se ha expandido a unos cuarenta países, y el curso *Libertad en Cristo* se ha traducido a otros tantos idiomas y ha llegado a millones de personas. Me encanta el hecho de que todo esto ha sido claramente obra de Dios. Yo nunca podría haberlo hecho. En este momento, siento que Dios está diciendo que tiene mucho más que quiere hacer a través del ministerio. Después de ver cómo ha obrado hasta ahora, sé que no necesito forzar que las cosas sucedan. Solo debo avanzar paso a paso y confiar en que abrirá las puertas y proveerá lo que necesitemos.

También sé que el cielo es el límite en cuanto a la capacidad personal de ser más fructíferos, porque no depende de mí, sino de Dios todopoderoso. Hay una maravillosa verdad en relación a «no puedo hacer nada por mí mismo»:

> «Todo lo puedo en Cristo que me fortalece»
> (Filipenses 4:13).

¿Cuál es el fruto que Dios quiere ver en tu vida? Recuerda que a Dios le interesa más cómo eres que lo que *haces*. Él mira tu corazón. El fruto del Espíritu no es un ministerio externo, es amor, gozo, paz, mansedumbre, dominio propio. Todos esos son atributos del carácter. A medida que desarrollamos esos atributos de carácter, fluirán en las cosas que hacemos.

Y en verdad hay obras que Dios ha preparado desde antes de la creación del mundo solo para que las hagas. Aún no sabes cuáles son. Por enormes que sean, todas son completamente posibles.

CONTAR EL PRECIO

En Mateo 16, vemos un momento crucial en el ministerio de Jesús en el que Dios revela a Simón Pedro quién es Jesús exactamente.

> «Desde entonces Jesucristo comenzó a declarar a Sus discípulos que debía ir a Jerusalén y sufrir muchas cosas de parte de los ancianos, de los principales sacerdotes y de los escribas, y ser muerto, y resucitar al tercer día» (Mateo 16:21).

Pero Pedro interrumpe y le dice que es imposible que tenga razón:

> «¡Nunca, Señor! ¡Esto nunca te sucederá!».

Piensa en ello. Pedro acaba de darse cuenta de que está cara a cara con Dios mismo. Y su respuesta es decirle al Creador del universo que está equivocado. ¿Hasta qué punto puedes llegar a ser arrogante?

La caída de Adán se produjo cuando Satanás le convenció de que él también sabía más que Dios. Y todos nosotros somos propensos a hacer exactamente lo mismo que hicieron Adán y Pedro.

Dios dice:

> «Porque como los cielos son más altos que la tierra, así mis caminos son más altos que sus caminos, y mis pensamientos más que sus pensamientos» (Isaías 55:9).

Nuestras mentes finitas nunca podrán comprender plenamente quién es Dios y cómo actúa. Por eso Agustín dijo: «Si lo entiendes, no es Dios», porque él es tan diferente de nosotros. Rompe nuestros paradigmas a cada paso.

Jesús reprende severamente a Pedro y continúa con su línea de pensamiento. Acaba de decirles que va a morir. Con esa imagen de su propia muerte futura en la cruz en su mente, dice:

> «Si alguien quiere venir en pos de Mí, niéguese a sí mismo, tome su cruz y que me siga. Porque el que quiera salvar su vida, la perderá; pero el que

> pierda su vida por causa de Mí, la hallará» (Mateo 16:24-25).

Dietrich Bonhoeffer acuñó la frase *gracia barata* para describir a alguien que quiere disfrutar de todos los beneficios del reino de Dios sin un verdadero discipulado de corazón: tomar nuestra cruz y seguir a Cristo. Si alguien tiene esa mentalidad, no ha entendido la gracia de Dios.

Después de haber leído este libro hasta este punto, ¿aún quieres ser un discípulo de Jesús aún más fructífero? ¿Por qué no haces una pausa y reflexionas sobre esta pregunta? Y luego dile a Jesús lo que piensas.

> «Como resultado de esto muchos de Sus discípulos se apartaron y ya no andaban con él. Entonces Jesús dijo a los doce discípulos: "¿Acaso también ustedes quieren irse?". Simón Pedro le respondió: "Señor, ¿a quién iremos? Tú tienes palabras de vida eterna. Y nosotros hemos creído y sabemos que tú eres el Santo de Dios"» (Juan 6:66-69).

ESTABLECER LA CONEXIÓN DE LA GRACIA

- ¿Tienes tendencia a tratar de «hacer que las cosas sucedan» tratando de controlar los acontecimientos o a las personas? Si es así, habla con Dios sobre ello.
- Vuelve a leer 2 Corintios 12:7-10. Pablo dice que ahora se complace en «debilidades, insultos, privaciones, persecuciones y angustias». ¿Crees que lo dice en serio?
- Piensa en alguna ocasión en la que hayas experimentado el quebrantamiento. ¿Qué fruto produjo después en tu carácter o en tu vida?
- ¿Cómo te sientes ante la posibilidad de que Dios te lleve a pasar más momentos difíciles?

CAPÍTULO 8

PACIFICADOR

Ya examinamos las falsas razones que nos impiden estar motivados únicamente por el amor. También consideramos cómo podemos hacer que el resto de nuestras vidas cuente para la eternidad dando frutos que perduren como discípulos de Jesús. Hemos visto que Dios ha preparado cosas específicas para que las hagamos como individuos.

El contexto de todo esto, por supuesto, es la increíble misión que Dios ha encomendado a todo su pueblo:

> «Acercándose Jesús, les dijo: Toda autoridad me ha sido dada en el cielo y en la tierra. Vayan, pues, y hagan discípulos de todas las naciones, bautizándolos en el nombre del Padre y del Hijo y del Espíritu Santo» (Mateo 28:18-19).

Puesto que Dios nunca nos pediría que hiciéramos algo que es imposible, cualquier mandato que nos dé funciona también, en efecto, como una promesa. Si se nos ha dado el mandato de discipular a las naciones, podemos esperar que lo hagamos.

En este capítulo, empezaremos a apreciar lo importante que es la gracia en esta misión.

JESÚS NOS DELEGA LA AUTORIDAD ESPIRITUAL

Observemos en primer lugar que Jesús no nos manda simplemente ir y hacer discípulos. Comienza estableciendo un requisito previo crucial:

> «Toda autoridad me ha sido dada en el cielo y en la tierra».

Sobre esa base continúa diciendo:

> «Por tanto, vayan y hagan discípulos en todas las naciones...».

Nos está ayudando a comprender que llevar a la gente a su Reino tiene como telón de fondo la batalla espiritual que se está librando. En la cruz, Jesús «habiendo despojado a los poderes y autoridades, hizo de ellos un espectáculo público, triunfando sobre ellos por medio de él». (Colosenses 2:15). Ahora está sentado a la diestra del Padre, muy por encima de todo poder y autoridad demoníacos. Y en esta declaración, él delega esa increíble autoridad espiritual en nosotros, específicamente para que podamos discipular a las naciones.

Mi visión occidental del mundo me había llevado a malinterpretar totalmente el mundo espiritual. Sabía que era real teológicamente, pero para ser sincero, no tenía ni idea de cómo funcionaba en la práctica. Así que tendía a ignorarlo. Aunque había leído esas palabras de Jesús cientos de veces, no podía explicar coherentemente por qué Jesús hablaba aquí de autoridad. Y ciertamente no habría tenido ni idea de cómo ejercer esa autoridad.

¿Por qué necesitamos autoridad? ¿No se trata solo de compartir las buenas nuevas con los perdidos? Bueno, Jesús les dijo a sus discípulos que la cosecha era abundante y que tenían que orar para que más trabajadores fueran a recogerla. Así que ciertamente necesitamos gente que vaya y comparta las buenas nuevas.

Nuestra visión occidental del mundo nos hace pensar que, si le decimos algo a alguien de forma bastante clara, va a procesar las palabras que le decimos y probablemente dará una respuesta adecuada. Pero Pablo nos dice que hay algo más que hace que eso sea improbable cuando se trata de compartir el Evangelio:

> «el dios de este mundo ha cegado el entendimiento de los incrédulos, para que no vean el resplandor del evangelio» (2 Corintios 4:4).

Piensa en ello. Si la mente de una persona ha sido cegada por Satanás, simplemente compartirles el evangelio no siempre será suficiente. Si queremos que la gente entre en el reino de Dios y conozca la verdad, tenemos que encontrar una manera de tratar con la ceguera de sus mentes. No se trata principalmente de una cuestión de comprensión intelectual. Es un problema espiritual.

¿Cómo podemos contrarrestarlo? Con la autoridad espiritual sobre Satanás que Jesús nos ha delegado.

¿Cómo ejercemos esa autoridad? A menudo pasamos por alto un hecho claro pero contrario a la intuición que nos dice Jesús:

> «En esto conocerán todos que son Mis discípulos, si se tienen amor los unos a los otros» (Juan 13:35).

Lo único que Jesús decidió pedir por nosotros, que venimos después de sus discípulos originales, es que todos seamos uno, como él y el Padre son uno. ¿Por qué?:

> «para que el mundo crea que tú me enviaste» (Juan 17:21).

El Salmo 133 lo expresa al decir algo sobre la unidad:

> «Porque allí mandó el Señor la bendición, la vida para siempre».

Cuando nos amamos unos a otros, activamos esa bendición espiritual, esa autoridad y ese poder. Satanás no puede oponerse a ello, y las mentes de las personas se iluminan.

Amándonos unos a otros es como ejercemos esa autoridad espiritual. La gracia es el medio que Dios nos ha dado para cambiar la atmósfera espiritual de las comunidades donde vivimos.

Si quieres ver esta autoridad en la práctica, echa un vistazo al libro de los Hechos. La iglesia primitiva carecía de recursos, pero se amaban tanto que lo compartían todo. Y miles de personas a la vez tuvieron los ojos abiertos a la luz del evangelio y respondieron a él.

Este ingrediente vital —el amor— es el modo en que el mundo conocerá a Jesús, no solo porque lo vean en acción y queden impresionados por él, sino por el verdadero poder espiritual que desencadena.

No estoy diciendo que tus actividades evangelísticas no vayan a dar ningún resultado si no hay unidad en la iglesia de tu zona. Sin embargo, creo que podemos concluir que darán mucho más fruto si hay unidad. Donde hay unidad, hay bendición real y tangible.

Yo solía pedirle mucho a Dios que me enviara un avivamiento, y no me opongo a ello ni por un momento. Pero a veces creo que Dios estaría justificado si nos dijera: «Ya he hecho mi parte. Envié a Jesús a morir y a derrotar a Satanás. Te he delegado autoridad espiritual y he hecho posible que puedas discipular a las naciones. Por favor, ¡producid un avivamiento! Ejerced la autoridad que os he dado actuando con gracia unos con otros, y luego id y habladle a la gente de Jesús y os sorprenderéis».

En Hechos, no menos de diez veces, Lucas utilizó una palabra particular para describir la unidad. Suele traducirse como con *una sola mente*, pero su sentido literal es con una sola pasión.

Cuando empezamos a comprender la importancia crucial de amarnos unos a otros para alcanzar este mundo para Cristo, entonces la verdadera unidad entre el pueblo de Dios es algo que definitivamente me apasiona.

ES ALGO QUE SOLO PODEMOS HACER JUNTOS

Dada la importancia de la unidad, no es de extrañar que el Nuevo Testamento nos inste continuamente a estar unidos. También habla de que somos el cuerpo de Cristo. Esto es algo más que una metáfora. Somos literalmente la carne y la sangre, los brazos y las piernas, a través de los cuales Dios actúa en el mundo.

Juntos, nosotros, la Iglesia, somos el instrumento elegido por Dios para discipular a las naciones. No hay plan B.

Como cristianos individuales por nuestra cuenta, somos como una pierna desmembrada o un solo ojo, no sirve de nada sin el resto del cuerpo. No puedes ser fructífero por tu cuenta, aunque estés escuchando los mejores podcasts espirituales o leyendo los mejores libros cristianos.

Así que, si no formas parte de una iglesia local, ¿puedo animarte a que te unas a una, aunque haya sido una experiencia dolorosa en el pasado?

Y te recomendaría que no establecieras demasiados criterios sobre lo que quieres ver en una iglesia. «¿Dónde quieres que te sirva, Señor?» es la pregunta que hay que hacerse. En mi caso, él siempre me ha puesto en iglesias locales que no son las que yo mismo habría elegido. Cuando me convertí al cristianismo, a los 13 años, la iglesia *de moda* (¡que también parecía tener a la mayoría de las jóvenes atractivas!) no era a la que yo sentía que él me decía que me uniera. Luché con ello, pero al final me uní a lo que a mí me parecía una iglesia tradicional adormecida y llena de gente mayor. Pero al cabo de unos años, la iglesia estaba prosperando y era exactamente el lugar adecuado para mí, sobre todo porque allí conocí a una joven especialmente atractiva que ahora es mi esposa.

Es posible que te coloque en un lugar inesperado, pero él sabe dónde tu contribución única será más efectiva.

Luego encuentra el lugar que Dios tiene para ti en esa iglesia. Cuando sabes que Dios mismo te ha llamado específicamente a desempeñar un papel único en una parte concreta de su cuerpo, es mucho más probable que perseveres cuando las cosas se pongan difíciles (como ocurrirá de vez en cuando).

Y si él no te ha nombrado líder, sigue a aquellos que Dios ha elegido para liderar. A veces pensamos que sabemos más que nuestros líderes. Pero a menos que estén claramente sobrepasando los límites de su autoridad o estén en pecado obvio, es nuestro trabajo animarlos, apoyarlos y seguirlos con defectos y todo.

Formar parte de una iglesia no es fácil. Pero es esencial. Satanás entiende el poder de nuestra unidad, así que podemos esperar que la batalla espiritual se centre en eso. Nos tentará implacablemente a la desunión. Así que siempre encontraremos personas que ven las cosas de manera diferente, cometen errores, nos atacan, nos ofenden, o simplemente nos molestan. Si quieres ver actividad demoníaca en tu iglesia, mira el número de personas que se pelean entre sí, mira la falta de perdón, mira el número de personas que se dividen o que se quejan del líder que Dios ha puesto en su lugar.

Hay un gran principio bíblico:

> «Si es posible, en cuanto de ustedes dependa, estén en paz con todos los hombres» (Romanos 12:18).

Debemos hacer lo que esté en nuestras manos *—en la medida en que dependa de ti—* y dejar el resto a la otra persona y a Dios.

Aprende a perdonar, así te cueste. Sí, hay dolor y dificultad cuando perdonamos a alguien. Pero, aunque hayas liberado a esa persona de tu responsabilidad, no está liberada de la responsabilidad de Dios. Puedes entregar todo ese dolor, y esas demandas de justicia y venganza, a Dios, con la seguridad de que él se asegurará de que se haga justicia. Mientras tanto, puedes caminar libre de ello, y puedes prevenir que Satanás consiga un punto de apoyo para dañar la confraternidad de la iglesia.

Igual que hacen falta dos para bailar un tango, también hacen falta dos para provocar la división. Así que niégate resueltamente a participar en la división.

En la medida en que dependa de nosotros, hagamos todo lo

posible por desatar el poder espiritual que aporta la unidad en el lugar donde Dios nos ha puesto.

Como hemos estado viajando mucho últimamente, el domingo pasado fue la primera vez que mi esposa y yo estuvimos en nuestra propia iglesia local en bastante tiempo. Estuvimos dando la bienvenida en la puerta y ambos nos quedamos asombrados de la cantidad de caras nuevas que vimos entrar y de cómo había crecido la congregación en tan solo unas semanas. La gente simplemente viene y quiere saber más sobre Jesús. No hay una razón clara para esto, no ha habido ninguna actividad evangelística inusual, nada obvio que podamos identificar como la causa.

Durante los dos últimos años, he tenido el privilegio de formar parte del equipo de liderazgo, y hemos tenido que abordar algunas disputas doctrinales realmente difíciles. Por la gracia de Dios, se han manejado muy bien. No solo no nos peleamos entre nosotros, sino que, en el transcurso de muchas largas reuniones, fortalecimos nuestro amor mutuo al escuchar con atención y comprensión las diferentes convicciones y puntos de vista, y al valorar la relación por encima de las discusiones ganadoras. Seguimos sin estar todos de acuerdo en cuestiones teológicas, pero estamos más unidos que nunca. También nos hemos esforzado por fomentar la unidad con todas las demás iglesias cristianas de nuestra zona y hemos tratado de bendecirlas en la medida de nuestras posibilidades.

Al reflexionar sobre los muchos recién llegados, he sentido que Dios afirma que son parte de la bendición que proviene de la unidad. Al amarnos unos a otros, ha cambiado la atmósfera espiritual. Se ha superado la ceguera espiritual. Sin darnos cuenta, hemos ejercido la autoridad que Jesús nos dio para hacer discípulos.

Jesús dijo:

> «Bienaventurados los que procuran la paz, pues ellos serán llamados hijos de Dios» (Mateo 5:9).

Ser un pacificador y ser un hijo de Dios son dos caras inseparables de una moneda. Si eres un hijo de Dios que vive de su identidad en Cristo, serás un pacificador.

Y como pacificadores, seremos aquellos que calmen los problemas en nuestra comunidad eclesial donde Satanás está tratando de atizar la división. Seremos aquellos que hacen todo lo posible para amar a nuestros hermanos y hermanas en otras partes de la Iglesia.

UN DISCÍPULO ES DIFERENTE DE UN CONVERSO

Durante décadas, la Iglesia occidental se ha centrado en que la gente viniera a Cristo, en hacer *conversos*. Pero la misión que Jesús nos encomendó no se limitaba a traer gente al reino. También incluye ayudarles a convertirse en *discípulos* crecientes, activos, fructíferos y eficaces de Jesús.

Los bebés son muy lindos. Pero si siguen comportándose como bebés cuando crecen, se vuelven mucho menos atractivos. Cualquier cristiano puede convertirse en un cristiano viejo, ¡todo lo que se necesita es tiempo! Cualquier cristiano puede convertirse en un discípulo maduro y fructífero, pero muchos no lo hacen. Iglesias llenas de cristianos viejos que no han madurado son lugares difíciles para ser un líder. Y tienen un impacto muy limitado.

La mayoría de los líderes estarían de acuerdo en que demasiados miembros de su congregación luchan por asimilar la verdad bíblica básica y vivirla. A pesar de que tenemos más recursos excelentes que nunca en la iglesia, muchos cristianos todavía tardan un tiempo dolorosamente largo en madurar. Algunos parecen *atascados* en el pasado. Algunos dan vueltas y vueltas en ciclos de confusión espiritual y pecado habitual. Otros siguen acudiendo en busca de ayuda con los mismos problemas una y otra vez.

Intentemos comprender lo que significa ser un verdadero discípulo.

Una traducción literal de la palabra griega para *discípulo* es *aprendiz*. Pero para la gente como yo, que hemos sido condicionados por una visión occidental del mundo, el concepto de aprendizaje está casi exclusivamente ligado a aprender hechos, aprender sobre las cosas, aprender cómo comportarse.

Y, de hecho, la iglesia occidental tiende a ver el discipulado esencialmente como la enseñanza a los cristianos de qué hacer o cómo comportarse ahora que se han convertido a Cristo. Les ha enseñado, por ejemplo, la importancia de las devociones diarias, los sacramentos, el bautismo, el culto, etcétera. Por supuesto, todas estas cosas tienen su lugar, pero, en mi opinión, esa no es la esencia del discipulado.

Si la gente tiene la impresión de que el discipulado o el crecimiento como cristiano consiste en *aprender a comportarse de la manera correcta*, tiende a caer en un legalismo sin alegría, en el que se esfuerzan al máximo por rendir bien, por estar a la altura de las expectativas. O se dan por vencidos y se alejan con la sensación de que están defraudando a Dios o se sienten engreídos de ser *buenos cristianos*.

Entonces, ¿cómo podemos discipular a alguien que acaba de convertirse a Jesús?

No empezamos diciéndoles lo que les pasa: «¡Ahora, tienes que dejar de hacer eso... y eso... y eso! Y empezar a hacer esto... y esto... ¡y esto!». Tenemos que decirles lo que está *bien*. Necesitan saber que ahora son santos, que son amados y que Jesús les llama a dar fruto de una forma increíble. En resumen, necesitan comprender la plenitud de la gracia de Dios hacia ellos.

Entonces necesitan entender la realidad de la batalla espiritual en la que se encuentran y cómo asegurarse de que siguen caminando en la victoria que Jesús les ha dado. Esto implica aprender a someterse a Dios y resistir al diablo.

Finalmente, necesitamos enseñarles un estilo de vida basado en identificar las mentiras que han creído y reemplazarlas con la verdad de la Biblia. Esto es lo que las Escrituras llaman renovar la mente y es la forma en que seremos transformados (Romanos 12:2).

Este enfoque está en el corazón de todos los materiales de discipulado producidos por *Libertad en Cristo*, allí caracterizamos tres etapas como *la Verdad, el Arrepentimiento y la Transformación*. Hasta ahora en este libro, nos hemos enfocado principalmente en la Verdad. Hablaré más sobre la transformación en nuestro último capítulo.

Demos un paso atrás y hagámonos una pregunta fundamental. ¿Por qué optamos por discipular a las personas? ¿Qué queremos conseguir?

En 1 Timoteo 1:5, Pablo dice: «el propósito de nuestra instrucción es...». Antes de ver cómo completar esa frase, permíteme hacerte una pregunta: ¿qué palabra o frase pondrías ahí?

Tal vez dirías: «Conocer más a Jesús», «comprender la Biblia», «vivir como Dios quiere que vivamos», o algo parecido.

Lo que Pablo dice en realidad es:

> «el propósito de nuestra instrucción es el amor»
> (1 Timoteo 1:5).

No aprender hechos, ni doctrinas, ni cómo comportarse. Sino llegar a ser como Dios, que es amor.

Este es un enfoque que hemos perdido de vista. Tú puedes graduarte de la mayoría de los institutos bíblicos puramente sobre la base de lo que sabes. Ni siquiera tienes que contestar todas las preguntas correctamente. ¿Cuál es la meta de nuestra instrucción? ¿El conocimiento? No, la meta de nuestra instrucción debe ser el amor.

Si lo situamos en el contexto de lo que hemos visto hasta ahora en este capítulo, ¿no tiene todo el sentido del mundo? Nuestro objetivo es ayudar a las personas a conectar con el amor que Dios les tiene —en su corazón, no solo en su mente— para que luego le devuelvan el amor y amen también a los demás. *Para que el mundo lo sepa.* Para que todos vean que somos discípulos de Jesús. Para que se cumpla la misión que él nos encomendó.

En Lucas 6:40 Jesús dijo:

> «Un discípulo no está por encima de su maestro; pero todo discípulo, después de que se ha preparado bien, será como su maestro».

Dios no se centra en lo que hacemos, sino en cómo somos. Se trata de la transformación interior. El fruto del Espíritu en Gálatas 5:22-23 —*amor, gozo, paz, paciencia, benignidad, bondad, fidelidad, mansedumbre y dominio propio*— son todas cualidades del carácter. Porque lo que haces fluirá entonces de cómo eres, y harás esos actos de amor y sacrificio no porque sientas que tienes que hacerlo sino porque quieres hacerlo, por amor a Jesús.

Esta es mi definición de un discípulo: «Un seguidor de Jesús que está aprendiendo a parecerse cada vez más a Jesús en su ser, y para hacer las obras que Dios ha preparado para ellos, con la fuerza que él suministra».

En tiempos de Jesús, ser discípulo de un maestro distinguido era algo prestigioso. El apóstol Pablo, por ejemplo, nos dice que fue «educado bajo Gamaliel» (Hechos 22:3), quien es descrito en Hechos 5 como *un maestro de la ley tenido en honor por todo el pueblo*. Incluso hoy en día, tiene la reputación de ser uno de los más grandes maestros judíos de todos los tiempos.

Ahora bien, no podías simplemente elegir convertirte en discípulo de alguien como Gamaliel. Él tenía que elegirte. Y no escogía a cualquiera. Escogía a los mejores. Habría mucha gente que aspiraba a convertirse en discípulo de Gamaliel, pero pocos lo lograban. Tenías que ser absolutamente sobresaliente.

Jesús hizo las cosas de otra manera. Lejos de llamar a los más sobresalientes, llamó a pescadores humildes, a recaudadores de impuestos, ¡incluso a ti y a mí!

Los discípulos originales eran probablemente todos hombres jóvenes, de edades comprendidas entre la adolescencia y la veintena. Tenían trabajos como pescadores precisamente porque no eran la crema y nata. Ningún rabino había venido a ellos y les había dicho: «Sígueme». Pero entonces, de la nada, uno lo hizo.

Me ayuda a entender por qué lo dejaron todo inmediatamente y le siguieron. Te los puedes imaginar diciendo: «¿De verdad? ¿Lo dice en serio? Será mejor que vaya antes de que cambie de opinión... Mi madre estará tan orgullosa...».

Ser uno de los discípulos de Jesús no era como un curso universitario en el que se aprenden datos de conferencias y libros. El objetivo no era solo saber lo que sabía el maestro. El objetivo era llegar a ser como el maestro. El discipulado estaba arraigado en una relación intensamente personal. Jesús les llamó (y nos llamó) ante todo a conocerle (ver Mateo 4:19), a tener una comunión íntima con él (ver 1 Corintios 1:9) y a disfrutar de él. Conociendo al maestro empezamos a adoptar sus características (ver 2 Corintios 3:18).

Cuando Jesús les llamó, les estaba diciendo en efecto: «Pueden ser como yo».

Cuando Jesús te llamó, te estaba diciendo:

- «Puedes ser como yo».
- «Pero ¿qué pasa con todos los fracasos que he tenido? Todas esas cosas del pasado...».
- «*Te* elijo a *ti*. Puedes ser como yo».

¡Qué gran noticia! Al conectarte con el amor de Dios, puedes tener todas las expectativas de parecerte cada vez más a Jesús y desempeñar un papel importante en el cumplimiento de la misión que él ha encomendado a su Iglesia.

Centrémonos en algunas de las dificultades que podemos encontrar mientras trabajamos para parecernos cada vez más a Jesús y colaborar en unidad con nuestros hermanos y hermanas en Cristo de toda la Iglesia.

100% GRACIA Y 100% VERDAD

Juan describe a Jesús como «lleno de gracia *y de* verdad» (Juan 1:14), que es una frase muy interesante. Se puede esperar que los discípulos fructíferos de Jesús que se parecen cada vez más a Jesús, nuestro maestro, crezcan tanto en gracia como en verdad.

Esta es un área en la que el enemigo desafía implacablemente nuestra unidad. Dependiendo de nuestro temperamento y nuestros antecedentes, todos tendemos naturalmente a poner más énfasis en una cosa que en la otra. Y podemos caer fácilmente en ver la gracia y la verdad como opuestos, como si cuanta más gracia tenemos, menos verdad tenemos y viceversa.

Si queremos trabajar en auténtica unidad, tenemos que esforzarnos por ser como Jesús, que estaba lleno de gracia *y de* verdad. Veámoslo en Juan 8:3-11:

> «Los escribas y los fariseos trajeron a una mujer sorprendida en adulterio, y poniéndola en medio, dijeron a Jesús: "Maestro, esta mujer ha sido sorprendida en el acto mismo del adulterio. Y en la ley, Moisés nos ordenó apedrear a esta clase de mujeres. ¿Tú, pues, qué dices?"».

Los fariseos tenían un buen conocimiento teológico de la verdad. En efecto, Moisés ordenó que los adúlteros fueran condenados a muerte. Levítico 20:10 dice:

> «Si un hombre comete adulterio con la mujer de otro hombre, (que cometa adulterio con la mujer de su prójimo), el adúltero y la adúltera ciertamente han de morir».

Me cuesta entender cómo se puede atrapar a una sola persona en el acto de adulterio, así que hay una gran duda sobre por qué señalaron a la mujer e ignoraron al hombre, sin embargo, lo que dicen es cierto, su doctrina es correcta.

> «Decían esto, poniendo a prueba a Jesús, para tener de qué acusarlo. Pero Jesús se inclinó y con

> el dedo escribía en la tierra. Pero como insistían en preguntar, Jesús se enderezó y les dijo: "El que de ustedes esté sin pecado, sea el primero en tirarle una piedra". E inclinándose de nuevo, escribía en la tierra. Al oír ellos esto, se fueron retirando uno a uno comenzando por los de mayor edad, y dejaron solo a Jesús y a la mujer que estaba en medio».

La sorprendente declaración de Jesús los llevó a tener un momento de claridad inusual. En el fondo de su corazón, todos se dieron cuenta de que ellos también habían pecado. En efecto, eran como la mujer. Ninguno de ellos había vivido de acuerdo con las justas normas de la ley. Puede que no hayan cometido este pecado en particular, pero todos eran culpables de algún pecado.

> «Enderezándose Jesús, le dijo: "Mujer, ¿dónde están ellos? ¿Ninguno te ha condenado?". "Ninguno, Señor", respondió ella. Entonces Jesús le dijo: "Yo tampoco te condeno. Vete; y desde ahora no peques más"».

Solamente había una persona que nunca había pecado. Solamente había una persona allí que realmente entendía la verdad de la Biblia. Él tenía todo el derecho de apedrearla hasta la muerte. Sin embargo, no pronunció ni una sola palabra de condena.

Pero tampoco justificó su pecado. La instó a arrepentirse, pero solo después de acercarse a ella en gracia. Y sus amables palabras de gracia hicieron que la verdad de Dios abrasara el corazón de los hipócritas endurecidos.

Jesús vino a ella con un 100% de gracia y un 100% de verdad, una gracia que no comprometía la verdad; y una verdad que no comprometía la gracia.

Los fariseos pensaban que la principal prioridad de Dios era la verdad y que el comportamiento de las personas debía ajustarse precisamente a lo que era correcto. Y pensaban que su trabajo consistía en vigilar el comportamiento de los demás y señalar los problemas con él.

Muchos de nosotros hemos crecido con una concepción similar, un poco más complicada por el hecho de que nuestro concepto de la verdad ha sido secuestrado por el racionalismo occidental. Hemos aprendido a ver la verdad como algo a lo que accedemos principalmente a través del intelecto y que se sostiene por sí misma, independientemente de si la conocemos o creemos en ella.

En el Antiguo Testamento, la palabra hebrea traducida *verdad* es *emeth* y significa *fiel y verdadero*. Implica ser fiel y verdadero hacia otra persona (algo que no puede hacer un hecho objetivo). Es una palabra relacional.

Del mismo modo, cuando Jesús promete que conoceremos la verdad y que la verdad nos hará libres, habla como aquel que también dice que es la verdad.

Jesús es 100% verdad en el sentido de que es una demostración coherente y viva de la naturaleza y el carácter de Dios. Al poner nuestra confianza en él, descubrimos en la experiencia —no solo intelectualmente— que siempre es *fiel y verdadero*.

Y al ser fiel al carácter de Dios, que es amor, Jesús es también gracia al 100%.

Y nosotros estamos llamados a ser como él.

CENTRARSE EN LA VERDAD, PERO PASAR POR ALTO LA GRACIA

Cuando me convertí al cristianismo en la adolescencia, tenía muchas ganas de aprender sobre mi nueva fe en Jesús, y compré un montón de libros cristianos. No era especialmente exigente, sino que me limitaba a elegir entre los que estaban rebajados de precio en la librería. Bueno, algunos de estos libros eran bastante complicados; recuerdo que uno era una explicación detallada del libro del Apocalipsis. Todavía conservo algunos de ellos y, al hojearlos, se ve que hacía anotaciones al margen con mi lápiz. Rodeaba párrafos enteros y escribía al lado de cualquier cosa que no entendiera una nota «DE» que significaba *Doctrinalmente erróneo*. Yo era un niño de 13 años que llevaba siendo cristiano unas seis semanas, pero ya había asimilado el concepto de que tenía que sospechar de lo que decían otros cristianos. De alguna manera me sentía capacitado para calificar cualquier cosa que no entendiera como ¡doctrinalmente erróneo!

Sigo siendo absolutamente celoso de la verdad de la Biblia, aunque espero que, con un enfoque más maduro, y todavía me molesta cuando la verdad de Dios se diluye y los que dicen ser el pueblo de Dios no toman en serio lo que dice en la Biblia.

¿Tú también? Si un grupo de gente corriente formara en tu zona un grupo radicalmente comprometido con toda la verdad de Dios y con la forma en que esa verdad se aplica prácticamente en la vida cotidiana, ¿te interesaría unirte a ellos?

Los fariseos tienen muy mala fama. Pensamos en ellos como hipócritas superficiales, pero su punto de partida era exactamente ese: un grupo de personas radicalmente comprometidas con la Biblia.

El estamento religioso, un grupo llamado los saduceos, se había vuelto muy liberal. Negaban la resurrección de entre los muertos, los milagros y la realidad del mundo espiritual. Los fariseos, por otro lado, le daban a las Escrituras un lugar muy alto. Estaban completamente comprometidos a vivir vidas puras y justas, no contaminadas por el mal. Querían manejar las cosas tentadoras como el dinero y el sexo absoluta y correctamente. Eran las personas sinceras y comprometidas de la época que realmente querían ver el reino de Dios establecido y el pecado erradicado.

Estoy bastante seguro de que, si yo hubiera estado allí en ese momento, habría sido un fariseo. Habría estado esperando ansiosamente al Mesías prometido haciendo todo lo posible por vivir una vida recta mientras tanto.

Pero cuando el momento más crucial de toda la historia llamó a su puerta, y el Mesías realmente vino y se paró allí a hablar con ellos, ¡se lo perdieron por completo! Peor aún, Jesús chocaba constantemente con ellos y les reservaba sus críticas más duras. ¿Cómo es posible que estas personas sinceras y comprometidas, que valoraban tanto la verdad, se equivocaran tanto?

El problema de los fariseos era que entendían muy bien la verdad, pero no tenían ni idea de la gracia.

Recordando cuando me convertí en cristiano por primera vez, no creo que nadie lo expresara de esa manera, pero la impresión que recibí fue clara: para ser un *buen* cristiano, debía leer la Biblia todos los días, dar un porcentaje de mis ingresos, asistir a la iglesia regularmente, no tener pensamientos lujuriosos, y cumplir con muchas otras expectativas.

Si conseguía hacer las cosas de la lista, me sentía bastante bien. Si fracasaba, me sentía mal. Pero, sinceramente, me reconfortaba tener una lista de lo que debía y no debía hacer.

A los fariseos también les encantaba una buena lista de reglas. Pensaban que Dios había dado la ley del Antiguo Testamento para que la gente pudiera ser justa ante Dios obedeciéndola. Así que se la tomaron muy en serio, pero al hacerlo acabaron estirando la ley hasta el absurdo.

Por ejemplo, Dios había dado el mandamiento de descansar el sábado. Tratando de ayudar a la gente a entender lo que eso significaba en la práctica, los maestros de la ley habían definido treinta y nueve tipos de actividades que constituían trabajo, incluyendo atar gavillas, trillar, amasar, esquilar lana, escribir dos o más letras o borrar dos o más letras, hacer fuego o apagar fuego.

Hoy en día, los judíos ortodoxos mantienen más o menos las mismas tradiciones. El descubrimiento de la electricidad les causó un gran debate: cuando se pulsa un interruptor eléctrico para encender una luz, se producen pequeñas chispas. ¿Constituye eso provocar un incendio? Algunos profesores dicen que sí; otros, que no. Si tu autoridad preferida dice que sí y prefieres no sentarte a oscuras el sábado, ¿qué puedes hacer al respecto? Bueno, la mayoría decide usar interruptores con temporizador para no tener que apretar el interruptor ellos mismos el sábado. Muy pragmático.

¿Ves lo fácil que es pasar del objetivo real del mandamiento —asegurarnos de que tenemos un tiempo para descansar y buscar a Dios en medio del ajetreo de la vida— a centrarnos en la mecánica de encender una luz?

Para ser justos con los fariseos, Dios había dado un montón de reglas muy específicas de comportamiento en el Antiguo Testamento, y es fácil entender por qué se metieron en este callejón sin salida en particular. Ahora bien, el Dios del Antiguo Testamento es exactamente el mismo que el Dios del Nuevo Testamento. Él no ha cambiado, y sus propósitos eternos tampoco. Así que tratemos de entender por qué exactamente el Dios de la gracia dio estas reglas que se conocen colectivamente como *la Ley*.

En Gálatas 3, Pablo empieza a responder a esta pregunta. Primero señala que la Ley no fue dada hasta cientos de años después del pacto original de Dios con Abraham. La serie de promesas que Dios hace a Abraham en ese pacto original son muy interesantes:

> «No temas, Abram, yo soy un escudo para ti;
> tu recompensa será muy grande» (Génesis 15:1).
>
> «Ahora mira al cielo y cuenta las estrellas, si te es posible contarlas». Y añadió: «Así será tu descendencia» (Génesis 15:5).

No hay un «Si haces esto, yo haré aquello». Dios solo hace promesas incondicionales, promesas de gracia. Su resultado no depende de lo que Abraham haga sino puramente de la gracia de Dios.

> «Y Abram creyó en el Señor, y él se lo reconoció
> por justicia» (Génesis 15:6).

Abraham hace una sola cosa: elige creer lo que Dios le promete. Siempre ha sido el caso que entramos en las promesas y bendiciones de Dios por fe y solo por fe, no por nada que hagamos.

A continuación, Pablo nos traslada unos cuantos siglos hasta el momento en que Dios se encontró con Moisés en el monte Sinaí y le entregó las dos tablas que contenían los Diez Mandamientos:

> «...la ley, que vino 430 años más tarde, no invalida un pacto ratificado anteriormente por Dios, como para anular la promesa. Porque si la herencia depende de una ley, ya no depende de una promesa; pero Dios se la concedió a Abraham por medio de una promesa» (Gálatas 3:17-18).

Cuando vino la ley, esta no sustituyó las promesas de gracia que Dios había hecho. No es como si el plan original fuera la gracia y de alguna manera saliera mal y tuviera que cambiarse a la ley.

En Gálatas 3:19 Pablo hace la pregunta del millón, una pregunta que probablemente te estés haciendo: «¿Por qué, pues, la ley?» Y a continuación nos da la respuesta: «Fue añadida a causa de las transgresiones».

¿Qué significa eso en realidad? Volvamos ahora a Romanos 3:

> «Ahora bien, sabemos que cuanto dice la ley, lo dice a los que están bajo la ley, para que toda boca se calle y todo el mundo sea hecho responsable ante Dios. Porque por las obras de la ley ningún ser humano será justificado delante de él; pues por medio de la ley viene el conocimiento del pecado» (Romanos 3:19-20).

La ley fue dada de hecho para «tapar todas las bocas», para evitar que la gente dijera «Oh, yo no sabía que eso estaba mal» y para hacer que todos —el mundo entero— rindieran cuentas a Dios. Su objetivo principal era dar a conocer el bien y el mal.

La ley nunca tuvo la intención de proporcionar una manera de llegar a ser aceptables a Dios a través de nuestros propios esfuerzos. Estaba ahí para hacernos conscientes de lo terrible del pecado y su control sobre nosotros, para que nos diéramos cuenta de la completa inutilidad de tratar de comportarnos bien para ser aceptables. En otras palabras, era para mostrarnos nuestra necesidad de la gracia, nuestra necesidad de Cristo. La ley misma era en realidad un medio de gracia.

Los fariseos habían pasado años tratando de llegar a la esencia de la ley para asegurarse de que estaban viviendo exactamente de la manera correcta, creyendo exactamente las cosas correctas. Lo hicieron ampliando lo que Dios había dado, de modo que tenían un gran número de normas y reglamentos útiles. Pero estas normas se habían convertido en una carga realmente pesada para la gente corriente. Es muy fácil que nuestros programas de discipulado se conviertan en algo similar y que, de hecho, volvamos a poner a la gente bajo la ley que, por supuesto, no pueden cumplir.

Y es tan fácil volver a caer, como los fariseos, en un énfasis en la verdad a expensas de la gracia, pensar que podemos reducir nuestra vida cristiana a una lista de lo que se debe y no se debe hacer.

Veamos un ejemplo: ¿Es bueno dar el 10% de nuestros ingresos a la iglesia? Sí. Pero es mucho mejor comprender el principio en el que se basa el dar que limitarse a seguir servilmente una regla. Pablo dice:

> «Pero esto digo: El que siembra escasamente, escasamente también segará; y el que siembra abundantemente, abundantemente también segará. Que cada uno dé como propuso en su corazón, no de mala gana ni por obligación, porque Dios ama al dador alegre» (2 Corintios 9: 6-7, LBLA).

Dios no quiere que demos dinero porque nos sintamos *obligados*. Pero sí quiere que entendamos que, si damos generosamente, nos traerá una gran cosecha. Él no quiere decir, como algunos han pensado, que obtendremos más dinero de vuelta; dar para obtener más dinero de vuelta es un principio mundano, no bíblico.

> «Y Dios puede hacer que toda gracia abunde para vosotros, a fin de que teniendo siempre todo lo suficiente en todas las cosas, abundéis para toda buena obra» (2 Corintios 9:8, LBLA).

Cuando damos generosamente en amor, toda gracia sobreabundará, y prosperaremos en toda buena obra. Lo que vuelve es mucho más valioso que el dinero. Es un aumento en el fruto que daremos para él y en las buenas obras que haremos.

Si comprendemos esto y lo experimentamos, es muy probable que acabemos dando más del 10%, y lo haremos de corazón, con amor, y no con la sensación de que se trata de un impuesto sobre la renta más elevado recaudado por la iglesia.

Jesús llamó específicamente a los que se sentían cansados y agobiados por todo esto para ofrecerles su carga ligera y su yugo fácil. En lugar de ampliar la ley, Jesús la redujo a dos frases:

> «Amarás al Señor tu Dios con todo tu corazón, y con toda tu alma, y con toda tu mente. Este es el grande y primer mandamiento. Y el segundo es semejante a este: Amarás a tu prójimo como a ti mismo. De estos dos mandamientos dependen toda la ley y los profetas» (Mateo 22:37-40).

En Mateo 7 resume la ley con menos palabras:

> «Por eso, todo cuanto quieran que los hombres les hagan, así también hagan ustedes con ellos, porque esta es la ley y los profetas» (Mateo 7:12).

Pablo fue un paso más allá:

> «Porque esto: "No cometerás adulterio, no matarás, no hurtarás, no codiciarás", y cualquier otro mandamiento, en estas palabras se resume: "Amarás a tu prójimo como a ti mismo" (Romanos 13:9).

Si cumpliéramos perfectamente la ley, ¿cómo sería? Amaríamos a Dios y amaríamos a los demás. Y esa es la ley que ahora está escrita en nuestros corazones. Cuando comprendas verdaderamente la gracia, caminarás también en la verdad.

En Apocalipsis 2:1-7, Jesús elogia a la iglesia de Éfeso por su arduo trabajo, su perseverancia, y por identificar y destituir a los líderes que no eran verdaderos apóstoles. Esta es una iglesia con énfasis en la verdad. Tiene una doctrina correcta. Gran enseñanza. Disciplina efectiva. Pero las palabras de Jesús son devastadoras:

> «Pero tengo esto contra ti: que has dejado tu primer amor» (versículo 4).

Como a los efesios, a la mayoría de nosotros nos han enseñado que la verdad es el aspecto más importante de nuestra fe y que tenemos que defenderla a toda costa. Esta es la instrucción que les da:

> «Recuerda, por tanto, de dónde has caído y arrepiéntete, y haz las obras que hiciste al principio» (versículo 5).

Soy como los efesios. He tenido que arrepentirme de centrarme en la verdad a expensas de la gracia; he tenido que arrepentirme de criticar a los que tienen puntos de vista diferentes a los míos; he tenido que arrepentirme de creer que yo sé más.

ACERCARSE A LOS QUE ESTÁN EN OTRA PARTE DE LA IGLESIA

Pablo nos dice que hay que estar «esforzándose por preservar la unidad del Espíritu en el vínculo de la paz». (Efesios 4:3). Y cuando pienso que esto es lo que nos permite ejercer nuestra autoridad espiritual para hacer discípulos, ¡puedo estar ciertamente ansioso por ello!

Esa palabra *mantener* nos dice que ya estamos unidos a un nivel. Pero ¿con quién estamos unidos exactamente?

> «que si confiesas con tu boca a Jesús por Señor, y crees en tu corazón que Dios lo resucitó de entre los muertos, serás salvo» (Romanos 10:9).

Declarar, creer. Eso es todo. Si lo has hecho, ya estás unido a todos los demás que también lo han hecho a lo largo de la historia, ¡te guste o no!

¿Y qué aspecto tiene la unidad? ¿Un acuerdo teológico? Si las iglesias creen eso, ¿cuál sería el resultado? División tras división tras dolorosa división. Muchas divisiones.

No es que la buena teología no sea importante. Sin duda lo es. Pero a veces casi podemos llegar a sentir que estamos salvados por una buena teología. En Juan 5:39-40, Jesús les dice a los fariseos:

> «Ustedes examinan las Escrituras porque piensan tener en ellas la vida eterna. ¡Y son ellas las que dan testimonio de mí! Pero ustedes no quieren venir a mí para que tengan esa vida».

Es muy posible que nos centremos tanto en la verdad de la Biblia escrita que pasemos por alto a aquel que es la verdad, la palabra viva de Dios.

¿Realmente crees que tú o tu iglesia tenéis una teología completamente correcta? Al final de los tiempos, todos nosotros miraremos hacia atrás en nuestras creencias y nos daremos cuenta de los errores que cometimos.

La teología es nuestro intento humano de comprender la verdad de Dios. En los últimos diez años, mi teología ha cambiado. Lo que no ha cambiado es la verdad. No quiero comprometerme con una teología en particular. Pero estoy absolutamente comprometido con la verdad.

¿Qué crees que le importa más a Jesús: lo que la gente entiende en su mente sobre el pan y el vino; o si aman a los demás de corazón? ¿Lo que la gente cree sobre un solo versículo del Nuevo Testamento que menciona un período de mil años o si están dispuestos a perdonar como Dios les ha perdonado?

Tras el estallido del movimiento carismático, hubo opiniones muy divergentes sobre el ejercicio de los dones espirituales. Algunas iglesias decían que no se podía estar seguro de ser cristiano a menos que hubiera pruebas de haber hablado en lenguas. Otras decían que, si hablabas en lenguas, ¡era evidencia de que no eras cristiano! ¿Qué dice la Biblia? «¿Acaso hablan todos en lenguas?» (1 Corintios 12:30), pregunta Pablo, una pregunta retórica a la cual la respuesta clara es «No». Unos párrafos más adelante, dice: «Procuren alcanzar el amor; pero también deseen ardientemente los dones espirituales» (1 Corintios 14:1), que claramente incluyen las lenguas. Luego en 1 Corintios 14:39, añade: «Por tanto, hermanos míos, anhelen el profetizar, y no prohíban hablar en lenguas».

Pero sobre todo deja claro en 1 Corintios 13 —justo en medio de dos capítulos sobre dones espirituales— que lo principal es el amor. No importa cuánto hables en lenguas o no, no importa cuán correcta sea tu posición en este o cualquier otro asunto; si no tienes amor no ganas nada.

¿Estoy diciendo que hay que aprobar cosas que pueden ocurrir en algunas partes de la iglesia y que no están en consonancia con la Biblia? No, en absoluto. Como hemos visto, Jesús no condenó a la mujer sorprendida en adulterio, pero tampoco ignoró su mal comportamiento. No pretendió que el pecado no fuera un problema. Dijo claramente: «Vete y de ahora en adelante no peques más». Sin embargo, su intención no era condenarla, sino motivarla a una vida recta. Y aunque parezca contrario a la intuición, es la gracia la que hace eso.

Si haces de la doctrina lo principal, aunque tengas razón, estás equivocado. Si estás seguro de saber quién eres en Cristo, no tienes que demostrar que tienes razón; no tienes que entregarte a discusiones. Simplemente puedes seguir siendo humilde con los demás y amarlos.

Cuando afirmamos que nuestra interpretación actual de una doctrina no esencial es superior a la de otra persona, dejamos de actuar con amor y empezamos a hacerlo desde el orgullo. Estamos priorizando una discrepancia sobre nuestra relación con nuestros hermanos y hermanas en Cristo.

No es fácil. Cada generación se enfrenta a grandes cuestiones de doctrina, aparentemente insolubles, que desafían nuestra unidad.

Veamos cómo Pablo abordó el gran problema de la unidad en la iglesia de su tiempo con un 100% de gracia y un 100% de verdad.

Les dice a los cristianos gentiles (en 1 Corintios 8) que está perfectamente bien comer carne que ha sido ofrecida a los ídolos, esa es la verdad. Pero, inmediatamente sigue con gracia y les dice que si lo hacen en presencia de alguien que cree que no está bien, *entonces* se convierte en pecado.

El pecado no es comer carne. Es la herida de la conciencia de un hermano o hermana en Cristo que tiene una comprensión diferente de una cuestión no esencial. Corresponde a la persona que cree tener la doctrina correcta —¡lo que, por supuesto, todos tenemos!— actuar con gracia hacia los que creen algo diferente.

¿Cuáles son las partes de la Iglesia de las que te enseñaron a desconfiar? Tal vez incluso tengas la impresión de que si la gente asiste a una determinada actividad de la iglesia o cree o practica ciertas cosas no pueden ser cristianos.

¿Has comprobado alguna vez por ti mismo en qué creen, y lo has hecho con espíritu de humildad, «considerando a los demás como mejores que ustedes»? (Filipenses 2:3 NTV).

CENTRARSE EN LA GRACIA, PERO PASAR POR ALTO LA VERDAD

Entre las siete iglesias a las que se dirige Jesús en el Apocalipsis, solo hay una, la iglesia de Tiatira (Apocalipsis 2:18-29), a la que Jesús elogia por su amor. Sin embargo, a medida que seguimos leyendo, descubrimos que esta iglesia ha tolerado falsas enseñanzas del tipo: «Dios es amor, así que a él no le importará que nos saltemos las reglas». Y la gente había caído en la adoración de ídolos y la inmoralidad sexual.

A lo largo de la historia hay muchos ejemplos de iglesias que se han apoderado del increíble mensaje de la gracia de Dios y lo han tergiversado para justificar esencialmente que todo vale.

Tolerar el pecado, como hizo la iglesia de Tiatira, no es gracia. Tampoco lo es el amor sentimental que no exige nada y no desafía al pecado.

Las palabras de Jesús sobre las consecuencias de lo que estaba ocurriendo en Tiatira son difíciles de comprender:

> «Por eso, la postraré en cama, y a los que cometen adulterio con ella los arrojaré en gran tribulación, si no se arrepienten de las obras de ella. A sus hijos mataré con pestilencia» (Apocalipsis 2:22-23a).

¿Te choca que el propio Jesús dijera algo así?

Si revisas el Nuevo Testamento, verás que él habló una y otra vez sobre el juicio venidero y la necesidad de arrepentirse. Incluso llamó a la gente hipócritas, serpientes, ciegos, necios, malvados y malditos.

Jesús nunca se centra en lo que la gente hace mal, pero tampoco quiere que la gente piense que las decisiones equivocadas no tienen consecuencias.

El objetivo de sus duras palabras aquí es conseguir que la iglesia y todos se arrepientan. La intención de Jesús es que no sea arrojada a un lecho de enferma y que sus hijos no mueran. Sus palabras de verdad son un medio de gracia.

Pero esto no nos da licencia para decir cosas desagradables a otros cristianos. Es fácil engañarnos a nosotros mismos pensando que estamos defendiendo la verdad de Dios cuando en realidad solo estamos siendo arrogantes y divisivos. Cuando hablamos la verdad, siempre debe ser genuinamente en amor. Nuestra intención hacia la otra persona debe ser amarla genuinamente y ver lo mejor para ella, en lugar de justificar nuestros propios prejuicios o construir nuestro propio ego.

También es fácil caer en la trampa que cayó la iglesia de Tiatira y pensar que estamos defendiendo el amor de Dios cuando en realidad solo estamos poniendo excusas para el pecado. Jesús vino con 100% de gracia, pero su deseo era que esta gracia motivara a la gente a un estilo de vida radical de pureza, santidad y amor.

Hizo una afirmación que habría de resultar absolutamente chocante para quienes lo escuchaban:

> «Porque les digo a ustedes que si su justicia no supera la de los escribas y fariseos, no entrarán en el reino de los cielos» (Mateo 5:20).

Los escribas y los fariseos eran vistos como las personas más justas de su tiempo. Pero Jesús estaba diciendo que ni siquiera sus estándares eran lo suficientemente altos como para igualar el estándar de santidad de Dios.

Luego hace algo aún más asombroso. Toma la Ley, que ya parecía una norma imposible, y sube el listón aún más. Por ejemplo:

> «Ustedes han oído que se dijo a los antepasados: "No matarás" y: "Cualquiera que cometa homicidio será culpable ante la corte". Pero yo les digo que todo aquel que esté enojado con su hermano será culpable ante la corte» (Mateo 5:21-22a).

> «Ustedes han oído que se dijo: "No cometerás adulterio". Pero yo les digo que todo el que mire a una mujer para codiciarla ya cometió adulterio con ella en su corazón» (Mateo 5:27-28).

Luego, al final de esa sección, clava el clavo en el ataúd:

> «Por tanto, sean ustedes perfectos como su Padre celestial es perfecto» (Mateo 5:48).

En una competición de salto con pértiga, los competidores siguen saltando hasta que el listón está demasiado alto para todos ellos. Aunque solo quede una persona, el listón sigue subiendo. Al final, ellos también fracasarán.

Supongo que al menos existía la posibilidad teórica de que alguien pudiera cumplir los seiscientos trece mandamientos de la ley del Antiguo Testamento. Pero Jesús puso el listón tan alto que se convirtió en una imposibilidad absoluta.

El verdadero propósito de la ley era mostrarnos que, sin la gracia de Dios, no podemos agradar a Dios. Su propósito es llevarnos al punto en que nos arrojemos a la misericordia de Dios con absoluta desesperación, dándonos cuenta de la magnitud de nuestra necesidad de él. Los fariseos le dieron la vuelta a eso y lo usaron para elevarse a sí mismos, para obtener el respeto de los demás, para convencerse de que ellos —y solo ellos— estaban bien. Y eso es orgullo.

Cada vez que Jesús subía el listón, lo desplazaba de una ley que se centraba en el comportamiento externo a lo que está dentro, los pensamientos y las intenciones de nuestro corazón.

En un tiempo, nuestros corazones eran *engañosos* (Jeremías 17:9), pero ya no lo son.

> «Este es el pacto que haré con ellos después de aquellos días, dice el Señor: Pondré mis leyes en su corazón, y en su mente las escribiré» (Hebreos 10:16).

Ahora que hemos llegado a ser nuevas criaturas en Cristo, tenemos un corazón y una mente nuevos. La ley de Dios ya no son palabras en una tabla de piedra o en una página. Está escrita dentro de nosotros.

Jesús nos ha devuelto al lugar en el que estaban Adán y Eva antes de la caída, donde podemos elegir hacer lo correcto. Mientras que el Antiguo Pacto nos daba diez mandamientos que no podíamos cumplir, en el Nuevo Pacto se convierten potencialmente en diez promesas: no robaremos, no mataremos, etcétera. Obedecemos, no porque tengamos que hacerlo, sino porque realmente queremos hacerlo y porque tenemos el poder del Espíritu Santo dentro de nosotros.

Por eso, cuando alguien se convierte a Cristo, le animamos a no seguir viviendo de una manera que Dios desaprueba. Esperamos ver un cambio dramático. Jesús quiere que las acciones de su iglesia reflejen la pureza y santidad que él le ha dado.

Los discípulos deben saber que, cuando Dios nos dice que no hagamos algo, no es porque sea un aguafiestas. Es porque Jesús vino específicamente a liberarnos de la esclavitud del pecado y de Satanás, y no necesitamos volver atrás. Él nos está ayudando a evitar cosas que nos dañen a nosotros y a los demás.

Cuando tenemos que corregir a otros, lo hacemos con espíritu de gracia, y les recordamos quiénes son en Cristo. Por ejemplo, fíjate en la respuesta de Santiago cuando se dio cuenta de que algunos compañeros cristianos tenían un problema con su forma de hablar:

> «De la misma boca proceden bendición y maldición. Hermanos míos, esto no debe ser así. ¿Acaso una fuente echa agua dulce y amarga por la misma abertura? ¿Acaso, hermanos míos, puede una higuera producir aceitunas, o una vid higos? Tampoco la fuente de agua salada puede producir agua dulce» (Santiago 3:10-12).

No utiliza palabras duras. Simplemente señala que un manantial de agua dulce no produce agua salada, simplemente no lo hace. De la misma manera, una higuera no produce aceitunas, por supuesto que no. En el fondo, ahora somos santos. Y, si todo funciona como debe, haremos las cosas que hacen los santos. Cuando pierdo los estribos, me quejo, o me detengo en un pensamiento lujurioso, estoy actuando fuera de carácter. Es tan simple como eso.

La disciplina se hace por amor. No se trata de castigar a la gente. La disciplina piadosa es para ayudarles a no cometer el mismo error otra vez. Se trata de restaurar. Es un medio de gracia.

¿Alguna vez has enviado un regalo por correo y nunca has recibido un agradecimiento? Tal vez te preocupa que el regalo no haya llegado, pero te pone nervioso preguntar por si la razón por la que no te lo han mencionado es porque no les ha gustado. Pues bien, en el mundo de los escritores bíblicos, si un regalo no suscitaba una respuesta, eso implicaba que no había sido recibido.

Pablo dice que la bondad de Dios nos lleva al arrepentimiento (Romanos 2:4). La gracia de Dios nos asegura su amor, hagamos lo que hagamos. Pero si eso no nos mueve a responderle en arrepentimiento, reafirmar nuestra lealtad a él y cambiar nuestro comportamiento, entonces no la hemos recibido realmente.

He tenido que arrepentirme de pensar que algunos pecados realmente no importan. He tenido que arrepentirme de pensar que puedo decidir por mí mismo lo que está bien o mal en lugar de confiar en lo que Dios dice en la Biblia.

CHEQUEO CARDÍACO

Hace unos años, pasé por un periodo de intenso conflicto en mi iglesia. Desde entonces he comprendido que los conflictos son inevitables y no son necesariamente malos. Lo que importa es cómo los manejas. Y Dios puede usar el conflicto para ayudarte a ser más como Jesús y reforzar la unidad con la persona con la que estás en conflicto.

En aquella época me acusaban de cosas que yo consideraba falsas. Todo dentro de mí quería demostrar que yo tenía razón, que yo sabía más. Quería poner a la gente de mi lado. Quería centrarme en la verdad.

Y Dios estaba tratando pacientemente de enseñarme que lo que realmente importaba era mi carácter, cómo manejaba el conflicto de una manera piadosa, y cómo me acercaba a la persona que me estaba acusando. Quería que me centrara en la gracia.

Desarrollé un resfriado y pasé unas cuantas noches en las que apenas dormía porque tenía la nariz taponada. Al final, decidí ir al médico para ver si me podía dar algo. Fui a un médico nuevo al que no había visitado antes, así que, antes de que me mirara la nariz, decidió hacerme un chequeo médico básico. Tomó varias medidas y las introdujo en su ordenador. Luego dijo: «Mmm, veamos si podemos acortarte un poco los brazos, estíralos otra vez». Volvió a medirme los brazos y me dijo: «No, siguen siendo demasiado largos». Mi respuesta fue: «Llevo toda la vida teniéndolos así. ¿Es eso un problema?». Me explicó que tener los brazos demasiado largos puede ser un indicador de una enfermedad llamada síndrome de Marfan, que hace que los músculos se vuelvan muy flexibles. Provoca una doble articulación y, al final, los músculos del corazón se vuelven tan flexibles que no funcionan. Puede ser mortal. Así que me dijo: «Bien, te daré cita en el hospital para una revisión cardiaca». Tecleó en el ordenador y me entregó el impreso de la cita. Le pregunté: «¿Y mi nariz?». «En unos días se te curará», respondió con desdén.

Así que mi resfriado me llevó a una revisión cardíaca en el hospital. Me tumbaron y me hicieron una ecografía del corazón. El sonido de mi corazón se escuchaba a todo volumen a través de unos altavoces, lo que me pareció alarmante. Sonaba como un silbido y un chirrido y me pareció que debía de haber algo muy grave. Pero me aseguraron que esos ruidos eran totalmente normales.

Durante este período de conflicto, aquí estaba yo mirando una imagen masiva de mi corazón en una pantalla muy grande frente a mí. Mientras yacía allí viéndolo bombear, con los extraños sonidos que hacía llenando la habitación, sentí que Dios decía: «En medio de esta situación de conflicto, todo lo que estoy mirando es tu corazón».

Resultó que mi corazón no tenía ningún problema médico, ¡solo tengo los brazos muy largos! Pero fue una imagen gráfica para mí de que necesitaba asegurarme de que el conflicto por el que estaba pasando no condujera a la división. Necesitaba humillarme ante Dios y ante otras personas y asegurarme de que manejaba el conflicto no solo con la verdad sino con la gracia. Dios amablemente me dio una ilustración gráfica para animarme a seguir caminando en perdón y humildad y no permitir que el enemigo traiga división a pesar del desacuerdo.

Como la unidad en el cuerpo de Cristo es tan importante para cumplir la misión que Jesús nos ha encomendado, entonces es el área en la que Satanás más quiere atacarnos. Si no tenemos cuidado, nos tragaremos sus medias verdades y caeremos en su engaño y, antes de que nos demos cuenta, en lugar de ser agentes de reconciliación, nos encontraremos haciendo el trabajo del enemigo por él.

ACERCARSE A LOS QUE ESTÁN FUERA DE LA IGLESIA

Vimos en el capítulo 3 cómo la iglesia se volvió *juzgona*, y en muchos lugares llegó a verse a sí misma como responsable de la moral de toda la nación. En lugar de asombrar a la gente con nuestros actos de amor y mostrar que estamos *a favor* de ellos, nos hicimos conocidos por lo que estamos *en contra*.

En lugar de ser los que predican las buenas noticias, nos convertimos en las malas noticias.

¿Cómo quiere Dios que nos acerquemos a los que están fuera de la iglesia y no dicen ser cristianos? ¿Qué significa acercarse a ellos con un 100% de gracia y un 100% de verdad?

Pablo escribió una carta a los corintios en la que les decía que no se relacionaran con personas sexualmente inmorales. Y ellos malinterpretaron totalmente lo que quería decir. Tuvo que escribirles de nuevo para explicárselo más detalladamente, y esto es lo que dijo:

> «Por carta ya les he dicho que no se relacionen con personas inmorales. Por supuesto, no me refería a la gente inmoral de este mundo, ni a los avaros, estafadores o idólatras. En tal caso, tendrían ustedes que salir de este mundo. Pero en esta carta quiero aclararles que no deben relacionarse con nadie que, llamándose hermano, sea inmoral o avaro, idólatra, calumniador, borracho o estafador» (1 Corintios 5:9-11 NVI).

Habían asumido que Pablo quería decir que no debían relacionarse con personas sexualmente inmorales *fuera* de la Iglesia. Como si ellos fueran la parte más débil y de alguna manera se contaminarían con el mundo.

Pero Pablo dice claramente que cuando se trata de estos asuntos de pecado, nuestra preocupación debe ser más bien aquellos *dentro de* la iglesia que pecan persistentemente. Y notemos que no solo se centra en los que cometen pecados sexuales, sino que da la misma importancia a los que son avaros, arremeten con la lengua o siguen emborrachándose.

En los dos primeros capítulos de Romanos, Pablo explica con todo lujo de detalles la terrible situación en la que se encuentran los que aún no conocen a Jesús: su pensamiento se ha vuelto vano, sus corazones están *entenebrecidos* y se entregan a la impureza, las pasiones sexuales, el asesinato, el engaño, el orgullo y la crueldad. Afirma que «el juicio de Dios cae justamente sobre los que practican tales cosas».

A continuación, lanza una severa advertencia:

> «¿Y piensas esto, oh hombre, tú que condenas a los que practican tales cosas y haces lo mismo, que escaparás del juicio de Dios? ¿O tienes en poco las riquezas de su bondad y tolerancia y paciencia, ignorando que la bondad de Dios te guía al arrepentimiento?» (Romanos 2:2-4).

Sorprendentemente, esta advertencia no es para la gente del mundo que está atrapada en estas cosas.

Es para los cristianos que, a pesar de haber experimentado la gracia de Dios, se dejan llevar por sus propias normas y, sin embargo, se sienten libres para condenar a los demás. La bondad de Dios que han experimentado está destinada a llevarlos al arrepentimiento, no, como parecen pensar, a darles licencia para pecar sin consecuencias.

Pero si no señalamos el pecado en el mundo, ¿no enviamos el mensaje de que lo que hacen está bien?

Pues bien, Jesús no actuaba así. No lo vemos señalando el pecado de un recaudador de impuestos, sin embargo, Zaqueo prometió devolver todo lo que había robado. Una prostituta hizo una extravagante demostración pública de arrepentimiento, y Jesús ni siquiera dijo una palabra.

Dios no quiere que *juzguemos* a la gente por su quebrantamiento. Quiere que les mostremos el camino para salir de él, con bondad. Por eso, todas las personas deben saber que son bienvenidas en nuestras iglesias, independientemente de la oscuridad en la que vivan. Cuando conozcan a personas que están experimentando la liberación del poder del pecado y del miedo a la muerte, ¡seguro que querrán saber cómo pueden experimentarla ellos también!

EL FINAL DE LA HISTORIA

Los escritores del Nuevo Testamento utilizan muchas imágenes y metáforas para intentar transmitir la maravilla, la grandeza y la amplitud de nuestra identidad como iglesia. Pero dejan lo mejor para el final.

En Efesios 5, Pablo empieza dando consejos a los matrimonios, pero acaba perdiéndose en asombros sobre Cristo y su Novia. Dice: «Cristo amó a la iglesia y se dio él mismo por ella, para santificarla, habiéndola purificado por el lavamiento del agua con la palabra, a fin de presentársela a sí mismo, una iglesia en toda su gloria, sin que tenga mancha ni arruga ni cosa semejante, sino que fuera santa e inmaculada» (Efesios 5:25-27).

La relación matrimonial, cuando dos personas se entregan plenamente y de todo corazón el uno al otro y se convierten en *una sola carne*, se presenta como una imagen de la relación entre Jesús y su Iglesia. Si lo piensas, es una afirmación chocante. Incluso escandalosa. Si no fueran las palabras del propio apóstol Pablo escritas en las Escrituras, podríamos sentirnos tentados a tacharlas de blasfemia. No es de extrañar que Pablo lo describa como un misterio. Pero es profundo.

Apocalipsis 19 describe el momento futuro en que esto se cumplirá:

> «Oí como la voz de una gran multitud, como el estruendo de muchas aguas y como el sonido de fuertes truenos, que decía:
>
> «¡Aleluya! Porque el Señor nuestro Dios Todopoderoso reina. Regocijémonos y alegrémonos, y démosle a él la gloria, porque las bodas del Cordero han llegado y su esposa se ha preparado» (Apocalipsis 19:6-7).

Nuestro Novio ha pagado el precio de la Novia. En este momento, estamos desposados con él y estamos esperando que venga por nosotros y nos lleve a la casa de su padre, donde habrá una celebración, y el matrimonio será consumado.

Como cristianos *individuales*, estamos de pie con nuestras sandalias, nuestro anillo y nuestra túnica. Pero *juntos* como la Novia de Cristo, nosotros, la Iglesia, seremos inimaginablemente gloriosos.

Mientras tanto, debemos prepararnos. Jesús mismo nos ha encomendado la misión de discipular a las naciones. Él nos ha dado todo lo que necesitamos para cumplirla juntos. Si caminamos en gracia y nos amamos unos a otros, podemos esperar ver su bendición.

«Su Novia se ha preparado». Dios tiene tanta confianza en que responderemos a su amor y caminaremos juntos en nuestra identidad como su cuerpo que lo ha dicho en tiempo pasado. Va a suceder. Vamos a estar en esa celebración, listos para el Novio, ¡nuestra misión está cumplida!

Y delante del Cordero habrá «una gran multitud, que nadie podía contar, de todas las naciones, tribus, pueblos, y lenguas». (Apocalipsis 7:9).

¿PACIFICADOR?

> «Bienaventurados los que procuran la paz, pues ellos serán llamados hijos de Dios» (Mateo 5:9).

¿Estás dispuesto a vivir tu identidad como hijo de Dios y ser un pacificador dentro de la Iglesia para que la bendición de Dios llegue a los de fuera mientras nos amamos los unos a los otros?

¿Estás dispuesto a acercarte a los que aún no conocen a Jesús para que juntos discipulemos a las naciones?

Podría decir mucho más, pero el apóstol Pablo lo dice mucho mejor:

> «esforzándose por preservar la unidad del Espíritu en el vínculo de la paz. Hay un solo cuerpo y un solo Espíritu, así como también ustedes fueron llamados en una misma esperanza de su vocación; un solo Señor, una sola fe, un solo bautismo, un solo Dios y Padre de todos, que está sobre todos, por todos y en todos» (Efesios 4:3-6).

Te invito a hacer conmigo la siguiente oración:

Señor Jesús,

Nos unimos a tu oración al Padre para que tus hijos sean uno. Compartimos tu deseo de que el mundo crea que el Padre te envió. En tu palabra dices que donde hay unidad tú mandas bendición y queremos que esa bendición llegue con toda su fuerza. Queremos ser como tú, el gran Rey de reyes, que te humillaste, tomando la forma de siervo y sufriste una muerte humillante y agonizante en la cruz. Renunciamos a toda pretensión de ser justos o rectos en nuestra propia fuerza y nos humillamos ante ti.

Todo gira en torno a ti y tu reino, Señor, no alrededor nuestro. Elegimos humillarnos los unos ante los otros en Cristo y acercarnos no solo con la verdad sino con la gracia, tal como tú

te acercas a nosotros. Elegimos considerar a los demás como mayores que nosotros y poner su bienestar por delante del nuestro. Reconocemos que, sin amor verdadero, todo lo que hacemos no es sino un metal que resuena o un platillo que hace ruido.

Aunque nuestra doctrina y tradición cristiana sean cien por ciento correctas, sin amor no valen nada.

Señor, anhelamos mantener la unidad del Espíritu en el vínculo de la paz. Por lo tanto, llénanos nuevamente de tu Espíritu Santo y guíanos en amor.

Decidimos trabajar por la paz, no criticar.

Decidimos la relación por encima de las reglas.

Decidimos el amor por encima de la ley.

Decidimos ser genuinos en lugar de aparentar ser perfectos.

Oramos en el nombre del humilde Jesús, quien ha sido exaltado al lugar más alto y cuyo nombre es sobre todo nombre. Amén.

(Basado en Salmo 133, Juan 1:14-17, Juan 17:20-23, 1 Corintios 13, Efesios 4:1-7, Filipenses 2:1-11)

ESTABLECER LA CONEXIÓN DE LA GRACIA

En este capítulo y en los dos anteriores, hemos visto cómo la falsa motivación del orgullo nos impide caminar en gracia en una variedad de formas diferentes.

Si hemos de ser pacificadores, si hemos de ser discípulos eficaces y fructíferos, es imperativo que renunciemos al orgullo. Te invito a que dediques un tiempo a pedir al Espíritu Santo que te muestre dónde hay zonas de orgullo en tu vida y que te apartes de cada una de ellas.

Comienza este tiempo pidiendo al Espíritu Santo que te hable mientras lees despacio los siguientes versículos:

> «Por tanto, si hay algún estímulo en Cristo, si hay algún consuelo de amor, si hay alguna comunión del Espíritu, si algún afecto y compasión, hagan completo mi gozo, siendo del mismo sentir, conservando el mismo amor, unidos en espíritu, dedicados a un mismo propósito. No hagan nada por egoísmo o por vanagloria, sino que con actitud humilde cada uno de ustedes considere al otro como más importante que a sí mismo, no buscando cada uno sus propios intereses, sino más bien los intereses de los demás.
>
> Haya, pues, en ustedes esta actitud que hubo también en Cristo Jesús, el cual, aunque existía en forma de Dios, no consideró el ser igual a Dios como algo a qué aferrarse, sino que se despojó a Sí mismo tomando forma de siervo, haciéndose semejante a los hombres. Y hallándose en forma de hombre, se humilló él mismo, haciéndose obediente hasta la muerte, y muerte de cruz.
>
> Por lo cual Dios también lo exaltó hasta lo sumo, y le confirió el nombre que es sobre todo nombre, para que al nombre de Jesús se doble toda rodilla de los que están en el cielo, y en la tierra, y debajo de la tierra, y toda lengua confiese que Jesucristo es Señor, para gloria de Dios Padre» (Filipenses 2:1-11).

Querido Señor,

Confieso que he creído que mis caminos y mis preferencias son mejores que los de otras personas. Te pido que me reveles ahora las formas en que este pecado de orgullo ha sido un

problema en mi vida para que pueda apartarme de él. En el nombre de Jesús.

Amén.

Escribe las áreas de tu vida en las que ahora te das cuenta de que has sido orgulloso. Piensa, por ejemplo, en tu actitud hacia:

- Miembros de la familia
- Líderes eclesiásticos
- Cristianos de otras partes de la Iglesia
- Compañeros de trabajo

Considera también si te has sentido orgulloso por:

- Tu comprensión de la doctrina cristiana
- Tus logros mundanos
- Las cosas que has hecho por Dios

¿De qué otras formas has experimentado el orgullo?

Por cada área que el Espíritu Santo te haya traído a la mente, puedes hacer esta oración:

Señor Jesús,

Confieso y renuncio a haber sido orgulloso por/hacia__________ __________________________ (Di qué hiciste y a quién). Ahora elijo tener la misma actitud que tú tuviste. Me humillo ante ti y ante los demás. Declaro la verdad de que no soy de ninguna manera mejor que ellos y elijo de ahora en adelante considerarlos más significativos que yo mismo. Gracias porque, como sé que soy tu hijo, ya no tengo que levantarme a mí mismo, sino que puedo confiar en ti para que me levantes en el momento oportuno.

En tu nombre. Amén.

CAPÍTULO 9

LOS PASOS PARA EXPERIMENTAR LA GRACIA DE DIOS

LA VERDAD, EL ARREPENTIMIENTO Y LA TRANSFORMACIÓN

En el último capítulo, definimos a un discípulo como: «Alguien que está aprendiendo a parecerse cada vez más a Jesús en su ser; y para hacer las obras que Dios ha preparado para ellos en la fuerza que él suministra».

Libertad en Cristo es un ministerio de discipulado y durante casi 40 años, hemos estado equipando a las iglesias para ayudar a los cristianos a cultivar un estilo de vida de crecimiento espiritual fructífero.

Hemos llegado a la conclusión de que, para que una iglesia equipe a su gente para caminar en libertad y seguir creciendo, necesita tres elementos en su cultura de discipulado: *Verdad*, *Arrepentimiento* y *Transformación*.

La verdad consiste en llevar la palabra de Dios de nuestra mente a nuestro corazón, para que realmente conozcamos el increíble amor de Dios en nuestro corazón; sepamos quiénes somos ahora en Cristo; comprendamos la naturaleza de la batalla espiritual y los recursos que tenemos en Cristo para mantenernos firmes. Se trata de comprender lo que está bien en nosotros (en lugar de centrarnos en lo que está mal) ahora que estamos en Cristo.

Puede que hayamos llegado a creer que somos inútiles, sucios o que no estamos a la altura de las expectativas. La verdad es que en Cristo somos santos. Somos amados y aceptados por Dios mismo. Y tenemos un papel crucial en su familia con cosas específicas que Dios ha preparado de antemano para que hagamos.

Los capítulos anteriores están llenos de la verdad presente en la Biblia que necesitamos conocer (en nuestro corazón, no solo en nuestra mente) para cultivar un estilo de vida de crecimiento espiritual imparable. Pero no basta con conocer la verdad.

Convertirse es ver la realidad tal y como nos la cuenta la Biblia. Se trata de entender la realidad del mundo espiritual y cómo recuperar cualquier terreno que hayamos cedido previamente al enemigo. Se trata de entender y practicar el arrepentimiento, de modo que cerremos sin piedad cualquier puerta que hayamos abierto al enemigo a través del pecado pasado y no abramos ninguna más.

Se trata de ayudarnos a trazar una línea y dejar de seguir los caminos del mundo que considera el sexo como un apetito que hay que satisfacer, las drogas como un recreo, las apuestas como un entretenimiento o la astrología como una diversión inofensiva. Se trata de renunciar a otros ídolos, al igual que los que en Hechos quemaron sus pergaminos de astrología.

La principal herramienta que tenemos para ayudar a la gente a hacer esto es *Los pasos hacia la libertad en Cristo*, y te lo recomiendo encarecidamente, yo mismo los repaso una vez al año como una especie de chequeo espiritual.

En este capítulo, se te invita a seguir *Los pasos para experimentar la gracia de Dios*, que es un proceso similar que se centra específicamente en los problemas que nos impiden establecer una verdadera conexión de corazón con la gracia de Dios. Dedicar medio día a recorrer este proceso con detenimiento y oración es una respuesta adecuada a los capítulos anteriores. Es donde podrás tratar con las falsas motivaciones como la vergüenza, la culpa, el miedo, la ansiedad y el orgullo, y otras cuestiones como el pecado compulsivo.

La transformación consiste en renovar la mente. Todos tenemos los valores del mundo arraigados en nuestro pensamiento, y tenemos que hacer un esfuerzo consciente si queremos reemplazar esas viejas creencias defectuosas con lo que realmente es verdad según la Biblia.

Romanos 12:2 nos dice claramente que solo mediante la renovación de nuestra mente experimentamos una auténtica transformación. En el próximo (y último) capítulo, te presentaré el *demoledor de bastiones*, una forma muy práctica de reemplazar las creencias defectuosas por la verdad *que nos cambia la vida*.

Me apasiona ver a cada cristiano —sin importar lo que haya experimentado en la vida— viviendo como un discípulo de Jesús genuinamente fructífero. Estoy convencido de que, si un número suficiente de cristianos sigue caminando de acuerdo con estos principios bíblicos, veremos comunidades enteras transformadas y, a su debido tiempo, tendremos un impacto en las naciones.

Al llegar a *Los pasos para experimentar la gracia de Dios*, ¡estoy emocionado por ti! Por favor, ¡tómate tu tiempo y asegúrate de hacer negocios con Dios! Sé que él está tan ansioso por ayudarte a convertirte en un discípulo aún más fructífero a medida que te aferras a su gracia en tu corazón, no solo en tu cabeza, y te aseguras de que sea el amor por él —y solo el amor por él— lo que te impulse de ahora en adelante.

INTRODUCCIÓN A LOS PASOS

Este proceso tranquilo y respetuoso de oración y arrepentimiento es para todo cristiano que quiera madurar en Cristo, aprender a vivir la vida de *reposo en la gracia* y dar fruto que tiene valor eterno.

Dios Padre te extiende la invitación de regresar a «casa», tal y como lo hizo el padre de la historia del hijo perdido. *Los Pasos para experimentar la gracia de Dios* pueden servirte para afirmar tu amor por él y permitir que te revele áreas de tu vida que necesitan atención. Si te sientes distante de Dios, si tu caminar cristiano se ha vuelto una carga pesada y sin vida, o si has perdido toda esperanza de ser libre de pecado o del temor, estos pasos pueden ayudarte a asimilar quién eres y lo que tienes en Cristo para vivir en la gracia de Dios, donde encontrarás «descanso para tu alma» —¡una nueva manera de vivir!

La vida de reposo *en la gracia* se manifiesta así:

- Amas a Dios y a los demás porque sabes que eres amado por él, no por otra razón.
- Experimentas victoria diaria sobre la tentación como consecuencia del poder del Espíritu Santo en ti, no por el poder o esfuerzo que tú ejerzas.
- Produces fruto abundante, dando mucha gloria a Dios, al mantenerte en una relación dependiente de él que te trae descanso.

Al evaluar nuestra vida desde la perspectiva de Dios, puede ser doloroso ver cuánto nos hemos alejado de Dios Padre. Recuerda, al volver a experimentar la gracia, que Dios no requiere que te esfuerces para agradarle. Todo lo contrario, fue justamente por *trabajar como un burro* que el hijo mayor se alejó del padre.

El camino de vuelta al Padre comienza con un cambio de parecer (lo que la Biblia llama «arrepentimiento») y con el compromiso a creer la verdad (revelada en las Escrituras) de quién es Dios, de quiénes somos ahora en Cristo, y de las circunstancias en nuestra vida.

Permite que el Espíritu Santo te revele no solo las acciones, sino también las actitudes y creencias erradas que te han impedido vivir diariamente en la realidad de su gracia y dar mucho fruto que permanece. Te recomendamos que tomes nota de toda creencia falsa y mentira que descubras durante el proceso en la *Lista de mentiras* al final de este libro. Explicaremos cómo reemplazarlas con la verdad usando el *Demoledor de bastiones* para que puedas renovar tu mente y ser transformado (Romanos 12:2).

Nuestro intento de ganar la aceptación de Dios y de los demás por nuestro esfuerzo puede parecer muy espiritual desde fuera. Pero se basa en creencias que tergiversan quién es Dios y quiénes somos nosotros. Quizá no sea evidente a los demás que algo en tu interior requiere corrección, porque tu comportamiento puede asemejarse al de alguien que vive bajo la gracia. Pero ***por dentro*** la diferencia es abismal. Recuerda, Dios ve el corazón. ¡Gracias a Dios que en Cristo recibimos un nuevo corazón!

Durante este proceso dependemos completamente del Espíritu Santo para guiarnos a toda verdad y así poder reclamar la libertad que Dios nos ha dado como sus hijos. En respuesta, le ofrecemos toda nuestra vida en amor y gratitud, creyendo que él «es poderoso para hacer todo mucho más abundantemente de lo que pedimos o entendemos, según el poder que obra en nosotros». (Efesios 3:20).

Para comenzar, tómate un momento para recordar quién es Dios y lo que ha hecho. Alábale.

Entonces, cuando estés listo, repite en voz alta la oración y declaración en las siguientes páginas.

ORACIÓN INICIAL

Querido Padre Celestial,

Gracias por amarme y porque tu Hijo murió y resucitó para que yo pudiera tener una relación cercana contigo. Quiero vivir sobre la base de tu aceptación y relacionarme contigo no solo mediante el conocimiento intelectual, sino también mediante la experiencia del corazón. Tu palabra dice que «Cristo nos libertó para que vivamos en libertad»; ayúdame a aferrarme a esa libertad hoy. A menudo no me he mantenido firme en tu nuevo pacto de gracia, más bien he permitido que el yugo de esclavitud me agobiara y desgastara. Ayúdame a aferrarme a la libertad de toda esclavitud al pecado, al temor o al desempeño. Trae a mi mente toda actitud y acción que haya impedido que yo reciba y comparta tu amor. Ayúdame a conocer la verdad para que yo sea libre para amarte a ti y a los demás tal como tú me amas. En el nombre de Jesús. Amén.

(Oración 1.A)

DECLARACIÓN INICIAL

En el nombre y la autoridad del Señor Jesucristo, ordeno a Satanás y a todo espíritu maligno que me suelten, a fin de que yo pueda ser libre para conocer y hacer la voluntad de Dios. Como hijo de Dios sentado con Cristo en los lugares celestiales, declaro que todo enemigo del Señor Jesucristo está obligado a guardar silencio. Declaro a Satanás y a sus huestes de maldad que no me pueden infligir dolor alguno ni impedir que la voluntad de Dios se cumpla en mi vida. Yo pertenezco a Dios y el maligno no puede tocarme. Rechazo todo temor, ansiedad, duda, confusión, engaño, distracción y toda interferencia que provenga de los enemigos del Señor Jesucristo. Elijo tomar mi lugar en Cristo. Declaro que todos sus enemigos han sido desarmados, y que Jesús vino a destruir la obra del diablo en mi vida. Declaro que Cristo rompió las cadenas de la esclavitud y que yo estoy en él. Por lo tanto, su victoria es mi victoria.

(Declaración 1.B)

PASO 1: ELIGE CREER LA VERDAD

En este primer paso declararemos algunas verdades clave de la Biblia. Es importante que rechaces toda mentira que hayas descubierto durante el Curso de la Gracia y en su lugar declares y creas la verdad según las Escrituras. Puede que Dios use las afirmaciones para revelarte más pensamientos erróneos.

Comienza con la siguiente oración en voz alta:

Querido Padre Celestial,

Tu palabra es verdadera y Jesús es la Verdad. El Espíritu Santo es el Espíritu de verdad y conocer la verdad me hará libre. Quiero conocer la verdad, creer en la verdad y vivir de acuerdo con la verdad. Por favor, revela a mi mente toda mentira que he creído sobre ti, mi Dios Padre, y sobre mí mismo. Quiero renunciar a esas mentiras y caminar en la verdad de tu gracia y tu aceptación en Cristo. En el nombre de Jesús. Amén.

(Oración 1.C)

LA VERDAD SOBRE NUESTRO DIOS PADRE

Tener una visión equivocada de la naturaleza de Dios y de sus expectativas de nosotros será un obstáculo para una relación cercana e íntima con él. Estas declaraciones sobre tu Padre Dios te darán la oportunidad de renunciar en voz alta a las mentiras que has creído acerca de Dios, y de afirmar la verdad acerca de su naturaleza.

Te animamos a hacerlo con seguridad, especialmente aquellas verdades que te cuesta recibir hoy. Meditar en la verdad de quién es Dios es una práctica importante hacia tu libertad y sanidad en Cristo.

Haz en voz alta las declaraciones de las siguientes páginas.

Renuncio a la mentira que dice que tú, Dios Padre, eres distante e indiferente hacia mí.

Decido creer la verdad de que tú, Dios Padre, siempre estás presente conmigo, tienes planes para darme un futuro y una esperanza, y has preparado obras para que yo ande en ellas. (SALMO 139:1–18; MATEO 28:20; JEREMÍAS 29:11; EFESIOS 2:10)

Renuncio a la mentira que dice que tú, Dios Padre, eres insensible, no me conoces ni te preocupas por mí.

Decido creer la verdad de que tú, Dios Padre, eres amable, compasivo y conoces cada detalle de mí. (SALMO 103:8–14; 1 JUAN 3:1–3; HEBREOS 4:12-13)

Renuncio a la mentira que dice que tú, Dios Padre, eres severo y exigente.

Decido creer la verdad de que tú, Dios Padre, me aceptas con gozo y amor. (ROMANOS 15:7; SOFONÍAS 3:17)

Renuncio a la mentira que dice que tú, Dios Padre, eres pasivo y frío hacia mí.

Decido creer la verdad de que tú, Dios Padre, eres cariñoso y tierno conmigo. (ISAÍAS 40:11; OSEAS 11:3-4)

Renuncio a la mentira que dice que Dios Padre, estás ausente o demasiado ocupado para mí.

Decido creer la verdad de que tú, Dios Padre, siempre estás presente, anhelas estar conmigo y te interesas por mí. (FILIPENSES 1:6; HEBREOS 13:5)

Renuncio a la mentira que dice que tú, Dios Padre, eres impaciente, estás enojado conmigo, o me has rechazado.

Decido creer la verdad de que tú, Dios Padre, eres paciente y lento para la ira y que, cuando me disciplinas, es una prueba de tu amor, no de rechazo. (ÉXODO 34:6; ROMANOS 2:4; HEBREOS 12:5-11

Renuncio a la mentira que dice que tú, Dios Padre, has sido mezquino, cruel o abusivo conmigo.

Decido creer la verdad de que Satanás es mezquino, cruel y abusivo, pero tú, Dios Padre, eres amoroso, tierno y protector. (SALMO 18:2; MATEO 11:28–30; EFESIOS 6:10-18)

Renuncio a la mentira que dice que tú, Dios Padre, me niegas los placeres de la vida.

Decido creer la verdad de que tú, Dios Padre, eres el autor de la vida y me das amor, gozo y paz cuando elijo ser lleno de tu Espíritu. (LAMENTACIONES 3:22–23; GÁLATAS 5:22-24)

Renuncio a la mentira que dice que tú, Dios Padre, intentas controlarme y manipularme.

Decido creer la verdad de que tú, Dios Padre, me has hecho libre y me das la libertad de tomar decisiones y crecer en tu gracia. (GÁLATAS 5:1; HEBREOS 4:15-16)

Renuncio a la mentira que dice que tú, Dios Padre, me condenas y no me perdonas.

Decido creer la verdad de que tú, Dios Padre, perdonas todos mis pecados y nunca los sacas a relucir. (JEREMÍAS 31:31–34; ROMANOS 8:1)

Renuncio a la mentira que dice que tú, Dios Padre, me rechazas cuando no logro vivir una vida perfecta o sin pecado.

Decido creer la verdad de que tú, Dios Padre, eres paciente conmigo y me limpias cuando fallo. (PROVERBIOS 24:16; 1 JUAN 1:7–2:2)

¡SOY LA NIÑA DE TUS OJOS!

(DEUTERONOMIO 32:9-10)

(Declaración 1.D)

Ahora revisa la lista y marca todas aquellas que te cueste creer. Puedes utilizar el Demoledor de bastiones descrito al final de los Pasos para reemplazar las mentiras con la verdad. Pero por ahora, usa la siguiente oración para afirmar las verdades que has marcado.

> Querido Padre celestial,
>
> Gracias por tu gracia y perdón. Elijo creer la(s) verdad(es) que ________________ (enumera las verdades). Por favor, cambia la forma en la que adoro, oro, vivo y sirvo a la luz de esas verdades y lléname con tu Espíritu Santo. En el nombre de Jesús. Amén.
>
> (Oración 1.E)

LA VERDAD DE QUIÉNES SOMOS EN CRISTO

El término bíblico más frecuente para referirse a quienes ahora están en Cristo es santo. Pero a menudo creemos que Dios nos ve como *pecadores*, aunque ese es el término que la Biblia utiliza para quienes no conocen a Jesús como su salvador. Ya que nos comportamos según el concepto que tenemos de nosotros mismos, es de crucial importancia que entendamos quiénes somos de acuerdo con lo que Dios dice. Recuerda, no nos hemos ganado nada, nuestra nueva identidad es un regalo de pura gracia. Pero sigue siendo la verdad.

Di en voz alta las siguientes declaraciones.

Proclamo con gozo esta verdad —estoy a salvo y seguro en Cristo:

> Dios me ama tanto como ama a Jesús. (JUAN 17:23)
>
> Dios me compró con la sangre de su Hijo. (1 CORINTIOS 6:20)

Estoy unido a Jesús como una rama a la vid. (JUAN 15:5)

Las manos de Jesús y del Padre me protegen y sostienen. (JUAN 10:27-30)

Soy la justicia de Dios en Cristo; en él doy la talla. (2 CORINTIOS 5:21)

He muerto con Cristo a la esclavitud del pecado y he resucitado a una nueva vida. (ROMANOS 6:3-4)

He muerto a la ley mediante el cuerpo de Cristo. (ROMANOS 7:4)

Cristo nunca me abandonará. (HEBREOS 13:5)

Soy hechura de mi Padre, soy su «poema». (EFESIOS 2:10)

Proclamo con gozo esta verdad —el Espíritu Santo vive en mí y él es mi fuerza:

Soy el templo del Espíritu Santo que me fue dado por mi Padre. (1 CORINTIOS 6:19)

He sido sellado por el Espíritu que me fue dado como muestra de mi herencia en Cristo. (EFESIOS 1:13)

El Espíritu de adopción me guía; ya no soy esclavo del temor; él me permite clamar «¡Abba, Padre!». (ROMANOS 8:14-15)

Fui bautizado por el Espíritu Santo y soy un miembro del cuerpo de Cristo. (1 CORINTIOS 12:13)

El Espíritu Santo me ha dado dones espirituales. (1 CORINTIOS 12:7,11)

Puedo caminar en el Espíritu Santo en lugar de ceder a los deseos de mi carne. (GÁLATAS 5:16-18, 25)

¡Soy la niña de sus ojos! (DEUTERONOMIO 32:9-10)

(Declaración 1.F)

Una vez más, revisa la lista y marca aquellas verdades que te cueste creer de corazón. Puedes utilizar el *Demoledor de bastiones* descrito al final de *los Pasos* para reemplazar las mentiras con la verdad. Pero por ahora, usa la siguiente oración para afirmar las verdades sobre ti mismo que has marcado.

> Querido Padre Celestial,
>
> Gracias por tu gracia y perdón. Elijo creer la(s) verdad(es) que soy ____________ (enumera las verdades). Por favor, cambia la forma en que adoro, oro, vivo y sirvo a la luz de esas verdades y lléname con tu Espíritu Santo. En el nombre de Jesús. Amén.
>
> (Oración 1.G)

RECIBE TU NOMBRE NUEVO

En la Sesión 2 del *Curso de la Gracia* vimos que Dios nos ha limpiado de la vergüenza y que nos ha dado un nuevo nombre. De hecho, hay muchos nombres que Dios nos da en la Biblia. Estos son algunos de ellos:

- Amado (Colosenses 3:12)
- Escogido (Efesios 1:4)
- Precioso (Isaías 43:4)
- Limpio (Juan 15:3)
- Sano (Lucas 17:14 NBV)
- Protegido (Salmo 91:14; Juan 17:15)
- Bienvenido (Efesios 3:12)
- Heredero (Romanos 8:17; Gálatas 3:29)
- Completo (Colosenses 2:10 NBLA)
- Santo (Hebreos 10:10; Efesios 1:4)
- Perdonado (Salmo 103:3; Colosenses 2:13)
- Adoptado (Efesios 1:5)
- Deleite (Salmo 147:11)
- Libre de vergüenza (Romanos 10:11 NBLA)
- Conocido (Salmo 139:1)
- Planeado (Efesios 1:11-12)
- Dotado (2 Timoteo 1:6; 1 Corintios 12:11)
- Enriquecido (2 Corintios 8:9)
- Provisto (1 Timoteo 6:17)
- Tesoro (Deuteronomio 7:6 NTV)
- Puro (1 Corintios 6:11)
- Afirmado (Romanos 16:25 NBLA)
- Obra maestra de Dios (Efesios 2:10 NTV)
- Cuidado (Hebreos 13:5)
- Libre de condenación (Romanos 8:1)
- Hijo de Dios (Romanos 8:15)
- Amigo de Cristo (Juan 15:15)
- Novia de Cristo (Isaías 54:5; Cantares 7:10)

Haz la siguiente oración:

> Querido Padre Celestial,
>
> ¡Gracias por darme un nuevo nombre! Por favor, muéstrame cuál de estos nombres quieres darme ahora. En el nombre de Jesús. Amén.
>
> (Oración 1.H)

Por cada nuevo nombre que Dios te está imprimiendo, di:

> Gracias, Dios Padre, que mi nuevo nombre es
> ______________________________.
>
> (Oración 1.I)

Te recomendamos que continúes declarando tu(s) nombre(s) nuevo(s) cada mañana durante aproximadamente 40 días y en otros momentos del día cuando sientas que tu mente está bajo ataque del enemigo.

PASO 2: CAMINA EN EL ESPÍRITU Y NO EN LA CARNE

A pesar de que ahora somos una nueva criatura en Cristo en lo más profundo de nuestro ser, aún tenemos una inclinación hacia el pecado que la Biblia llama «la carne». Todos los días podemos elegir entre caminar en el Espíritu o en la carne. En este paso pediremos al Padre que nos muestre cuáles mentiras hemos creído. Mentiras de la carne que han vuelto a esclavizarnos al pecado.

Para comenzar este paso, repite la siguiente oración en voz alta:

> Querido Padre celestial,
>
> Tú dices en tu palabra: «revístanse ustedes del Señor Jesucristo y no se preocupen por satisfacer los deseos de la carne». Gracias que Jesús ha perdonado mis pecados y además me ha dado el poder para vencer el pecado en mi vida. Reconozco, sin embargo, que al ceder a la tentación he permitido que el pecado reine en mi cuerpo. Por favor, revélame todo pecado de la carne que he cometido para renunciar a ellos y alcanzar la libertad del pecado. En el nombre de Jesús. Amén.
>
> (Oración 2.A)

La siguiente lista de pecados de la carne se basa en Gálatas 5:19-21. Marca todo aquel que debas confesar:

- ☐ Pecados sexuales
- ☐ Embriaguez
- ☐ Otros tipos de impureza
- ☐ Adorar a algo que no es Dios
- ☐ Participar en el ocultismo
- ☐ Odio
- ☐ Ira
- ☐ División
- ☐ Envidia y celos
- ☐ Ambición egoísta
- ☐ Otro pecado de la carne: ______________________________

Querido Padre Celestial,

Confieso que he cedido a la carne y he pecado contra ti de la siguiente manera: ______________ ________________________.

Gracias por tu perdón y por limpiarme completamente mediante la sangre de Jesús. Gracias por hacerme puro y santo.

Decido no ofrecer los miembros de mi cuerpo al pecado, sino ofrecerlos a ti.

Te agradezco que, al haber muerto con Cristo, soy libre del pecado y, al haber resucitado con él, soy libre de la esclavitud al pecado. Declaro que he muerto al pecado y estoy vivo a Dios en Cristo Jesús.

Gracias porque has prometido proveer una salida a la tentación, por favor ayúdame a reconocerla y tomarla. (Ver 1 Corintios 10:13)

Te pido que me llenes nuevamente con tu Espíritu Santo y te invito a desarrollar el fruto del Espíritu en mi vida —amor, gozo, paz, paciencia, benignidad, bondad, mansedumbre, fe y dominio propio.

En el nombre de Jesús. Amén. (Ver Gálatas 5:22–23)

(Oración 2.B)

PASO 3: EL ORGULLO, EL DESEMPEÑO Y EL PERFECCIONISMO

El hermano mayor creía que tenía que esforzarse para obtener algo del padre, pero la verdad era que podía haber disfrutado de todo lo que el padre tenía. Comencemos este *paso* pidiéndole a Dios que nos revele aquellas expectativas, normas y demandas de los demás que sentimos que debemos cumplir para sentirnos bien, sentir que damos la talla o ser aceptados. Repite la siguiente oración:

Padre amoroso,

Gracias que toda expectativa que tienes de mí se ha cumplido plenamente en Cristo. Gracias por perdonar todos mis pecados y anular mi certificado de deuda al clavarlo en la cruz. Confieso que he creído la mentira que dice que necesito algo más que a Cristo para obtener o mantener tu aceptación y la de los demás.

Por favor, revélame toda expectativa, norma y exigencia bajo la cual he vivido, y mediante la cual he intentado ser aceptado y sentirme menos culpable. Quiero volver a una fe sencilla y confiar solamente en lo que Jesús ha hecho por mí. Te lo pido en el nombre de Jesucristo, que murió por mí. Amén.

(Oración 3.A)

Ahora toma el tiempo para evaluar cómo has vivido bajo falsas expectativas. Apunta las expectativas, estándares y demandas bajo los que has vivido:

- Expectativas que creíste erróneamente que eran de Dios
- Expectativas de padres y familia
- Expectativas de profesores
- Expectativas de las iglesias y líderes de las iglesias
- Expectativas de jefes
- Otras expectativas, estándares y demandas:
  ____

Luego rechaza toda falsa expectativa con la siguiente oración:

> Renuncio a la mentira de que tengo que cumplir las expectativas, estándares y demandas de los demás para sentirme bien, valorado o aceptado. Renuncio específicamente a estas falsas expectativas: ______________________.
>
> Gracias, Señor Jesús, porque en ti cumplo todas las expectativas de Dios y que no puedo hacer nada para que me ames más o me ames menos. Amén.
>
> (Oración 3.B)

Quizá quieras romper el papel en el que los apuntaste como símbolo de que eliges a partir de ahora confiar solo en Jesús para estar bien con Dios. Entonces avanza en libertad y confianza. Antes de romperlo, toma nota de toda mentira persistente que has creído para que puedas tratarla más tarde con un Demoledor de bastiones.

Ahora consideraremos otras áreas en las que hemos vivido en nuestras fuerzas en lugar de vivir desde el descanso en lo que Dios ha hecho. Repite la siguiente oración en voz alta:

> Amado Señor,
>
> Revélame ahora cómo es que los pecados de desempeño, perfeccionismo, orgullo, poder y una vida sin gozo han afectado mi vida, para poder abandonarlos. Quiero confesar que he vivido apoyándome en mis fuerzas en lugar de descansar en ti, al creer que mis caminos son mejores que los tuyos o que mis preferencias son mejores que las de los demás. En el nombre de Jesús. Amén.
>
> (Oración 3.C)

Considera estas áreas de debilidad y marca toda acción y actitud que el Espíritu Santo te muestre:

Desempeño

- ☐ Me enfoco en cumplir leyes y normas en lugar de conocer a Dios
- ☐ Intento cumplir los mandamientos de Dios para obtener su favor
- ☐ Intento cumplir los mandamientos de Dios en mis fuerzas
- ☐ Tengo la compulsión de trabajar cada vez más para mejorar mi desempeño
- ☐ Creo que el éxito es el modo de obtener la felicidad y sentirme importante

Perfeccionismo

- ☐ Vivo con temor al fracaso
- ☐ Temo ir al infierno por no cumplir las leyes de Dios a la perfección
- ☐ Soy incapaz de aceptar la gracia de Dios porque creo que merezco un castigo (aunque Jesús pagó por todos mis pecados en la cruz)
- ☐ Estoy obsesionado con mantenerlo todo bajo control y soy incapaz de experimentar gozo y satisfacción cuando la vida no es perfecta
- ☐ Me preocupo excesivamente por fallos sin importancia de otros y/o espero la perfección de los demás
- ☐ Me enfado con los demás cuando alteran mi mundo bajo control y/o me resisto a nuevas ideas

Orgullo Y Prejuicio

- ☐ Creo que soy más espiritual, entregado, humilde o piadoso que otras personas
- ☐ Creo que mi iglesia, denominación o grupo es mejor que otros
- ☐ No estoy dispuesto a relacionarme con personas diferentes (tengo un espíritu independiente)
- ☐ No estoy dispuesto a tolerar diferentes opiniones religiosas sobre asuntos secundarios (por ejemplo: el bautismo, la comunión, la teología del final de los tiempos, etcétera) para promover el amor, la paz y la unidad entre hermanos y hermanas en Cristo
- ☐ Me cuesta admitir que me he equivocado o tengo que demostrar que tengo la razón

- ☐ Critico a otros ministros y líderes cristianos
- ☐ Juzgo la motivación y la integridad de los demás o les pongo etiquetas

Poder y Control

- ☐ Experimento ansiedad cuando no puedo tener el control
- ☐ Las leyes, los reglamentos y los estándares (en lugar de solo el Señor) me proveen seguridad.
- ☐ Me interesa más controlar y dominar a otros (mediante un carácter fuerte, insistir, atemorizar o amenazar) que desarrollar el dominio propio
- ☐ Me motiva obtener posiciones de poder o llevar a cabo mi agenda
- ☐ Me siento excesivamente responsable por la vida y el bienestar de otros
- ☐ Uso la culpa y la vergüenza como tácticas para conseguir que los demás hagan lo que yo quiero o creo que deben hacer
- ☐ Espero y/o exijo que otros asistan a cada reunión, culto, estudio, programa de la iglesia

Vida Sin Gozo

- ☐ Vivo cumpliendo mis deberes y obligaciones, sin gozo
- ☐ Me siento culpable cuando experimento placer o lo busco, pero a escondidas
- ☐ Soy incapaz de relajarme, descansar o quedarme quieto

- ☐ Estoy adicto al trabajo o a la actividad
- ☐ Me atraen las sustancias ilegales, el sexo ilícito, la pornografía, etc. con el fin de escapar o encontrar alguna satisfacción

Con la oración que sigue, confiesa y renuncia a todo aquello que el Espíritu Santo te haya revelado:

Querido Padre Celestial,

Confieso que he ________________________(nombra lo que has marcado).

Reconozco que estas actitudes y acciones no corresponden a lo que soy en Cristo, y renuncio a todas ellas. Renuncio a vivir según mis fuerzas y mi criterio; decido adoptar la actitud que tú tenías. Me humillo ante ti y ante los demás. Declaro la verdad de que tus caminos son más altos que los míos. Declaro que de ninguna manera soy mejor que otras personas y decido considerar a los demás como más importantes que yo.

Gracias por tu perdón. Gracias que, al ser tu hijo, ya no tengo que promocionarme, sino que puedo confiar en ti para que me levantes a su debido tiempo. Oro en el santo nombre de Jesús. Amén.

(Oración 3.D)

Para cambiar completamente tu forma de pensar, tendrás que renovar tu mente. Usa el *Demoledor de bastiones* para ello.

PASO 4: PERDONAR A LOS DEMÁS

Cuando experimentas el perdón de Dios en tu vida eres libre para perdonar a los demás.

El dolor que sentimos como consecuencia del abuso físico, verbal, emocional, sexual y espiritual que hemos sufrido puede ser devastador. Es humano sentir ira hacia aquellos que nos han herido u ofendido. Jesucristo puede reparar esas heridas, sanar el daño causado a nuestra alma y liberarnos de su atadura. La sanidad comienza cuando decidimos perdonar de corazón.

Puede que también haga falta perdonarnos por las malas decisiones que hemos tomado, así como renunciar a nuestras creencias falsas sobre la naturaleza de Dios.

Perdonar significa:

- Elegir no seguir resentido contra alguien por su pecado.
- Cancelar su deuda y soltarles, confiar que Dios tratará con ellos y que él hará justicia.
- Dejar en las manos de Dios a la persona y lo que hizo, y nunca más sacarlo a relucir.
- Confiar que Dios tratará a esa persona con justicia —cosa que nosotros no somos capaces de hacer.
- Soltar el derecho de vengarme.

Aferrarte a tu ira te hace más daño a ti que a la persona que te ofendió. Si quieres ser libre, tienes que perdonarlos de corazón. Perdonar a alguien de corazón significa ser honesto tanto con Dios como contigo mismo acerca del daño que te causó lo que hicieron. Permite que Jesús saque a flote los sentimientos que has guardado por tanto tiempo, para que él pueda sanar esas heridas emocionales.

Comienza con la siguiente oración en voz alta:

> Querido Padre Celestial,
>
> Gracias por las riquezas de tu gracia, bondad y paciencia hacia mí; pues tu bondad me lleva al arrepentimiento. Por favor, revélame a toda persona a quien deba perdonar, incluyéndome a mí mismo. Muéstrame también las mentiras sobre ti que he creído en medio de mi dolor. En el nombre de Jesús. Amén. (Ver Romanos 2:4.)
>
> (Oración 4.A)

Haz una lista (por nombre si es posible) de toda persona que el Espíritu Santo traiga a tu mente.

Dicha lista puede incluir:

- ***Toda persona*** que el enemigo utilizó para robarme la libertad y el gozo ya sea mediante abuso o negligencia, que me hiciera creer que yo no valía nada, que no era digno de ser amado o que mi valor dependía de mi desempeño...
- ***Toda persona*** que haya ahogado la libre expresión de gracia o libertad espiritual en mi vida y que me haya obligado a conformarme a estándares inalcanzables.
- ***Padres, líderes de la iglesia, maestros de escuela, policías/militares*** que fueron severos, críticos o condenatorios y que fomentaron un ambiente de rigidez y rendimiento en lugar de uno de gracia.
- ***Yo mismo*** por imponerme cargas pesadas y así robarme la libertad y el gozo.
- ***Dios*** —Para obtener nuestra libertad es esencial que reconozcamos y nos alejemos de toda creencia falsa sobre el carácter de Dios debido a lo que él ha permitido en nuestra vida, aunque

no entendamos por qué lo permitió. La verdad es que él no ha hecho nada malo, nunca nos ha dejado ni nos ha abandonado. Él promete disponer de todas las cosas para nuestro bien (Hebreos 13:5; Romanos 8:28). Podemos recibir su gracia nuevamente y volver a depositar nuestra confianza en él.

Cuando estés listo, comienza a perdonar de corazón a las personas en tu lista, ya sea que te hayan herido deliberadamente o no. Tómate tu tiempo y asegúrate de ser honesto con Dios sobre cada recuerdo doloroso y cómo te hizo sentir.

Querido Padre Celestial,

Decido perdonar a ______________________ (nombra a la persona o grupo de personas) por ______________________ (precisa lo que hizo o no hizo), lo cual me hizo sentir ______________ (expresa con honestidad lo que sentiste o sientes aún).

(Oración 4.B)

Una vez que hayas perdonado a todas las personas en tu lista, bendice a cada uno con la siguiente oración (incluyéndote a ti mismo):

Querido Padre Celestial,

Decido no intentar vengarme ni aferrarme a mi amargura hacia ________________________ (nombre). Gracias por liberarme de la esclavitud de mi amargura. Ahora te pido que bendigas a ________________ (nombre).

En el nombre de Jesús. Amén.

(Oración 4.C)

ORACIÓN PARA LIBERAR A DIOS DE MIS EXPECTATIVAS INCUMPLIDAS

Si te das cuenta de que has tenido pensamientos de ira hacia Dios, repite esta oración en voz alta:

Querido Padre Celestial, te libero de mis expectativas frustradas, de la ira y de la amargura secreta que he sentido hacia ti. Rechazo la mentira que dice que eres igual a todos los que me han fallado, y declaro la verdad de que me amas con amor eterno. Te bendigo. Amén.

(Oración 4.D)

Considera echar otro vistazo a lo que dijiste después de *lo cual me hizo sentir* en la Oración 4.B. Si encuentras que la misma palabra o expresión se repite varias veces, puede que hayas encontrado una creencia falsa que puedes tratar usando el proceso del *Demoledor de bastiones*.

PASO 5: LIBERTAD DEL TEMOR

En este Paso le pediremos a Dios que nos revele todo temor malsano. El temor malsano es un temor a un objeto que creemos erróneamente que está presente y es poderoso.

Comienza con la siguiente oración en voz alta:

> Querido Padre Celestial,
>
> Vengo a ti como tu hijo y reconozco que tú eres el único objeto legítimo de temor en mi vida. Confieso que he sentido temor y ansiedad por no creer ni confiar en tu cuidado protector. No siempre he vivido por fe en ti y con frecuencia he confiado en mis propias fuerzas y recursos. Gracias porque en Cristo obtengo perdón. Elijo creer la verdad de que tú no me has dado un espíritu de timidez, sino de poder, de amor y de dominio propio. Por lo tanto, rechazo todo espíritu de temor. Por favor revela a mi mente todo temor malsano que me ha estado controlando. Muéstrame dónde me he vuelto temeroso y las mentiras que he creído. Abre los ojos de mi corazón a tu verdad maravillosa. Deseo vivir responsablemente en el poder de tu Espíritu Santo. Muéstrame cómo los temores me han impedido hacerlo. Te lo pido para poder confesar, rechazar y vencer todo temor por la fe en ti. En el nombre de Jesús. Amén.
>
> (Oración 5.A)

La siguiente lista puede ayudarte a reconocer los temores malsanos que han obstaculizado tu camino de fe. Marca las que se aplican a ti, y apunta otras que el Señor te revele, aunque no estén en la lista.

- ☐ Temor a Satanás
- ☐ Temor a la muerte o a la muerte de un ser querido
- ☐ Temor a no ser amado por Dios
- ☐ Temor al futuro
- ☐ Temor a problemas económicos
- ☐ Temor a enloquecer o a ser un caso perdido
- ☐ Temor a no casarme nunca
- ☐ Temor a nunca tener hijos
- ☐ Temor a no poder amar a los demás
- ☐ Temor al rechazo/desaprobación/vergüenza
- ☐ Temor al matrimonio o al divorcio
- ☐ Temor al fracaso
- ☐ Temor a la confrontación
- ☐ Temor a ser víctima de un delito
- ☐ Temor de haber cometido el pecado imperdonable
- ☐ Temor a animales u objetos específicos
- ☐ Otros temores malsanos ____________________

Recuerda, detrás de cada temor malsano hay una mentira. Te será de mucha ayuda si identificas estas mentiras, porque renunciar a ellas y elegir la verdad es un paso crítico para ganar y mantener tu libertad en Cristo. Debes **conocer** y elegir **creer** en la verdad para que te libere.

Cuando estés listo, usa la siguiente tabla (o un papel aparte) para anotar el temor malsano. Luego encuentra la mentira detrás del temor y la verdad correspondiente en las Escrituras. No es fácil identificar las mentiras porque te han acompañado durante mucho tiempo y sientes que son verdad. Si necesitas ayuda, no dudes en pedírsela a una persona madura en la fe.

Temor	Mentira	Verdad
Ejemplo: fracaso	Fracasar me hace insignificante	Ya que eres precioso a mis ojos, digno de honra, y yo te amo (ver Isaías 43:4).

Expresa la siguiente oración por cada temor que te ha controlado:

Querido Padre,

Confieso y me arrepiento del temor a __________ ________. He creído que ________________ (indica la mentira). Rechazo esa mentira y elijo creer la verdad que ____________________________ (indica la verdad). También confieso cada ocasión en la que este temor me ha llevado a actuar irresponsablemente o ha afectado mi testimonio cristiano. Elijo creer en la promesa que tú me proteges y satisfaces todas mis necesidades cuando vivo por fe en ti (Salmo 23:1; 27:1; Mateo 6:33-34). En el nombre de Jesús, digno de confianza. Amén.

(Oración 5.B)

EL TEMOR A LA GENTE

Proverbios 29:25 dice: «Temer a los hombres resulta una trampa, pero el que confía en el Señor sale bien librado». Temer a la gente, eventualmente nos conduce a complacer a la gente —y eso es esclavizante. Las personas complacientes se preocupan demasiado por lo que piensan los demás a su alrededor, puesto que creen (erróneamente) que su valor y felicidad dependen de la aceptación o aprobación de ellos.

Cuando nuestro objetivo es agradar a la gente (o a una persona) y procurar su felicidad, terminamos esclavizados a ellos y abandonamos la seguridad y la protección de servir solo a Cristo (Gálatas 1:10). Para permitir que el Espíritu Santo examine tu corazón en esta área, empieza orando:

Querido Padre Celestial,

Sé que no siempre he caminado por fe, sino que he permitido que el temor a la gente me controle. He estado demasiado preocupado por obtener la aprobación de los demás, y me he desviado de una devoción sencilla y pura a Cristo. Quiero caminar en un temor sano de ti y no de los demás. Gracias por tu perdón. Ahora muéstrame las maneras en las que he permitido que el temor a los demás me controle. En el nombre de Jesús. Amén.

(Oración 5.C)

Marca las áreas que el Espíritu Santo te revele:

- ☐ Constantemente necesito la afirmación de otros para sentirme feliz, importante o valioso y fácilmente me deprimo, me desanimo y me doy por vencido.
- ☐ He tenido temor de decir lo que realmente pienso o siento por miedo a ser reprendido, ridiculizado o rechazado.
- ☐ Tengo temor de decir «no» cuando se me pide hacer algo, por miedo a experimentar rechazo o ira y a menudo me siento agotado o me siento utilizado.
- ☐ Me cuesta establecer límites saludables en mi vida.
- ☐ Las personas con temperamento fuerte me intimidan fácilmente.
- ☐ No recibo bien las críticas; me causan dolor porque me hacen sentir como un fracasado.
- ☐ Me aseguro de que la gente se entere de las cosas «buenas» que he hecho

- ☐ A veces he mentido para encubrir cosas de mi vida que temo que la gente desapruebe.
- ☐ Me he preocupado más por seguir las tradiciones humanas en nuestra iglesia que por obedecer la palabra de Dios.
- ☐ Otras maneras en que he permitido que el temor a la gente me controle: ________________________.

Ahora usa esta oración para confesar tu temor a la gente:

Querido Padre Celestial,

Gracias por mostrarme cómo mi vida ha sido influenciada por el temor a la gente, intentando complacerla en lugar de discernir y hacer tu voluntad. Me doy cuenta de que esto es pecado. Confieso específicamente el pecado de ________ ________________ (menciona los pecados que el Señor te ha revelado en la lista anterior).

Gracias por tu perdón bondadoso y porque ya me amas, aceptas y apruebas de manera que no tenga que buscar esas cosas en otras personas. De hecho, eres digno de confianza, así que escojo creerte, incluso cuando mis sentimientos y circunstancias me dicen que tema. Tú siempre estás conmigo, y me fortalecerás, me ayudarás y me sostendrás con tu diestra justa.

Enséñame lo que te agrada, independientemente de las opiniones de los demás. Confío en tu poder dentro de mí para caminar en temor solo de ti. En el poderoso nombre de Jesús. Amén. (Ver Isaías 41:10.)

(Oración 5.D)

PASO 6: CAMBIAR LA ANSIEDAD POR LA PAZ DE DIOS

Pablo dijo: «Por nada estén afanosos; antes bien, en todo, mediante oración y súplica con acción de gracias, sean dadas a conocer sus peticiones delante de Dios». (Filipenses 4:6). También nos dijo que depositemos en él toda ansiedad, porque él cuida de nosotros (1 Pedro 5:7). En este Paso pondremos en práctica los principios que aprendimos en cuanto a depositar nuestra ansiedad en Cristo en la sesión 6 del *Curso de la Gracia*.

La oración es el primer paso para depositar toda tu ansiedad en Cristo. Así que comienza con la siguiente oración:

Querido Padre Celestial,

Como tu hijo, declaro mi dependencia de ti y reconozco mi necesidad de ti. Sé que separado de Cristo no puedo hacer nada.

Tú conoces los pensamientos y las intenciones de mi corazón y conoces la situación en la que me encuentro desde el principio hasta el final. No quiero ser de doble ánimo y necesito tu paz para cuidar mi mente y mi corazón.

Pongo mi confianza en ti para suplir todas mis necesidades de acuerdo con tus riquezas en gloria y para guiarme a toda verdad. Guíame para poder cumplir con mi llamado de llevar una vida responsable por fe en el poder de tu Espíritu Santo.

Examíname, oh, Dios, y conoce mi corazón; pruébame y conoce mis ansiedades.

Fíjate si voy por un camino que te ofende y guíame por el camino eterno. En el precioso nombre de Jesús. Amén. (Ver Salmo 139:23–24)

(Oración 6.A)

Eres responsable solo de aquello que tienes el derecho y la capacidad de controlar. No eres responsable de lo que no puedes controlar. Tu sentido de valor debe estar ligado solo a aquello de lo que eres responsable.

Si no vives una vida responsable, ¡deberías sentirte ansioso! No trates de echar tu responsabilidad sobre Cristo, él te la devolverá a ti. Pero echa tu ansiedad sobre él porque tu integridad está en juego para satisfacer tus necesidades si vives una vida responsable y recta. Expón el problema: ¿qué es lo que te causa ansiedad?

Utiliza esta tabla con un espíritu de oración para examinar lo que te preocupa:

Expón el problema	¿Cuáles son los hechos de la situación?	¿Qué suposiciones estoy haciendo?	¿Cuál es y no es mi responsabilidad?
Ejemplo: He descubierto un bulto en mi brazo.	El crecimiento es cada vez más grande	Va a ser cancerígeno y me van a amputar el brazo.	Llevar mis pensamientos cautivos a Cristo. Orar y buscar ayuda médica sabia.

El resto es responsabilidad de Dios. Tu única responsabilidad restante es continuar orando y enfocarte en la verdad de acuerdo con Filipenses 4:6-8. Si aún te sientes ansioso, revisa de nuevo que no estés asumiendo responsabilidades que Dios nunca quiso que tuvieras.

Asume la responsabilidad de lo que es tuyo orando lo siguiente:

> Querido Padre Celestial,
>
> Gracias por ayudarme a sacar a la luz las situaciones que me ponen ansioso. Me alejo de hacer suposiciones y de ahora en adelante escojo fijar mi mente en lo que sé que son los hechos de la situación. Me alejo de tratar de lidiar con cosas que no son mi responsabilidad, pero me comprometo a hacer las cosas que son mi responsabilidad. Sobre esa base, echo mi ansiedad sobre ti, confiado en que tratarás con estas situaciones con tu infinito amor y sabiduría. Te los entrego. En el poderoso nombre de Jesús. Amén.
>
> (Oración 6.B)

UN RUTINA DE CINCO DÍAS PARA COMBATIR LA ANSIEDAD

Es posible que este ejercicio te resulte útil en los próximos días.

DÍA 1

Practica la gratitud por lo que Dios ha hecho por ti, su hijo. Busca y lee los versículos de la Biblia para ver algunas de las declaraciones de *La verdad acerca de quiénes somos en Cristo del Paso 1.* Toma uno y dedica tiempo a agradecerle por lo que significa para ti.

DÍA 2

Practica la gratitud por quién Dios es usando la lista de *La verdad acerca de nuestro Padre Dios* del Paso 1. Escoge una verdad y pídele a Dios que te recuerde cómo te ha demostrado ser fiel a esta cualidad de carácter. Escribe una oración para agradecerle. Compártelo con otra persona.

DÍA 3

Piensa en cada etapa de tu vida. Dale gracias a Dios por sus dones de gracia. Agradécele también por alguna oración no contestada, ¿puedes ver ahora cómo la ha usado para bien? Comparte un don de la gracia y una acción de gracias por una oración no contestada con otra persona.

DÍA 4

Medita en las historias de personas de la Biblia que superaron el temor y la ansiedad. Lee una de las que se muestran a continuación. ¿Dónde ves similitudes con tu experiencia? ¿Cómo se manifestó Dios? ¿Qué características de tu Padre Celestial ves en el resultado?

- Moisés (Éxodo 3:1–9)
- Elías, cuando la malvada Jezabel quiso perseguirlo y matarlo (1 Reyes 19)
- José: Sus hermanos conspiraron para matarlo, pero en lugar de eso lo vendieron como esclavo. ¿No es este el plan del enemigo para todos nosotros? Lee el resultado en Génesis 39:2–4, 21–23 y 50:19–21.
- Pablo (2 Corintios 4:7-11)

DÍA 5

Lee los versículos de la Biblia para conocer algunos de los nuevos nombres que tienes por estar *en Cristo*, de la Sesión 2 del *Curso de la Gracia*. ¿Cómo está obrando Dios un nuevo nombre en tu vida hoy? ¿Cómo sería la vida si realmente te apropiaras de tu nuevo nombre? Dale gracias a Dios por darte un futuro y una esperanza. Escribe en un diario y compártelo con otra persona.

PASO 7: RINDÁMONOS COMO UN SACRIFICIO VIVO

¿Estás listo para comprometerte con Dios a amarlo con todo tu corazón, no porque estés obligado a hacerlo, sino simplemente por amor? Puede parecer aterrador, pero, de hecho, cuando nos entregamos completamente en las manos de nuestro amoroso Padre, nos colocamos en el único lugar donde estamos completa y absolutamente seguros.

Como hijos de Dios, tenemos las promesas de que «Mas a cuantos lo recibieron, a los que creen en su nombre, les dio el derecho de ser hechos hijos de Dio» (Juan 1:12) y «todo es suyo, y ustedes de Cristo, y Cristo de Dios» (1 Corintios 3:22-23). Cuando renunciamos a lo que somos en lo natural, descubrimos quiénes somos realmente en Cristo.

Para comenzar este Paso, puedes hacer la siguiente oración:

Querido Padre Celestial,

Reconozco que tú eres amor y que siempre has sido fiel conmigo y seguirás siendo fiel a quién eres, independientemente de mis circunstancias o de cómo me sienta.

Confieso que no siempre he confiado en que tú tengas las mejores intenciones conmigo, o en que tú cumplirás tus promesas. Me arrepiento de toda duda que he tenido con respecto a tu carácter y de todas las maneras en las que he tomado mi vida en mis propias manos.

Por favor, muéstrame toda área que no haya rendido por completo. Ahora ayúdame a dar un paso de mayor confianza y dependencia de ti, a entregarte todo lo que soy y todo lo que tengo. En el nombre de Jesús. Amén.

(Oración 7.A)

¿Qué necesitas rendirle a Dios específicamente ahora?

- ☐ Vivir mi vida en mis propias fuerzas y recursos
- ☐ Decir lo que yo quiera decir cuando quiera decirlo
- ☐ Ir a donde yo quiera ir cuando me dé la gana
- ☐ Vivir donde yo quiera vivir
- ☐ Tener el tipo de trabajo que quisiera tener
- ☐ Tener la seguridad económica que yo deseo tener
- ☐ Estar soltero o casado
- ☐ Tener el número (y género) de hijos que quisiera tener
- ☐ Ver que todos mis hijos lleguen a amar y seguir al Señor
- ☐ Tener siempre la razón
- ☐ Ser siempre amado, aceptado y comprendido por la gente
- ☐ Tener los amigos que yo quiera
- ☐ Ser usado por Dios de maneras específicas
- ☐ Saber siempre cuál es la voluntad de Dios
- ☐ Ser capaz de «arreglar» a las personas o las circunstancias que me rodean

- ☐ Gozar de buena salud y no padecer dolor o sufrimiento
- ☐ Tener una idea concreta de lo que es un ministerio cristiano exitoso
- ☐ Recibir el perdón de aquellos que he herido
- ☐ Ser librado de la angustia, la crisis y la tragedia
- ☐ Reaccionar en ira o rebelión hacia quienes me han herido de manera incorrecta y pecaminosa
- ☐ Otras cosas que el Espíritu Santo esté poniendo en mi corazón: ______________________________

Ahora haz la siguiente oración de rendición:

Querido Padre Celestial,

Escojo entregarme sin reservas a ti, así como Jesús se entregó por mí. Renuncio específicamente a las cosas que me has mostrado: ____________________. Lo suelto.

Te doy permiso para hacer en mí y a través de mí lo que desees, y lo que te glorifique. Colócame donde me quieras colocar. Úsame como me elijas usar. Hágase tu voluntad en mí.

Acepto gozosamente mi responsabilidad de seguir tu buena, agradable y perfecta voluntad para mí por el poder del Espíritu Santo. En el nombre de Jesús, oro. Amén.

(Oración 7.B)

ORACIÓN FINAL

En esta última oración de rendición, te invitamos a ofrecerte a Dios como un sacrificio vivo y santo. También completa el proceso de someterte a Dios y resistir al diablo ordenando a todos los enemigos que abandonen tu presencia.

Querido Padre Celestial,

Como tu hijo redimido, he sido liberado de la esclavitud del pecado, la culpa, la vergüenza y la obediencia a la ley. Gracias porque a través de Cristo, la ley de Dios se ha escrito en mi corazón y en mi mente. Ahora me someto a ti como un instrumento de justicia, un sacrificio vivo y santo que te dará gloria.

Habiéndome sometido a ti, resisto al diablo, y ordeno a todo enemigo espiritual del Señor Jesucristo que abandone mi presencia.

Padre, lléname de tu Espíritu Santo. Me comprometo a tomar todo pensamiento cautivo y a renovar mi mente diariamente. Elijo ser motivado por el amor y por nada más. Gracias porque ahora vivo en la gracia, el perdón, la aceptación, la paz y el descanso que son míos en el Señor Jesucristo. Amén.

(Oración 7.C)

AFIRMACIONES FINALES

Como un último ejercicio de fe, haz estas declaraciones en voz alta para afirmar algunas verdades bíblicas asombrosas con respecto a la gracia verdaderamente maravillosa de Dios:

Afirmo que la palabra de Dios para mí es: «Gracia y paz a ustedes de parte de Dios nuestro Padre y del Señor Jesucristo». (GÁLATAS 1:3).

Afirmo que Cristo nos libertó para que vivamos en libertad. Por lo tanto, manténganse firmes y no se sometan nuevamente al yugo de esclavitud. (GÁLATAS 5:1).

Afirmo que el propósito de la ley era mostrarme mi necesidad de Cristo, pero ahora que ha venido la fe, ya no estoy bajo la ley. (GÁLATAS 3:24-25).

Afirmo que ahora soy un hijo de Dios incondicionalmente amado, aceptado y seguro en Cristo. (GÁLATAS 3:26; EFESIOS 1:5-6).

Afirmo que he muerto a la ley mediante el cuerpo de Cristo y que me he unido al Cristo resucitado para llevar mucho fruto para Dios. (ROMANOS 7:4).

Afirmo que a través de Jesucristo soy un sacrificio vivo y que el propósito de mi vida es agradarle a él, no a los demás. (GÁLATAS 1:10).

Afirmo que el poder de Cristo se perfecciona en mi debilidad y que su gracia me basta. (2 CORINTIOS 12:9).

Afirmo que, habiendo comenzado con el Espíritu, no voy a perfeccionarme con esfuerzos humanos, sino a través del poder transformador del Espíritu de libertad. (GÁLATAS 3:3; 2 CORINTIOS 3:17–18).

Por lo tanto, afirmo que, por la gracia de Dios, soy lo que soy y que por su gracia me mantengo firme. (1 CORINTIOS 15:10; ROMANOS 5:2).

Todo esto para la alabanza de su gloriosa gracia, que nos concedió gratuitamente en Cristo. (EFESIOS 1:6).

(Afirmaciones Finales 7.D)

CAPÍTULO 10

TRANSFORMADO

RESPONDE A LA GRACIA DE DIOS

Has invertido mucho tiempo leyendo este libro. Confío en que el Dios de toda gracia te haya hablado a través de él. Pero ¿cuánta diferencia duradera crees que marcará en tu vida?

> «Sean hacedores de la palabra y no solamente oidores que se engañan a sí mismos. Porque si alguien es oidor de la palabra, y no hacedor, es semejante a un hombre que mira su rostro natural en un espejo; pues después de mirarse a sí mismo e irse, inmediatamente se olvida de qué clase de persona es. Pero el que mira atentamente a la ley perfecta, la ley de la libertad, y permanece en ella, no habiéndose vuelto un oidor olvidadizo sino un hacedor eficaz, este será bienaventurado en lo que hace» (Santiago 1:22-25).

Santiago dice que sería ridículo que alguien se mirara atentamente en un espejo y luego se fuera y olvidara su aspecto.

Pero es demasiado fácil leer la Biblia, estar de acuerdo con ella mentalmente, pero luego seguir con nuestras vidas sin que tenga ningún efecto real en nosotros. ¿Cuántos libros cristianos has leído, o a cuántas conferencias has asistido en las que has pensado: «Es fantástico. Me revolucionará», pero el efecto ha durado solo un par de días o semanas?

Este capítulo final trata de nuestra respuesta a la gracia de Dios. Se trata de asegurarnos de que todo lo que Dios te ha dicho mientras leías este libro va a funcionar en tu vida a largo plazo.

El premio consiste en que vivir de la gracia de Dios se convierte en un estilo de vida. Ya no estás impulsado por la culpa, la vergüenza, el miedo, la ansiedad o el orgullo; en cambio, trabajas para él porque quieres, no porque sientes que tienes que hacerlo, y lo haces desde una posición de genuino descanso interno.

Romanos 12 comienza así: «Por tanto, hermanos, les ruego por las misericordias de Dios...». Luego Pablo nos da dos maneras específicas de responder a la misericordia de Dios.

La primera es «ofrecer nuestros cuerpos como sacrificio vivo y santo, aceptable a Dios». Concluiremos este capítulo y, de hecho, todo el libro de *Conéctate con la Gracia* con una invitación a hacer precisamente eso.

La otra respuesta a la que nos invita Pablo es la siguiente:

> «Y no se adapten a este mundo, sino transfórmense mediante la renovación de su mente, para que verifiquen cuál es la voluntad de Dios: lo que es bueno y aceptable y perfecto» (Romanos 12:2).

Este es el único lugar en el Nuevo Testamento que nos dice explícitamente cómo podemos ser transformados. Es mediante la renovación de nuestra mente.

¿QUÉ SON LOS BASTIONES?

¿Por qué es necesario renovar nuestra mente? Efesios 2:1-3 dice que todos solíamos seguir «la corriente de este mundo, conforme al príncipe de la potestad del aire, el espíritu que ahora opera en los hijos de desobediencia. Entre ellos también todos nosotros en otro tiempo vivíamos en las pasiones de nuestra carne». Colosenses 2:8 añade: «Miren que nadie los haga cautivos por medio de su filosofía y vanas sutilezas, según la tradición de los hombres, conforme a los principios elementales del mundo».

Desde nuestros primeros años, el mundo y el diablo se han aliado para confundir nuestro pensamiento y hacernos creer cosas que no son ciertas. Hay una batalla por nuestras mentes. Una batalla entre el Espíritu de la verdad y el padre de la mentira.

Todos tenemos distintos antecedentes familiares, distintas experiencias pasadas y distintas visiones del mundo. Todos hemos desarrollado inconscientemente una serie de creencias y formas de pensar y reaccionar ante las circunstancias de la vida. Son nuestras creencias *por defecto*, por así decirlo, y se traducen en un comportamiento *por defecto*.

Puede que no seamos plenamente conscientes de ellas, pero créeme, están ahí. Muchas de las creencias que hemos desarrollado no están basadas en lo que Dios dice en la Biblia. De hecho, la mayoría son contrarias. Me he dado cuenta de que, para mí, el proceso continuo de madurar como cristiano consiste en descubrir mis creencias defectuosas y sustituirlas por lo que es realmente cierto, de modo que pueda tomar buenas decisiones sobre una base sólida.

Puede que empezara en la infancia, cuando algo que te ocurrió te hizo pensar en algo negativo, como que te acosaran o que alguien dijera algo negativo de ti: «Eres un inútil», «Eres un fracasado», «Eres feo», o «Todo es culpa tuya», «No sirves para nada», o «Lo arruinaste todo».

Más tarde, el enemigo alineó a otra persona que dijo o hizo lo mismo. Como conoce tus vulnerabilidades particulares, las explota sin piedad alineando personas o circunstancias una tras otra para transmitirte el mismo mensaje erróneo.

El mundo bombardea constantemente con mentiras sobre lo que significa tener éxito o ser feliz o amado.

Estas mentiras, a medida que se hacen más y más fuertes, se convierten en parte de nuestro pensamiento por defecto y se incorporan a nuestro comportamiento. Entonces, cada vez que alguien nos sugiere que podríamos optar a un determinado puesto de trabajo o dirigir un pequeño grupo en la iglesia, una voz suena en nuestra mente: «Yo no podría hacerlo. Soy inútil para eso». Lo hemos creído durante tanto tiempo que se ha convertido en parte de nuestras vidas, y no podemos imaginar que sea diferente.

La Biblia llama a estas creencias arraigadas *bastiones*. Aunque la palabra que aparece en 2 Corintios para referirse a un recinto militar fortificado es «fortalezas», hemos escogido el sinónimo «bastiones» para no confundirlo con el significado de fortaleza como virtud. El significado literal de la palabra es un bastión, un fuerte edificio defensivo.

Pablo dice:

> «Pues aunque andamos en la carne, no luchamos según la carne. Porque las armas de nuestra contienda no son carnales, sino poderosas en Dios para la destrucción de fortalezas (bastiones); destruyendo especulaciones y todo razonamiento altivo que se levanta contra el conocimiento de Dios, y poniendo todo pensamiento en cautiverio a la obediencia de Cristo» (2 Corintios 10:3-5).

Pablo menciona *argumentos* y *pretensiones* que se oponen al verdadero *conocimiento* de Dios. Habla de llevar cautivo todo *pensamiento* para hacerlo obediente a Cristo. El contexto es claramente nuestra mente, nuestro pensamiento. Y la palabra bastión se refiere a una creencia defectuosa que está profundamente arraigada. Ha sido reforzada muchas veces a lo largo de tu vida, y está asentada allí en tu mente fuerte e impenetrable, como un grueso muro de castillo.

Una buena definición de un bastión es, «una creencia o patrón habitual de pensamiento que no es consistente con lo que Dios nos dice que es verdad».

Los sentimientos de inferioridad, inseguridad e incapacidad son bastiones. Porque ningún hijo de Dios es inferior, inseguro o incapaz.

Los bastiones pueden aparecer en cosas que sabemos que debemos hacer, pero no parecemos capaces. Y también cuando sabemos que no debemos hacer algo, pero no parecemos capaces de parar.

Un bastión es una mentira que ha sido reforzada tantas veces, que se *apodera fuertemente* de ti y te hace pensar y actuar de maneras que contradicen la palabra de Dios.

Es como un camión que conduce por un camino embarrado de la misma manera todos los días. Hace surcos profundos que luego se cuecen al sol. Con el tiempo, podrías quitar las manos del volante y el camión seguiría las rodadas.

Las formas habituales de pensar arraigadas, los bastiones, son como surcos profundos en nuestra mente.

Durante *Los pasos para experimentar la gracia de Dios*, resolviste los asuntos espirituales que el Espíritu Santo te reveló. Quitaste esos perros invisibles que colgaban de ti y cerraste la puerta a otros perros, sometiéndote a Dios a través de la confesión y el arrepentimiento, y resistiendo al enemigo para que haya tenido que huir de ti (Santiago 4:7). Una vez que haya tratado con cualquier punto de apoyo del enemigo, un bastión es simplemente una forma habitual de pensar, ¿se puede romper un hábito? Por supuesto, pero requiere cierto esfuerzo durante un tiempo.

Salir de estos surcos es posible, pero requiere un esfuerzo intencional. Quiero presentarte una forma muy práctica de renovar tu mente que te ayudará a experimentar la transformación de vida que Dios quiere para ti y hacer que vivir de la gracia de Dios sea una forma de vida.

DEMOLER BASTIONES

Pueden tener un fuerte control sobre nosotros, pero la clara promesa de Dios es que podemos demoler los bastiones. No solo lidiar con ellos, trabajar alrededor de ellos, o hacerles un poco de daño. ¡Debemos demolerlos!

Antes de examinar el demoledor de bastiones en sí, me gustaría compartir contigo la historia de alguien que se sorprendió de su propio poder para derribar una fortaleza profundamente arraigada y ver su vida totalmente transformada:

> Crecí en un hogar cristiano. Me convertí en cristiana a los siete años e iba a la iglesia todos los domingos, pero entre bastidores sufría abusos sexuales por parte de un miembro de mi familia. Así que, desde muy pequeña, aprendí a hablar, a andar, a parecer, a «encajar en el ambiente cristiano», pero por dentro le gritaba a Dios: «¿Dónde estás? ¿Por qué no me protegiste?».
>
> Y toda esa confusión me llevó a tener un trastorno alimentario durante más de quince años. Era mi vía de escape. Si me surgían emociones con las que no podía lidiar y no sabía qué hacer con ellas, entonces me daba un atracón y comía, y me las tragaba todas. Lo llamo el pensamiento oscuro. Se apoderaba de mí.
>
> Empecé a darme cuenta de que tenía que hacer algo. Había ido a consejeros —consejeros cristianos, consejeros no cristianos— pero no llegaba a la raíz del asunto. Nada cambió. Mi adicción seguía ahí.
>
> Lo intentaba, lo intentaba y lo intentaba, y luego me rendía. Y luego intentaba, intentaba y me rendía. Y es agotador intentar hacerlo con tus propias fuerzas.

> Reconocía que tenía un problema con la comida, pero no lo asociaba con un bastión. Pasé por Los pasos hacia la libertad en Cristo, pero honestamente no pensé que nada pudiera realmente deshacerme de ello. Pensé: «Ahora es un hábito. Está tan arraigado en mí. Siempre voy a tener un problema con eso. Nunca va a desaparecer. Solo tengo que manejarlo lo mejor que pueda».

Un par de meses más tarde estaba en el punto de la desesperación, y volvió a sus notas del *curso de Libertad en Cristo* y creó un *demoledor de bastiones*.

> Yo me decía: «No puedo vivir el resto de mi vida así. Voy a hablar en voz alta y declarar esto sobre mi vida todo el tiempo que sea necesario hasta que algo suceda, porque algo tiene que suceder». Así que cada mañana y cada noche, lo leía sobre mi vida.
>
> Unas seis semanas después, recuerdo que un día me desperté y el pensamiento oscuro había desaparecido. Pensé: «Vale, quizá solo esté teniendo un día de muy buen humor». Pero por dentro sabía que algo había cambiado. Y luego, cuando pasé por un momento emocional, no acudí a la comida y pensé: «¡Dios mío, se ha ido! ¡Se ha roto!».
>
> No esperaba que sucediera. Pensé que siempre tendría problemas para comer. Siempre. Nunca creí que desaparecería por completo, que se rompería, así como así.
>
> Eso fue hace unos dos años. De haberlo sabido, lo habría hecho antes.

DEMOLEDOR DE BASTIONES

Al examinar el *demoledor de bastiones*, permíteme hacerte una advertencia sanitaria.

Vemos un cambio tremendo en la vida de las personas cuando responden a Dios a través de nuestra enseñanza. Y es asombroso. Pero también vemos personas que parecen disfrutar de nuestros cursos durante ocho o diez semanas y aprenden cosas estupendas, pero el impacto se desvanece poco a poco porque no hacen el esfuerzo necesario para cambiar su forma de pensar a más largo plazo.

Hay que tener en cuenta tres factores:

En primer lugar, es tu responsabilidad. Nadie más puede renovar tu mente por ti—y Dios tampoco lo hará—. En su sabiduría y gracia, es algo que él te da la *responsabilidad* y la *habilidad* de hacer. Así que, si tú no lo haces, no se va a hacer. Y no habrá una transformación duradera.

En segundo lugar, quitar los puntos de apoyo del enemigo que le hemos dado a través del pecado puede hacerse en un día pasando por *Los pasos para Liberarse en Cristo* o *Los pasos para experimentar la Gracia de Dios*. Pero romper un bastión toma tiempo, varias semanas de hecho. Necesitarás perseverar —pero valdrá la pena.

En tercer lugar, por definición, las mentiras que crees te parecen absolutamente ciertas. No son fáciles de reconocer. Se requiere humildad e intencionalidad para realmente traer tus pensamientos a la luz de la verdad de Dios.

Como estas han formado parte de nuestra forma de pensar durante tanto tiempo, en el fondo pensamos que nunca podrán cambiarse. Y si reconoces esa forma de pensar en ti mismo, enhorabuena, ¡acabas de identificar un baluarte que puede ser derribado!

Entonces, ¿cómo se crea y se utiliza un demoledor de bastiones?

1. Identifica la creencia errónea que deseas cambiar.

En primer lugar, identifica la creencia errónea que deseas cambiar, la mentira que ahora te das cuenta de que es contraria a la Palabra de Dios. Esto es lo que significa «poniendo todo pensamiento en cautiverio a la obediencia de Cristo» (2 Corintios 10:5). Significa darnos cuenta de lo que pensamos y evaluar si concuerda o no con lo que Dios nos dice que es verdad en la Biblia.

2. Considera el efecto que creer esa mentira tiene sobre tu vida.

Darte cuenta de los efectos negativos te motivará a derribar el bastión. Piensa en lo diferente que sería tu vida si no estuvieras frenado por esa falsa creencia.

Tus experiencias pasadas pueden, por ejemplo, haberte dejado con la sensación de que eres impotente y de que sería inútil intentar cambiar. Esto se ha convertido en una creencia en tu corazón. Si alguien intenta decirte que es mentira, tú respondes pensando: «No, es verdad». Imagina que, en lo más profundo de tu ser, *supieras* que no estás desamparado, que puedes cambiar. ¿Qué oportunidades se te abrirían?

3. Encuentra la verdad bíblica que contrarresta la mentira.

Puedes recurrir a una concordancia, una aplicación de la Biblia o un amigo sabio para encontrar versículos que afirman la verdad y se oponen a la mentira que crees. Algunas personas tienen la tentación de encontrar muchos versículos. Pero a menudo es más eficaz mantener la sencillez y centrarse en solo un par de versículos que expongan claramente la verdad de Dios.

Por ejemplo, puede que tus experiencias pasadas te hayan dejado con la sensación de que eres indefenso y que no tienes remedio. Si alguien intenta decirte que es mentira, tú piensas: «No, sí que es verdad». Pero ¿qué pone en la Biblia?

- Hebreos 13:5 —Dios nunca te dejará ni te abandonará.
- Filipenses 4:13 —Todo lo puedes en Cristo que te fortalece.
- Romanos 8:37 —Eres más que vencedor por Jesús, que te ama.
- 2 Pedro 1:3 —Dios, por su divino poder, te ha dado todo lo que necesitas para la vida y la piedad.

4. Escribe una declaración:

Utiliza el siguiente patrón:

Rechazo la mentira que dice que...
[por ejemplo, soy sucio]

Creer esta mentira...
[por ejemplo, me hace sentir profunda vergüenza, hace que me aísle, etcétera.]

Declaro la verdad de que...
[por ejemplo, he sido lavado por la sangre de Jesús, soy puro y santo, puedo acercarme a Dios confiadamente, etcétera].

5. Lee la declaración en voz alta durante cuarenta días,

recordando que, si Dios lo ha dicho, es verdad. Cuantas más veces la repitas durante el día, mejor. Cuanto más lo hagas, mejor. Puedes hacerlo tanto por la mañana como por la noche y también en el momento, cuando te des cuenta de que estás pensando o actuando según esa mentira.

La Biblia dice que «la lengua tiene poder de vida y muerte» (Proverbios 18:21) y hablar en voz alta parece ayudar a nuestras mentes a asimilar la verdad con más eficacia que simplemente leer en silencio.

Esto no es tan fácil como puede parecer, porque la mentira que hay detrás de la fortaleza *te parece* verdadera y hacer tu declaración día tras día pronto te parecerá una completa pérdida de tiempo. Muchos se rinden, y eso es una tragedia.

Esta analogía puede ayudar. Imagina una bola de demolición que se balancea contra un fuerte muro de hormigón. Aguanta diez, veinte o treinta golpes sin que se note que ha pasado nada. Eso es exactamente lo que puedes sentir cuando trabajas en un demoledor de bastiones día tras día. En realidad, se están formando pequeñas grietas que debilitan el muro.

Después de treinta y siete golpes aún no hay signos de daños en la pared.

En el golpe treinta y ocho —tarde o temprano— se hacen visibles las grietas.

En el golpe treinta y nueve, las grietas se hacen más grandes hasta que finalmente el muro se derrumba por completo. Tu bastión se ha derrumbado. Tu mente —en ese ámbito concreto— se ha renovado.

Aunque solo los tres últimos golpes parecen haber tenido efecto, sin los treinta y siete anteriores, el muro no habría caído.

Te animo a que perseveres hasta que hayas completado al menos cuarenta días (o incluso más) aunque durante la mayor parte de ese tiempo te parezca una completa pérdida de tiempo. Te prometo que, si perseveras, derribarás la fortaleza. Y serás transformado.

No elimines más de un bastión a la vez. El proceso de renovar tu mente es una carrera de fondo, no un *sprint*. ¿Cuál es la mentira más significativa de la que te has dado cuenta durante el curso? Empieza por esa. Cuando la hayas visto derribada, haz otra. Y así sucesivamente.

Las personas que realmente se apoderan de esto, pueden hacer seis, siete u ocho demoledores de bastiones al año, cada uno de los cuales puede hacer una gran diferencia. Se transforman ante tus ojos a medida que se apoderan de la verdad de la Biblia en sus corazones, no solo en sus mentes.

Aunque he enfatizado la necesidad de perseverancia y he dejado claro que nadie puede renovar tu mente por ti, por favor no pienses que es por tus propios esfuerzos por lo que serás transformado y crecerás para servir a Dios más fielmente.

1 Pedro 1:13 dice: «preparen su entendimiento para la acción». Al renovar tu mente, alineándola con la verdad de Dios —lo que él dice de sí mismo y lo que dice de ti— estarás mucho mejor equipado para servir a Dios en este mundo, y dar fruto abundante para su reino.

Pero el versículo continúa: «...pongan toda su esperanza en la gracia que se les dará cuando Jesucristo se manifieste». La gracia que Dios nos mostró cuando Jesús fue a la cruz y la gracia que nos mostrará cuando Jesús regrese es la misma gracia que nos muestra día a día para ayudarnos a renovar nuestras mentes y caminar con él.

Se trata de descansar en su gracia y tomarle la palabra a Dios. No caigas en el legalismo; si te saltas un día o dos, ¡Dios no está molesto contigo! Simplemente continúa donde lo dejaste y sigue adelante.

Me agradó lo que compartió Josh Shaarda, uno de los presentadores *del Curso de la Gracia*:

> Durante mis primeros ocho años de involucramiento con la enseñanza de *Libertad en Cristo*, fallé en hacer ni siquiera un solo demoledor de bastiones. ¡No creía en ninguna mentira! Pero hace tres años, hice mi primera destrucción de fortaleza.
>
> ¿Quieres escucharlo?

«Rechazo la mentira de que no creo ninguna mentira. Esta mentira me impide acercarme más a Dios. Acepto la verdad de que mi amor por las cosas mundanas temporales muestra que todavía no amo a mi Padre Celestial como debería. Invito al Espíritu de la Verdad a que me guíe a toda la verdad y me muestre las mentiras que creo».

Mientras declaraba eso diariamente durante cuarenta días, el Espíritu Santo me reveló gentilmente no menos de siete mentiras que yo creía. Y eso fue solo el principio. Sí, fue humillante. Él me mostró estas mentiras de tres maneras.

Una fue cuando discutía contra la verdad de Dios. Mientras leíamos los nuevos nombres en Cristo, llegué a la declaración que decía «mi nuevo nombre es puro» y pensé muy sinceramente «quiero ser puro algún día» —como si yo siendo puro HOY dependiera de mis acciones, no de lo que Cristo había hecho por mí... ¡Bastión!

Leyendo listas como «Quién soy en Cristo» cuando quieres argumentar en contra de una de ellas, pensando, que puede ser verdad para otros, pero no para ti; o incluso, esperas que pueda ser verdad para ti algún día, pero no lo es hoy esto revela una fortaleza en tu pensamiento.

Exagerar emocionalmente ante situaciones sencillas también me reveló que creía mentiras sobre mí mismo. Algo que empezó como un asunto pequeño e insignificante provocó una emoción intensa y una actitud defensiva por mi parte. Más tarde pensé: «¿Por qué me alteré tanto?». Me di cuenta de que tenía un bastión en alguna parte.

> La tercera manera en que Dios habló a mi vida fue a través de amigos cristianos maduros y llenos de gracia. Los amigos me señalaron los bastiones. Cuando escucharon una mentira revelada en mi discurso, me la hicieron notar. A menudo es más fácil ver la mentira en otra persona que verla en uno mismo. Después de todo, la mentira que tú crees se siente verdadera para ti.

CONVIÉRTETE EN UN SACRIFICIO VIVO

A medida que nos acercamos al final de *Conéctate con la gracia*, volvamos a la primera cosa que Pablo nos invita a hacer como respuesta a la gracia de Dios:

> «Por tanto, hermanos, les ruego por las misericordias de Dios que presenten sus cuerpos como sacrificio vivo y santo, aceptable a Dios» (Romanos 12:1).

A principios de este año, tuve el privilegio de asistir a la iglesia en un edificio de paja con paredes de barro en la Uganda rural. Fue una experiencia maravillosa.

Justo después de la ofrenda, me sorprendió ver una gallina deambulando por la iglesia. Parecía tener dificultades para caminar, y me di cuenta de que tenía una cuerda alrededor de una de las patas que le impedía moverse. Una mujer se agachó y cogió al pollo, y supuse que iba a quitarle la cuerda para que pudiera andar libremente. En lugar de eso, ató la cuerda a la otra pata y la apretó más para que el pollo no pudiera andar. Luego colocó el pollo junto al cuenco de la ofrenda, delante de la iglesia. El pollo era la ofrenda de alguien, pero había intentado escapar.

La idea de colocar un animal vivo en un altar como sacrificio *en vida* es divertida, ¡porque puede saltar y huir!

Pero cuando te *impulsas* a convertirte en un sacrificio vivo, Dios no te ata las piernas ni te obliga en modo alguno a vivir para él. Eres totalmente libre. La idea aquí es que cuando lo conozcas a él y su gracia, libremente tomarás la decisión de colocarte en el altar día a día como un sacrificio vivo. Y elegirás por tu propia voluntad permanecer allí.

Piensa en las horas que Jesús estuvo colgado de la cruz en una agonía increíble, cada respiración un esfuerzo masivo y doloroso, hasta que su corazón estalló por la tensión. Fue literalmente un sacrificio viviente. Podía haberse ido en cualquier momento, después de todo era Dios. Pero decidió no hacerlo. Y estoy eternamente agradecido de que tomara esa decisión.

¿Por qué elegiríamos convertirnos en un sacrificio vivo? «En vista de la gran misericordia de Dios». A causa de su gracia.

Recordemos algunas de las cosas que ahora sabemos sobre la gracia de Dios en toda su maravilla:

Jesús se convirtió en sacrificio por ti, pagando un precio inimaginable para que ahora seas declarado completamente inocente.

Jesús se hizo pecado en tu nombre, y tú te convertiste en la justicia de Dios, en un ser santo.

Eres verdaderamente libre. Libre del poder del pecado, del poder de Satanás y del poder de la muerte. Libre para tomar buenas decisiones.

Ahora estás a salvo y seguro. Nadie puede arrebatarte de sus manos. Y su amor puede expulsar todo temor malsano.

Puedes echar toda tu ansiedad sobre él y caminar en paz porque él cuida de ti.

Solo tienes que concentrarte en permanecer en él para dar mucho fruto. Y él usará cada experiencia difícil en tu vida para hacerte aún más fructífero.

Ahora estás lo suficientemente seguro de quién eres en Cristo como para humillarte ante Dios y ante los demás, sin necesidad de intentar controlar los acontecimientos o a las personas.

Sabes que no puedes hacer absolutamente nada con tus propias fuerzas, pero que él puede hacer absolutamente todo a través de ti.

Formas parte del Cuerpo de Cristo, la organización más dinámica que jamás haya existido, y parte de la Novia de Cristo, que se está preparando para el regreso de Jesús.

Así que aquí estás, hijo o hija del Rey de reyes, vestido con tu fina túnica, tu anillo de autoridad y tus sandalias.

Y Dios mismo te mira con ojos de puro amor y deleite.

Podrías decir: «Dios, muchas gracias. Realmente quiero ser aún más fructífero. ¿Qué quieres que haga por ti?». Sospecho que su respuesta podría ser: «Hay cosas que puedes hacer. Pero lo que realmente quiero es a ti.

¿Puedo unirme a Pablo e instarte a subir a ese altar como sacrificio vivo? ¿A ponerlo todo a sus pies? ¿A hacer de Jesús tu Rey y tu vida?

Está bien venir como el hijo menor, en completa debilidad y quebrantamiento. Dios correrá hacia ti y te abrazará. Nunca te abandonará. Nunca te llevará más allá de lo que puedas soportar mientras te da fuerzas.

Te invito ahora mismo a hacer un compromiso radical con Dios. A poner absolutamente todo a sus pies: tu salud, tu futuro, tu dinero y propiedades, tu familia, tu ministerio. A reafirmar que eres su esclavo. Te invito a que hagas de Jesús tu Señor (jefe de tu vida) y reconozcas que, de hecho, él es tu vida misma.

No porque sientas que *tienes que* hacerlo. Sino porque *quieres*.

Afortunadamente no tienes que hacerlo con tus propias fuerzas, sino que puedes venir a él y caer en sus brazos. Este es el lugar donde siempre debiste estar. Él siempre estará allí. Nunca te dejará. Nunca te llevará más allá de lo que puedas soportar en él.

Si se lo permites, llenará tu vida con maravillosas hazañas y frutos que durarán por toda la eternidad. Cualquier tiempo que te quede en esta vida, puedes usarlo para hacer una diferencia real.

Él es el Dios de toda gracia. Y extiende toda esa gracia hacia ti. Todo el tiempo. ¡Qué gran Dios!

Dios Padre amoroso,

Gracias por enviar a Jesús, que, siendo Dios por naturaleza, no consideró el ser igual a Dios como algo a lo que aferrarse, sino que se hizo a sí mismo nada y se humilló a sí mismo haciéndose obediente hasta la muerte, y muerte de cruz.

Elijo ahora mismo confiar en ti con todo mi corazón. Dejo deliberadamente de confiar en mi propio entendimiento. Me someto a ti en todos mis caminos, en cada parte de mi vida. Gracias porque tú enderezarás mis caminos.

Gracias por la Biblia, tu palabra revelada para nosotros. Te ruego que me ayudes a entenderla en toda su maravillosa plenitud mientras vengo con el corazón abierto y dispuesto a escuchar tus instrucciones, aliento y corrección. Me niego a diluir tu palabra, a pasarla por alto o a tratar de hacer que diga lo que yo creo que debería decir. Gracias porque tu Espíritu Santo me guiará a toda la verdad.

Por favor, ayúdame sacar de raíz las mentiras profundamente arraigadas que he creído y reemplázalas con la verdad para que pueda ser verdaderamente transformado por la renovación de mi mente.

Como respuesta a tu gracia, elijo aquí y ahora ofrecerte mi cuerpo y todo lo que soy como sacrificio vivo, santo y agradable a ti. Esta es mi verdadera y propia adoración.

Y ahora te adoro.

Amén.

ESTABLECE LA CONEXIÓN DE LA GRACIA

Cuando piensas en el libro que acabas de terminar, ¿cuál es la creencia errónea más significativa que Dios te ha señalado?

Si no estás seguro, haz una pausa para preguntarle.

Aprovecha el momento y escribe un demoledor de bastiones que te ayude a sustituir esa mentira por la verdad y así ser transformado.

1. **Identifica la creencia errónea que deseas cambiar**
2. **Considera qué efecto está teniendo en tu vida creer esa mentira**
3. **Haz una lista de versículos bíblicos clave que contrarresten la mentira**
4. **Escribe una declaración basada en los versículos**

   Utiliza el siguiente patrón:

   Rechazo la mentira que dice que...
   [por ejemplo, soy sucio]

   Creer esta mentira...
   [por ejemplo, me hace sentir profunda vergüenza, hace que me aísle, etcétera].

   Declaro la verdad de que...
   [por ejemplo, el poder divino de Dios me ha dado todo lo que necesito para vivir una vida piadosa (2 Pedro 1:3); que puedo hacer todas las cosas por medio de Aquel que me da fortaleza (Filipenses 4:13); y que, en Cristo, quien me ama, soy más que victorioso (Romanos 8:37)].

5. **Lee la Declaración en voz alta todos los días durante cuarenta días**

   Escribe los números del 1 al 40 y marca un número cada día.

Para que te hagas una idea, a continuación, encontrarás tres ejemplos de demoledor de bastiones.

Recuerda: te parecerá una completa pérdida de tiempo porque la mentira está muy arraigada. Pero si perseveras, la fortaleza se derrumbará y serás transformado.

¡Tú puedes! Creo en el Dios que está contigo.

EJEMPLO DE DEMOLEDOR DE BASTIONES 1

Temor Al Rechazo

LA MENTIRA: no doy la talla, no soy capaz de agradar a los demás.

EFECTO EN MI VIDA: me siento inseguro frente a los demás, la gente me intimida fácilmente, me desvivo por agradar, me obsesiono por mi apariencia, intento decir y hacer *lo correcto*.

LA VERDAD:

- Tú no me elegiste a mí, sino que yo te elegí a ti (Juan 15:16).
- Nos selló como propiedad suya y puso su Espíritu en nuestro corazón como garantía de sus promesas (2 Corintios 1:22).
- Él se regocijará por ti con alegría; Él te apaciguará con su amor. Él se regocijará por ti con grandes cánticos (Sofonías 3:17).
- El hombre mira la apariencia externa, pero el Señor mira el corazón (1 Samuel 16:7).
- El Señor está de mi parte; No temeré. ¿Qué puede hacerme el hombre? (Salmos 118:6).
- Hemos sido aprobados por Dios para que se nos confíe el evangelio, por eso hablamos, no para agradar al hombre, sino para agradar a Dios que prueba nuestros corazones (1 Tesalonicenses 2:4).

Querido Dios Padre,

Rechazo la mentira que dice que no doy la talla, que soy incapaz de agradar a los demás.

Creer esta mentira me ha hecho sentir inseguro, intimidado, agotado por intentar agradar y ansioso por decir y hacer lo correcto.

Declaro la verdad de que tú me has elegido y que he recibido un corazón nuevo. Por lo tanto, soy tuyo y tengo tu aprobación. Incluso cuando no agrado a los demás, tú te deleitas en mí y tu opinión es la que importa.

Ahora elijo complacerte a ti en lugar de a los demás; confío en que puedo compartir las buenas nuevas con otros porque tú prometes estar conmigo dondequiera que yo vaya.

Amén.

1	2	3	4	5	6	7	8	9	10
11	12	13	14	15	16	17	18	19	20
21	22	23	24	25	26	27	28	29	30
31	32	33	34	35	36	37	38	39	40

EJEMPLO DE DEMOLEDOR DE BASTIONES 2

Temor Al Fracaso

LA MENTIRA: cuando fallo, mi valor disminuye.

EFECTO EN MI VIDA: no me enfrento a desafíos más allá de mi zona de confort, me enfoco en las tareas en lugar de enfocarme en las personas, enojo, competitividad, perfeccionismo.

LA VERDAD:

- Eres precioso a mis ojos, y te amo (Isaías 43:4).
- En [Cristo] eres completo (Colosenses 2:10).
- Somos hechura suya, creados en Cristo Jesús para buenas obras, las cuales Dios preparó de antemano (Efesios 2:10).
- [Dios] es poderoso para hacer mucho más abundantemente que todo lo que pedimos o pensamos, según el poder que actúa dentro de nosotros (Efesios 3:20).
- Es Dios quien obra en vosotros, tanto el querer como el obrar por su beneplácito (Filipenses 2:13).

Querido Padre celestial,

Rechazo la mentira que dice que cuando fallo mi valor disminuye.

Creer esta mentira me ha hecho sentir cobarde frente a los desafíos, insensible hacia las personas, agotado por buscar la perfección y enfadado cuando fallo.

Declaro la verdad de que soy tu preciosa obra de arte y que tú me honras y me amas, independientemente de mis éxitos o fracasos. Declaro que soy completo en Cristo y que estás obrando en mí para cumplir tu buena voluntad y para hacer muchísimo más de lo que yo pueda imaginar o pedir.

En el nombre de Jesús. Amén.

1	2	3	4	5	6	7	8	9	10
11	12	13	14	15	16	17	18	19	20
21	22	23	24	25	26	27	28	29	30
31	32	33	34	35	36	37	38	39	40

EJEMPLO DE DEMOLEDOR DE BASTIONES 3

Atracción Irremediable a La Pornografía

LA MENTIRA: no puedo resistir la tentación de ver pornografía.

EFECTO EN MI VIDA: profunda vergüenza, sentimientos sexuales distorsionados, mis relaciones con las personas no son las que Dios quiere, hace daño a mi matrimonio.

LA VERDAD:

- «Así también ustedes, considérense muertos para el pecado, pero vivos para Dios en Cristo Jesús. Por tanto, no reine el pecado en su cuerpo mortal para que ustedes no obedezcan a sus lujurias; ni presenten los miembros de su cuerpo al pecado como instrumentos de iniquidad, sino preséntense ustedes mismos a Dios como vivos de entre los muertos, y sus miembros a Dios como instrumentos de justicia. Porque el pecado no tendrá dominio sobre ustedes, pues no están bajo la ley sino bajo la gracia» (Romanos 6:11-14).
- «¿O no saben que su cuerpo es templo del Espíritu Santo?» (1 Corintios 6:19).
- «No les ha sobrevenido ninguna tentación que no sea común a los hombres. Fiel es Dios, que no permitirá que ustedes sean tentados más allá de lo que pueden soportar, sino que con la tentación proveerá también la vía de escape, a fin de que puedan resistirla» (1 Corintios 10:13 NBLA).
- «Digo, pues: anden por el Espíritu, y no cumplirán el deseo de la carne» (Gálatas 5:16 NBLA).
- «Pero el fruto del Espíritu es amor, gozo, paz, paciencia, benignidad, bondad, fidelidad, mansedumbre, dominio propio; contra tales cosas no hay ley» (Gálatas 5:22-23 NBLA).

Rechazo la mentira que dice que no puedo resistir la tentación de ver pornografía.

Creer esta mentira me ha hecho sentir profundamente avergonzado, ha distorsionado mis deseos sexuales, ha afectado mis relaciones con los demás y con mi cónyuge.

Declaro la verdad de que Dios siempre me dará una salida cuando sea tentado, y elegiré tomarla. Declaro la verdad de que, si vivo por el Espíritu —y eso decido hacer— no cumpliré los deseos de la carne, sino que creceré en dominio propio. Me considero muerto al pecado y no permitiré que el pecado reine en mi cuerpo ni me domine. De hoy en adelante entrego mi cuerpo a Dios como templo del Espíritu Santo y para su honra.

Declaro que soy libre del poder del pecado. Decido someterme completamente a Dios y resistir al diablo, que ahora debe huir de mí.

1	2	3	4	5	6	7	8	9	10
11	12	13	14	15	16	17	18	19	20
21	22	23	24	25	26	27	28	29	30
31	32	33	34	35	36	37	38	39	40

www.ingramcontent.com/pod-product-compliance
Lightning Source LLC
Chambersburg PA
CBHW062149080426
42734CB00010B/1618
9781913082994